THOMAS FISCHER

RECHT HABEN

Vermischtes aus der Welt
des Strafrechts

Besuchen Sie uns im Internet:
www.droemer.de

Aus Verantwortung für die Umwelt hat sich die Verlagsgruppe
Droemer Knaur zu einer nachhaltigen Buchproduktion verpflichtet.
Der bewusste Umgang mit unseren Ressourcen, der Schutz unseres Klimas
und der Natur gehören zu unseren obersten Unternehmenszielen.
Gemeinsam mit unseren Partnern und Lieferanten setzen wir uns für eine
klimaneutrale Buchproduktion ein, die den Erwerb von Klimazertifikaten zur
Kompensation des CO_2-Ausstoßes einschließt.
Weitere Informationen finden Sie unter: www.klimaneutralerverlag.de

Originalausgabe April 2022
Droemer Verlag
© 2022 Droemer Verlag
Ein Imprint der Verlagsgruppe
Droemer Knaur GmbH & Co. KG, München
Alle Rechte vorbehalten. Das Werk darf – auch teilweise – nur mit
Genehmigung des Verlags wiedergegeben werden.
Covergestaltung: total italic, Thierry Wijnberg
Coverabbildung: Verlagsgruppe Droemer Knaur / Markus Röleke
Satz: Adobe InDesign im Verlag
Druck und Bindung: CPI books GmbH, Leck
ISBN 978-3-426-27885-7

2 4 5 3 1

Inhalt

Vorwort 7

Recht und Meinung 9

Die Mühlen der Justiz 59

Wahrheit im Prozess 97

Heimat und Fremde 125

Verbrechen und Strafe 163

Gesetz und Gesellschaft 199

Sex and Crime 243

Das Recht in Zeiten der Pandemie 277

Veröffentlichungsnachweis 299

Vorwort

Dies ist eine Sammlung von Kolumnen, die zwischen Sommer 2018 und Frühjahr 2021 unter dem Titel »Recht haben« digital im *SPIEGEL* erschienen sind. Es handelt sich um 23 Texte aus verschiedenen Themenbereichen. Die Kriterien, nach denen sie aus etwa 100 ausgewählt wurden, sind nicht auf Objektivität ausgerichtet und nicht unter dokumentarischen Gesichtspunkten gewählt. Manche Texte gefielen dem Autor gut, manche stießen auf große positive oder negative Resonanz, über manche wurde von Lesern besonders interessant diskutiert. Gelegentlich trafen diese Kriterien zusammen. Man hätte auch andere Texte wählen können. Von einem »best of« könnte nur gesprochen werden, wenn die Grundgesamtheit »gut« wäre. Das zu beurteilen ist aber nicht Sache des Autors.

Texte sind Inhalt und Form, Information und Kunst, Kontakt und Selbstdarstellung, Kommunikation und Bedeutung. Im Lärm funktionalisierenden Geplappers scheint es mir wichtig, darauf zu beharren, dass Sprache Bedeutung hat, Eigenleben, Sperrigkeit, Untiefen, Ebenen. Also Unsicherheiten, deren Erkenntnis Verantwortungsgefühl für das eigene Sprechen und Handeln erzeugen kann.

Eigentlich gehören die Texte und die jeweils dazu entstandenen »Foren« mit Leserkommentaren und -diskussionen zusammen. In manchen Fällen erweckten die Foren-Diskussionen den Text zu einem zweiten, jedenfalls auch wahren Leben. Dies waren erfreuliche Erlebnisse, weil Kommunikation und Diskussion um der Sache willen, Erkennen von Missverständnissen und ihre Auflösung, Konfrontation mit dem Ungewohnten und Aufzeigen von Perspektiven aus einer Verbindung von auf den ersten Blick nicht Zusammenpassendem eine mir wichtige Zielsetzung ist.

Deshalb ist dieses Buch den »Foristen« des *SPIEGEL* gewidmet, die mit mir gesprochen, gestritten und gelitten, ihr Engagement und ihre Zeit freiwillig und mit erstaunlicher Kraft der Sache des Miteinander-Sprechens gewidmet haben. Ich habe überlegt, einige Teile von Forums-Diskussionen zu veröffentlichen. Aber Platz und Zeit sind begrenzt. Deshalb beschränke ich mich darauf, allen für Belehrung, Kritik, Korrektur, Lob, Witz, Ausrutscher und Neuigkeiten zu danken. Stellvertretend also herzlichen Dank: an *nil admirari* und *noergla, fotobiene* und *MDeeg, Verena Ramona* und *Rocco, ThorstenH* und *HeinzW*, an *X5DL7zdc2 m* … und viele andere in den Höhen und Tiefen des Internet-Alls.

November 2021   Thomas Fischer

Recht und Meinung

Verstümmelte Körper, verstümmelte Wahrheit

(31. 08. 2018)

»Terre des Femmes« ist ein deutscher Verein aus Berlin mit etwa 2000 Mitgliedern und einem Namen, der global klingt. Ende Juli 2018 hat dieser Verein der Presse seine jährliche »Dunkelziffer-Statistik« zur Lage der Genitalverstümmelung in Deutschland mitgeteilt. Die *Welt* meldete dazu am 26. Juli:

»Genitalverstümmelung bei Frauen ist auch in Deutschland ein Problem, obwohl sie seit fünf Jahren verboten ist. Laut Bundesfamilienministerium gab es im vergangenen Jahr Zehntausende Fälle. Die Dunkelziffer könnte weit höher sein.«

Worum geht es?

Am 28. September 2013 ist § 226a StGB (»Verstümmelung weiblicher Genitalien«) in Kraft getreten. Die Tat ist mit Freiheitsstrafe von einem bis 15 Jahren bedroht; auch Versuch, Anstiftung, versuchte Anstiftung und Beihilfe sind strafbar. Zur Begründung des Tatbestands wurde vielfach darauf hingewiesen, dass die Zahl der in Deutschland Betroffenen ständig zunehme. Presseberichte verweisen bis heute darauf, dass die Tat »seit fünf Jahren strafbar« sei. Das ist falsch. Die Tat war schon immer strafbar, nämlich als »gefährliche« (Strafe sechs Monate bis zehn Jahre) oder

»schwere Körperverletzung« (Strafe bis 15 Jahre). Sie hat 2013 nur einen neuen Namen und eine neue Ziffer bekommen. Neu ist, dass seither einzelne Fälle von Auslandstaten (von Ausländern im Ausland) dem deutschen Strafrecht unterfallen (§ 5 Nr. 9a Buchstabe b StGB).

Die sogenannte Beschneidung von Mädchen ist eine nicht immer, aber häufig schwerwiegende Körperverletzung, die oft zu erheblichen physischen und psychischen Leiden und Folgeschäden führt. In den Ländern und Kulturkreisen, in denen sie praktiziert wird (sehr häufig zum Beispiel in Somalia, Ägypten), ist sie ideologisch mit einer Abwertung weiblicher Personen zu Objekten von Herrschaft verbunden, sozial mit Mangel an Bildung und Möglichkeiten personaler Freiheit. Es besteht kein Zweifel daran, dass der Sache selbst und den Bedingungen, die sie hervorbringen, nach Kräften entgegengewirkt werden sollte.

In Deutschland lebt eine unbekannte Anzahl von weiblichen Personen, die aus fremden Kulturkreisen stammen und dort vor ihrer Migration Opfer von Beschneidungen wurden. Weiterhin leben hier Töchter von Migrantinnen aus entsprechenden Kulturkreisen, die nicht beschnitten sind; sie sind entweder mit ihren Müttern nach Deutschland gekommen oder hier geboren. Ziel von schützenden Bemühungen muss daher sein, den Umfang der Beschneidungspraxis in den Herkunftsländern zu verringern und zu verhindern, dass in Deutschland lebende unbeschnittene Mädchen nachträglich – aufgrund Festhaltens an heimatlichen Bräuchen – beschnitten werden.

Worte

Der Begriff »Verstümmeln«, den das Gesetz verwendet, klingt überraschend konkret. Er wird im StGB sonst nicht verwendet; nur in § 17 des Wehrstrafgesetzes: »Wer sich selbst oder einen anderen Soldaten mit dessen Einwilligung durch Verstümmelung ... zum Wehrdienst untauglich macht oder machen lässt, wird ... bestraft.« Der Begriff hat eine abwertende Bedeutung; »Verstümmeln« ist keine neutrale Tätigkeitsbeschreibung: Die Tätigkeit von Chirurgen wird nicht als »Verstümmeln« bezeichnet, selbst wenn es sich um Zehenamputieren oder Magenverkleinern handelt; Medizinstudenten belegen keine Praktika, die »Einführung in das Verstümmeln« heißen. Körperverletzungen »mittels gefährlichem Werkzeug« (§ 224 Abs. 1 Nr. 2 StGB) nennt der Gesetzgeber sogar dann nicht »Verstümmeln«, wenn sie den Verlust von Armen, Beinen oder Ohren zur Folge haben. Nur wenn es um Genitalien geht, gerät die Sprache des Strafgesetzbuchs ins Moralisch-Bildhafte.

»Genitalverstümmeln« ist eine chirurgische Maßnahme an primären Geschlechtsmerkmalen. Die praktisch häufigste Form ist die sogenannte Beschneidung bei *männlichen* Personen (Abschneiden der Penisvorhaut). Die häufigste Genitalverstümmlung bei *weiblichen* Personen ist das Entfernen der Klitoris und/oder der kleinen Schamlippen; gelegentlich auch nur von Teilen. Folgen und Risiken solcher Handlungen für Leben, Gesundheit, Sexualität und Lebensqualität sind für weibliche Personen durchweg gravierender als für männliche. Die Praxis der Verstümmelung weiblicher wie männlicher Genitalien stützt sich legitimatorisch auf Brauchtum, sexualpolitische Postulate und/oder angebliche göttliche Befehle.

Neben den genannten ritualisiert-formalen gibt es aber natürlich auch andere »Verstümmelungen« von Genitalien, die dem Begriff genauso unterfallen; es ist – zurückhaltend ausgedrückt – erstaunlich, dass sie im (straf-)rechtlichen Niemandsland angesiedelt bleiben. Ein Gefangener, dem man bei »verschärfter Befragung« einen Hoden zerquetscht oder in die Eichel schneidet, dürfte zu Recht empört sein, dass der deutsche Gesetzgeber seinen Fall nicht als »Genitalverstümmelung« erfasst und daher wesentlich geringer bestraft als das (sog. »milde«) Entfernen der Klitorisvorhaut ohne weitere Folgen.

Dasselbe gilt für Frauen, denen schwere Verletzungen etwa an den Brüsten zugefügt wurden. Das *gegen den Willen* und gewaltsam durchgeführte Unfruchtbarmachen einer Frau ist mit Höchststrafe von zehn Jahren bedroht, das *einverständliche* Entfernen ihrer Klitorisvorhaut mit Höchststrafe von 15 Jahren. Eine Rechtfertigung für solch abwegige Fehlgewichtungen fällt mir nicht ein. Die nach dem Geschlecht des Opfers differenzierende unterschiedliche Behandlung von schweren Körperverletzungstaten gegen Frauen und Männer ist mit dem Gleichheitssatz des Art. 3 Grundgesetz nicht vereinbar. Hierauf könnte sich jeder berufen, der in Anwendung von § 226a StGB verurteilt wird.

Die *Sonderform* der Genitalverstümmelung an männlichen Personen – das Abschneiden der Penisvorhaut – ist seit 28.12.2012 nicht nur nicht verboten, sondern ganz ausdrücklich erlaubt. § 1631d Abs. 1 Satz 1 BGB (»Beschneidung des männlichen Kindes«) lautet:

»Die Personensorge umfasst auch das Recht, in eine medizinisch nicht erforderliche Beschneidung des nicht einsichts- und urteilsfähigen männlichen Kindes einzuwilligen, wenn diese nach den Regeln der ärztlichen Kunst durchgeführt werden soll.«

Einwilligungsunfähigen männlichen Kindern darf somit *gegen ihren Willen* unter (ggf. gewaltsamer oder auf Täuschung beruhender) Durchsetzung der »Personensorge« auf Anordnung der Eltern die Penisvorhaut abgeschnitten werden. Wegen der Verpflichtung des Staats zur religiösen Neutralität gilt das auch nicht etwa nur, wenn die Eltern glauben, dass Gott und seine Propheten das gebieten, sondern auch für jedes andere Motiv: Verschönerung, Reinlichkeitsvorsorge, Mode usw. Jeder Personensorgeberechtigte darf seinem zwölfjährigen Sohn sagen, er werde nun zwecks Entfernung der Rachenmandeln kurz betäubt, und ihm stattdessen die Penisvorhaut abschneiden lassen.

Die Bundeskanzlerin fand zur Begründung dieser Rechtslage im Jahr 2012, nachdem ein Landgericht die Sache infrage gestellt hatte, das schöne Argument, sie beabsichtige nicht, sich »im Ausland lächerlich zu machen«. Sie meinte, dass ein Verbot der Knabenbeschneidung sich in Deutschland *nicht gehöre* – weil sie ein *auch* jüdischer Brauch ist und die Bundesrepublik sich da heraushalten sollte.

Das ist ein erwägenswertes Argument, scheint mir aber auf dem Niveau einer Wahl zwischen Lächerlichkeit oder Nichtlächerlichkeit der Frau Bundeskanzlerin noch nicht ganz ausgelotet. Im Übrigen passt es ja auch inhaltlich und strukturell überhaupt nicht in die übrige Rechtslandschaft: Beim Verbot der Mädchenbeschneidung ist es der Bundeskanzlerin zum Glück völlig gleichgültig, ob sie sich in Äthiopien »lächerlich macht«. Und selbst im rituell-religiösen Bereich ist die Sache nicht eindeutig: Man darf in

Deutschland zum Beispiel *nicht* schlachten, heiraten oder vererben, wie man will, wenn man nur fromm genug ist: Man darf also seinem Sohn die Vorhaut ab-, aber nicht einem Schaf den Hals durchschneiden. Muslimische Familienoberhäupter, die ihre halbwüchsigen Töchter durch Androhung von Hausarrest nötigen, ihr Haar zu verhüllen, werden mit Freiheitsstrafe bis zu drei Jahren bestraft (§ 240 Abs. 1 StGB). Die Einbestellung eines religiösen Knabenbeschneiders dagegen wird als fröhliches Familienfest begangen und genießt den ausdrücklichen Schutz des § 1631d BGB. Draußen vor der Tür diskutiert die deutsche Bürgerschaft derweil erbittert, ob und welche Strafen erwachsenen Menschen für das Tragen von albernen Kleidungsstücken (»Ganzkörperschleier«, »Burkini«) auferlegt werden sollen.

Schutzbereiche

Wir reden – insoweit – über Strafrecht. Dessen Vorschriften über Körperverletzung sollen die körperliche Integrität schützen, nicht die Moral. Es ist dies ein Rechtsgut, über das die Person in weitem Umfang frei disponieren kann, wie man bei Besichtigung deutscher Körper im Jahr 2018 erkennen kann: Der Mensch darf einwilligen, gezielt nikotin- und alkoholsüchtig gemacht zu werden, sich Intimpiercings setzen, die Lippenschleimhaut nach außen stülpen, den Magen halbieren, die Nase durch Silikon oder die Aorta durch Schweine-Werkstoff ersetzen zu lassen. Er darf einwilligen, sich großflächig mit bunten Bildern tätowieren zu lassen, deren Farbstoffe in die Lymphknoten wandern und dort die Krankheiten verursachen, deren

Behandlung in 30 Jahren 150 000 Euro pro Patient und Jahr kosten.

Man darf als halbwegs erwachsener, eigenverantwortlicher Mensch selbstverständlich auch in eine Vorhautbeschneidung einwilligen. Es gibt – bis zur Grenze der »Sittenwidrigkeit« (§ 228 StGB) – keinen Grund, warum ein einsichtsfähiger Mensch von Staats wegen und durch Strafandrohung daran gehindert werden sollte, in medizinisch unnötige chirurgische »Verschönerungen« seiner/ihrer Genitalien einzuwilligen. Es gibt aber keinen Grund, das Menschenrecht auf Selbstbestimmung und körperliche Integrität ausgerechnet auf Kosten wehrloser Kinder außer Kraft zu setzen, bloß weil sogenannte »Gläubige« behaupten, es handle sich um eine vom Herrn des Universums erlassene Verwaltungsvorschrift.

Die Frage reicht übrigens noch weiter in den Untergrund: Was ist, wenn Frauen in sog. »milde« Beschneidungen einwilligen? Sind solche Erklärungen stets (wegen »Sittenwidrigkeit«) unwirksam? Wenn ja: warum?

Zahlen

»Dunkelziffer« ist ein Phänomen, das sich vor allem durch das »Dunkel«, also das Nichtbekannte, auszeichnet. »Statistik« ist ein Begriff, der definitionsgemäß im »Hellfeld« liegt. Eine »Statistik« über eine unbekannte Größe ist also eigentlich ein Widerspruch in sich, jedenfalls ein heikles Unterfangen, das jedem Sozialforscher den Angstschweiß auf die Stirn treiben muss. Wenn man das als kleiner Verein *jährlich* (und unter Einsatz *einer* Referentin) absolvieren will, muss man entweder genial sein oder den Anspruch extrem niedrig halten. Die Sache lohnt einen vertieften Blick.

Die »Dunkelzifferstatistik« von »Terre des Femmes« ist schon an sich ein Phänomen. Von der Presse wird sie überdies zu teilweise wundersamen Meldungen verarbeitet. Beispiel *Welt*, 21. März 2018:

Headline: »In Deutschland droht 50 000 Frauen Verstümmelung (…)« Text: Auf zunehmende ›Ferienbeschneidungen‹ hat der Gesetzgeber 2013 reagiert: Wenn in Deutschland gemeldete Mädchen zur Genitalverstümmelung vorübergehend ins Ausland gebracht werden, bleibt diese Tat unabhängig vom Recht des Tatorts strafbar. Vor allem gegen die Eltern kann wegen Beihilfe ermittelt werden. ›Der Arzt ist Mittäter gemeinsam mit den Eltern‹, so der Sprecher des NRW-Justizministeriums.«

Die Meldung enthält überwiegend Unsinn. Welchen 50 000 *Frauen* die Tat »droht«, warum und durch wen, und woher man das weiß, bleibt unklar. Wie der Gesetzgeber eine »Zunahme« von sogenannten Ferienbeschneidungen festgestellt hat, erfährt man ebenso wenig – abgesehen davon, was mit »Zunahme« überhaupt gemeint sein soll: Zunahme pro Zeiteinheit? Wie viele wurden pro Jahr gezählt, vorher und nachher? Von wem? Vor diesem Hintergrund erscheint der Anfängerfehler, »Mittäter« könnten nun »wegen Beihilfe« verurteilt werden, lässlich.

Auch andere Leitmedien berichteten immer einmal wieder. *SPIEGEL ONLINE* zitiert am 6. Februar 2017 eine »Studie des Familienministeriums« mit 47 000 Opfern, erhöht am 18. Juli 2017 »Terre des Femmes« zitierend auf 58 000 betroffene Frauen und »mindestens« 13 000 weitere gefährdete Mädchen. In der *Welt* sind es im Juli 2018 laut »Terre des Femmes« und dessen Referentin Charlotte Weil vorerst abschließend 65 000 in Deutschland betroffene Mädchen und Frauen, »Tendenz steigend«.

Jährlich 65 000 Opfer ist eine gewaltige Zahl. Warum liest man so selten von Verurteilungen? Wie viele »Ferienbeschneidungen« wurden seit 2013 registriert und verfolgt? Wie kommen die statistischen Zahlen zustande? Die Antwort, man ahnt es schon, ist irgendwie schwierig und bleibt im eher Unbestimmten, aber auch dafür gibt es einen guten Grund:

»In Deutschland gibt es nach Einschätzung von Sicherheitsbehörden eine ›Schweigespirale‹ und ›Parallelstrukturen‹. Ein leitender Beamter des Düsseldorfer Landeskriminalamts (LKA) vermutet, ›dass die Community hierzulande über ihre eigenen Ärzte verfügt, die via Mundpropaganda solche Beschneidungen durchführen‹«.

Zwischendurch Zahlen, die mit den genannten eher nicht zusammenpassen und ihrerseits neue Fragen aufwerfen:

»572 Fälle von Genitalverstümmelung sind im Jahr 2016 in Hessen erfasst worden. Das geht aus einer Antwort des Sozialministeriums in Wiesbaden auf eine Kleine Anfrage der SPD-Landtagsfraktion hervor (…) In der polizeilichen Kriminalstatistik werden solche Fälle nicht eigens aufgelistet. Genitalverstümmelung falle dort unter den Oberbegriff der Körperverletzung, so das Ministerium. Zur Anzahl oder Herkunft der betroffenen Frauen könne daher nichts gesagt werden« (*Welt*, 17.01.2018). Die Meldung der *Frankfurter Rundschau* vom 12.01.: »In Hessen gibt es Hunderte verstümmelte Frauen«, klingt anders, ist aber genauso falsch.

In der Polizeilichen Kriminalstatistik (PKS) für 2016 war die Genitalverstümmelung allerdings durchaus »aufgelistet«, und zwar unter der Tatziffer 222040. Vielleicht hat sich das noch nicht bis ins Sozialministerium herumgesprochen.

Warum dieses und nicht das Innenministerium die Auskunft erteilte, erfährt man, wenn man die Drucksache 19/5458 des Hessischen Landtags einfach einmal nachliest – eine Mühe, für die eine Redaktion vielleicht keine Zeit mehr hat: Es handelte sich nicht etwa um Strafanzeigen, sondern um Meldungen von Ärzten über gesetzlich krankenversicherte Frauen, bei denen – zufällig und aus irgendeinem Untersuchungsanlass – eine *früher einmal* vollzogene Beschneidung festgestellt wurde. Wie viele Frauen »in Hessen leben«, weiß dadurch natürlich kein Mensch, ebenso wenig, wie viele Ärzte solche Meldungen schreiben, woher die Frauen kamen, wie alt sie sind, wann und wo und durch wen die Beschneidungen stattfanden usw. Die Zahl 572 ist zwar irgendwie richtig, hat aber keine Bedeutung, da jeder Bezugspunkt fehlt.

»Studienlage«

Die *Süddeutsche Zeitung* führte im Februar 2017 ein Interview mit der zuständigen »Terre des Femmes«-Referentin Charlotte Weil, einer 28-jährigen »Bachelor-Regionalwissenschaftlerin, Schwerpunkt Afrika«:

SZ: »(Sie haben) bekannt gegeben, dass 13 000 in Deutschland lebende Mädchen von Genitalverstümmelung bedroht sind – 4000 mehr als vor einem Jahr. Wie kommt es zu dieser Zahl?« Weil: »Der hohe Anstieg geht vor allem auf Flüchtlinge aus Eritrea, Somalia und dem Irak zurück. 2700 der gefährdeten Mädchen stammen allein aus Eritrea«. *SZ:* »Wie können Sie das so genau wissen?« Weil: »Es ist eine Hochrechnung.«

Fragen und Antworten passen hier nicht zusammen, denn entscheidende Informationen fehlen: Was bedeutet »Der hohe Anstieg geht zurück auf…«? Was hat ein Anstieg der Migrantenzahl mit dem Anstieg der Bedrohungszahl zu tun?

Am 27. Juli 2018 meldete die *Welt*, es habe »im vergangenen Jahr Zehntausende Fälle« gegeben, und interviewte gleichfalls Frau Weil. *Welt:* »Frau Weil, warum leben in Deutschland immer mehr genitalverstümmelte Frauen und Mädchen?« Weil: »Seit 2015 sind viele Menschen nach Deutschland geflüchtet, in deren Herkunftsland Genitalverstümmelung sehr stark praktiziert wird.«

Überschriften, Fragen und Antworten liegen auf unterschiedlichen Realitätsebenen: Die Presseüberschriften sind daher irreführend. Die angeblich »im vergangenen Jahr Zehntausende Fälle« in Deutschland sind, entgegen dem erzeugten Eindruck, nicht etwa Fälle von hier begangenen Straftaten, sondern – allenfalls! – eine Schätzung von Straftatopfern aus längst vergangenen (und nicht strafbaren) Taten. Die Behauptung, es gebe »Anhaltspunkte für eine weit höhere Dunkelziffer«, steigert die Unklarheit nochmals, denn schon die Ausgangsschätzung ist ja eine bloße Hochrechnung. Wenn es also ernsthafte Anhaltspunkte für eine »weit höhere« Dunkelziffer gäbe, wäre die veröffentlichte falsch.

»Terre des Femmes« kommt im Jahr 2018 auf 64 800 »Betroffene« und 15 500 »Gefährdete«. Die Methode dieser »Statistik« ist die folgende: Es werden Anzahl und Herkunftsland von in Deutschland lebenden nichtdeutschen weiblichen Personen ermittelt. Aus (wie auch immer ermittelten) Schätzungen der UNESCO über den – möglichen – Anteil der in den Herkunftsländern beschnittenen Frauen errechnet der Verein dann die geschätzte Anzahl der (in schon beschnittenem Zustand) nach Deutschland eingereisten Personen. Dies sind diejenigen, die als »Betroffene« und als »Zehntausende von Fällen« bezeichnet werden. Keine von ihnen ist ein Fall, der sich in Deutschland ereignet hat und nach deutschem Recht strafbar ist. Ob die eingereisten Frauen tatsächlich beschnitten sind, weiß man nicht, denn selbstverständlich werden Migrantinnen danach nicht untersucht. Die Lücke zwischen den Hochrechnungen und den Feststellungen liegt irgendwo im Dunkel von 65 000 geschätzten (im Bund) und 570 festgestellten (in Hessen) Fällen.

Geradezu abenteuerlich wird die Zahl der »gefährdeten Mädchen« bestimmt: Hier wird für die Statistik unterstellt, dass sich in jeder Immigrantengeneration die Zahl derjenigen, die den Beschneidungsbrauch der alten Heimat praktizieren, halbiere. Man nimmt sodann die (geschätzte!) Zahl der nicht beschnittenen Mädchen unter 18 Jahren, prüft, welcher »Immigrantengeneration« sie angehören, multipliziert Zahl und Faktor, und hat – schwups! – die Zahl der »Bedrohten«. Das kann man glauben, muss es aber nicht. Woher die »Halbierungsregel« stammt, anhand welcher kultureller Eigenarten und in welchem Land sie ermittelt wurde, weiß man nicht. Vielleicht stammt sie aus Untersuchungen über bayerischen Volkstanz in Kanada oder über den Verzehr heimatlicher Speisen durch Koreaner in New York. Dass es irgendeine »Statistik« darüber geben könnte, wie viele emigrierte Afrikanerinnen (aus derzeit 56 Staaten) in der jeweils neuen Heimat in welcher Generation wie viel Prozent ihrer mitgebrachten oder neu geborenen Töchter »beschneiden« lassen, halte ich für schwer vorstellbar.

Es liegt überdies auf der Hand, dass die Zahlen mit erheblichen Unsicherheiten belastet sind:

- Ob die geschätzten Verbreitungszahlen aus den Herkunftsländern stimmen, weiß man nicht; sie dürfte sich dort etwa zwischen städtischer und ländlicher Bevölkerung deutlich unterscheiden.
- Ob die in Deutschland lebenden Migrantinnen dem sozialen *Durchschnitt* der Frauen in den Herkunftsländern entsprechen (also etwa aus armen, ländlichen Gegenden mit sehr geringem Bildungsniveau stammen), weiß man nicht; es erscheint eher zweifelhaft.
- Mädchenbeschneidungen finden in der Regel in relativ frühem Kindesalter statt. Die »Statistik« zählt aber Personen bis zum vollendeten 18. Lebensjahr als Kinder. Die Zahl der als gefährdet gezählten Mädchen wird in jedem Jahr wieder neu in die Gesamtzahl eingerechnet, sodass auch Mädchen, die seit vielen Jahren – unbehelligt – in Deutschland leben, jährlich neu als »bedroht« mitgezählt werden. Die Wahrscheinlichkeit, dass ein vor 10 oder 17 Jahren in Deutschland geborenes Mädchen einer aus Afrika stammenden Mutter noch zwangsweise beschnitten wird, ist aber sehr niedrig: Wahrscheinlicher ist es, dass sie demnächst das Abitur macht. Es findet also eine quantitative Fehldeutung aufgrund qualitativer Verzerrung statt. Das wird durch den fiktiven »Generationenfaktor« nicht ausgeglichen, sondern verstärkt.

Die in der Presse als »Studie des Familienministeriums« bezeichnete Arbeit ist nicht vom Ministerium erstellt, sondern eine *geförderte* Untersuchung von »Integra«, einem verdienstvollen Netzwerk verschiedener Organisationen (»Terre des Femmes« gehört dazu) zur Bekämpfung von (weiblicher) Genitalverstümmelung. Im quantitativen Bereich kommt die Studie zu niedrigeren Zahlen (ebenfalls hochgerechnet). Im qualitativen Teil der lesenswerten Studie wurden nur 52 Frauen und 22 Männer befragt, also eine nicht repräsentative (und so auch zutreffend gekennzeichnete) Stichprobe von freiwillig Mitwirkenden. Die Studie bedient in der Analyse und in den Schlussfolgerungen die Erwartungen einer auf quantitative Sensationen orientierten Berichterstattung gerade nicht. Dass sie irgendeiner der über die »Dunkelziffern« berichtenden Journalisten gelesen hat, liegt nicht nahe.

Gefahrenlage

Bereits vor vielen Jahren und an unbekannten Orten geschehene Taten kann man weder rückgängig machen noch strafrechtlich verfolgen. Das macht Menschenrechtswidrigkeit nicht besser, wohl aber die Berichterstattung irreführend und tendenziös:

»Einige fahren in ihre Herkunftsländer, zum Beispiel in den Senegal oder nach Gambia. Ansonsten weichen sie auf andere europäische Städte aus, am häufigsten auf Paris, zuletzt wohl auch auf Amsterdam. Dort gibt es eine sehr große afrikanische Diaspora. Diese lädt dann eine Beschneiderin aus dem Herkunftsland ein, zum Beispiel für zwei Monate. Und dann fahren Familien aus Deutschland hin, um die Töchter verstümmeln zu lassen. Die Communitys sind europaweit sehr gut untereinander vernetzt.«

Das stammt aus einem Interview mit der Referentin. Woher diese es weiß, erfährt man nicht. Man erlangt aber Bilder, Vermutungen, Stereotype, Verdächtigungen. Schon »afrikanische Diaspora« ist ein erstaunlicher Begriff: Afrika reicht von Marokko bis Mosambique, von Ägypten bis Sierra Leone; »afrikanische Diaspora« ist eine fast skurril erscheinende, eurozentristische und rassistisch unterfütterte Zuschreibung. Würde man einen Bericht über die amerikanische Mafia akzeptieren, in dem von der »europäischen Diaspora in Nordamerika« geredet wird?

Die »Beschneiderin aus dem Herkunftsland« darf man sich vermutlich als breithüftige, mit bunten Tüchern umwickelte Voodoo-Hexe oder ausgemergelte Schreckensgestalt aus der Steppe vorstellen. Dass diese »eingeflogen werden« nach Paris und Amsterdam, Zentren der »afrikanischen Diaspora«, mobilisiert die eingeübten Bilder: Von Brüssel nach Banjul fliegen morgens die weißen Geldwäscher; auf dem abendlichen Rückflug hocken dann die schwarzen Beschneiderinnen in der Businessclass.

An dieser Stelle nun muss die liebste Statistik der Gefahrenberichterstattung zu Wort kommen: die Polizeiliche Kriminalstatistik (PKS). Sie sagt wenig über die wirkliche Wahrheit, verkündet aber in übersichtlicher Form Weltbild und Tätigkeit der Polizei. Anzahl der erfassten Fälle von weiblicher Genitalverstümmelung: 2014: null; 2015: null; 2016: null; 2017: null. Insgesamt seit 2013: null Taten, null Tatverdächtige.

Es gibt weder vor noch nach der Neuregelung 2013 in Deutschland einen einzigen abgeurteilten Fall und noch nicht einmal eine Strafanzeige. Das ist in der Tat merkwürdig. Denn trotz dieses leicht zu ermittelnden empirischen Befundes wird in jedem Jahr eine steil ansteigende Zahl von »Betroffenen« gemeldet und diese dann – nach oben beschriebenem Muster – auch noch zur Unterstellung *aktueller* Verbrechen verdreht (»jährlich Zehntausende von Fällen« und »steigende Zahl von Ferienbeschneidungen«).

Wie ist es vorstellbar, dass ein Fachverein, der »Statistiken« veröffentlicht, Autoren qualitativer Studien, Polizeien und Ministerien einerseits berichten, dass in Deutschland seit vielen Jahren massenhaft Verbrechen begangen werden, aber andererseits den Strafverfolgungsbehörden nicht ein einziger Fall angezeigt wird? Wie kann man eine »steigende Zahl« von Fällen ermitteln, wenn kein einziger aufgeklärt wird? Warum haben die Erforscher der »Diaspora« in fünf Jahren keine Strafanzeige erstattet?

Die Gefährder

Die Katastrophenmeldungen der Presse sind entweder falsch oder verdreht. »Zehntausende Opfer« oder »Zahl der Opfer steigt dramatisch«; »zunehmende Zahl von Ferienbeschneidungen« sind Meldungen, die Fehlinformiertheit und vorurteilsgeprägte Missverständnisse mobilisieren und verstärken. Sie behaupten, dass sie Tatsächliches berichten über eine Verbrechenswirklichkeit in Deutschland – nicht *gegen*, sondern *durch* Fremde. Sie missbrauchen für diesen Zweck Tausende von misshandelten und verstümmelten Menschen, die nach Deutschland eingereist sind. Es werden die Opfer von (früheren) Menschenrechtsverletzungen als *Skandalmaterial* benutzt.

Man darf davon ausgehen, dass so etwas nicht »zufällig« passiert. In den Chefredaktionen und Gremien sitzen keine Dummköpfe. Deshalb ist es interessant, sich noch einmal kurz den »Dunkelziffer«-Tätern und ihrer Darstellung zuzuwenden. Die mutmaßlichen Täterinnen und Täter werden in den oben zitierten Texten als Mitglieder von »Communitys« bezeichnet. Das ist ein Begriff aus der amerikanischen (Rassen-)Soziologie. In der deutschen Soziologie ist er wenig aussagekräftig, klingt aber informiert.

»Gemeinschaften« sind in der Welt der Achtsamen eigentlich etwas Schönes, Heimeliges, Authentisches. Neuerdings haben sie aber eine unangenehme Auffrischung erhalten: Wir sprechen jetzt über die Community der maghrebinischen Diebe, der Schwarzafrikaner, der morgenländischen Diaspora. Die von dort zureisenden Gefährder zeigen verdächtiges »Gehabe«. Sie lassen ihre verkleideten Frauen die Einkäufe schleppen, während die Community-Chefs in kurzer Hose und Flipflops nebenherschlappen und die göttlichen Gesetze preisen. Auf der anderen Straßenseite sitzen der Koranforscher Sarrazin sowie die Ordnungsfreundin von Storch und murmeln Zaubersprüche.

Communitys, die aus dem Libanon kommen, heißen »Clans«. Dieser Begriff aus der Ethnologie wird inzwischen ins Unkenntlich-Lächerliche verdreht. Wir kennen ihn von den karierten Faltenröckchen, die Sean »007« Connery gern trägt. Die Kinos sind voll von Filmen, in denen junge rotbärtige Clan-Helden um die Gunst porzellanfarbener Schönheiten ringen. In abgewandelter Bedeutung ist »Clan« auch, wenn ein Stadtrat aus Köln oder ein Bankvorstand aus Frankfurt sagen, dass sie einen Schwager haben, dessen dritte Tochter einen Cousin des Bruders der geschiedenen Ehefrau geheiratet hat, sodass man diesen nicht hängenlassen dürfe. Im gehobenen Segment heißt so etwas Netzwerk, füllt Fachmagazine für Lebensberatung und dient dazu, die Welt gerechter zu machen. Die Clans der libanesischen oder afrikanischen Diaspora sind da deutlich übersichtlicher, sowohl für Polizeigewerkschaften als auch für Überschriften-Redakteure und Dunkelfeldstatistiker. Und die »Communitys«, von denen jährlich Zehntausende von kleinen Mädchen verstümmelt und bedroht werden, zeichnen sich vor allem durch leicht erkennbare Hautfarben aus (bräunlich/schwärzlich) und bilden Netzwerke zum Einfliegen von Beschneiderinnen.

Fazit

Genitalverstümmelung ist ein Verbrechen gegen elementare Menschenrechte. Das gilt für alle Täter und für alle Opfer. Wenn die – zweifelhaften – »Statistiken« überhaupt etwas belegen, dann doch jedenfalls, dass die derzeitige Verfolgungsstrategie überhaupt keinen Erfolg hat. Wenn man verhindern will, dass eingewanderte Menschen aus Dummheit oder Furcht an der Tradition festhalten, muss man so mit ihnen umgehen, dass Vertrauen und Einsicht möglich sind. Eine Skandalisierung von Horrorzahlen schützt nicht, sondern definiert die Fremden zu Unmenschen. Das nützt nicht dem Schutz von Mitgliedern dieser Minderheiten, sondern treibt sie in Ausgrenzung und Isolation. Man muss die Menschen für die Freiheit und Selbstbestimmung gewinnen.

Vollrausch, Tötung, Geldstrafe

(28.10.2019)

Das Urteil

Ein Urteil des Amtsgerichts – Jugendgericht – Würzburg vom 23. Oktober 2019 hat für großes Aufsehen, Empörung und erstaunliche Schlagzeilen gesorgt. Das Gericht verurteilte einen 20-jährigen Heranwachsenden wegen fahrlässigen Vollrauschs zu einer Geldstrafe, deren Summe 5000 Euro beträgt. Wie viele Tagessätze ihr zugrunde liegen, wurde wie üblich nicht berichtet, obwohl es nur darauf ankommt. Für jemanden, der 30 000 Euro netto im Monat verdient, wären es fünf Tagessätze, für jemanden, der 415 Euro im Monat netto übrig hat, 360 Tagessätze. Den Unterschied merkt man, wenn man nicht zahlt: Dann müsste der Erste fünf Tage ins Gefängnis, der Zweite ein Jahr. In der Presse wird regelmäßig nur das Produkt aus Tagessatzzahl und Tagessatzhöhe (= Monatseinkommen durch 30) mitgeteilt, obwohl das sinnlos ist.

Dem Urteil lag eine Tat vom 23. April 2017 zugrunde. Der Angeklagte, damals 18 Jahre alt und Fahranfänger, fuhr nachts auf einer Nebenstraße mit seinem Auto nach Hause. Er hatte eine Blutalkoholkonzentration von fast 2,9 Promille; drei weitere junge Männer, ebenfalls alkoholisiert, saßen mit ihm im Auto. Aufgrund seiner Alkoholisierung übersah der Angeklagte zwei am Straßenrand gehende Fußgänger und fuhr eine 20-jährige junge Frau an.

Sie starb wenige Tage später an ihren schweren Verletzungen.

Die *Bild* nennt das Opfer »totgeraste Teresia«, lässt also dem Leser schon im Ansatz das übliche »Feeling« zukommen, indem Empathie und Nähe vorgetäuscht wird. Das Opfer wird beim Vornamen genannt, als ob die *Bild*-Leser ein Recht darauf hätten, sich der jungen Frau aufzudrängen. Die Tat heißt »Totrasen«, obwohl es für das Ereignis ganz unerheblich ist, ob der Täter »gerast« oder langsam gefahren ist. Das entspricht dem üblichen populären Umgang mit den Gefahren des Straßenverkehrs: Wer schnell fährt und Glück hat, fährt »sportlich«, wer schnell fährt und Pech hat, heißt »Raser«. Die »Raser« gehören weggesperrt; aber das sind immer nur die anderen.

Die Überschrift des *Bild*-Artikels vom 23. Oktober lautete übrigens: »Wer soll dieses Urteil verstehen?« Wer den Artikel liest, der hier nur stellvertretend für viele andere genannt ist, »versteht« das Urteil auf gar keinen Fall; daran ändert auch der »Verkehrsexperte« nichts, den *Bild* bemüht. Dem Leser werden hier wie anderswo schon die einfachsten Grundlagen der Rechtsfragen entweder verschwiegen oder so verdreht mitgeteilt, dass der Informationsgehalt sich auf bloße Anstachelung von Empörung beschränkt. An diesem Schmierentheater hatte, wie es zu befürchten gilt, das Gericht jedenfalls insoweit einen Anteil, als es sich mit den merkwürdigsten Äußerungen zur mündlichen Urteilsbegründung zitieren lässt:

Bild: »Die überraschende Erkenntnis von Richter Krieger: ›Wir hätten gern eine Jugendstrafe verhängt.‹ Aber das sei nicht möglich gewesen, da der Angeklagte schuldunfähig sei – wegen des hohen Promillewerts. Im Klartext: Niclas H. ist frei, weil er total besoffen war!«

Oder so: *Focus*: »*Richter kann Vater von Teresa († 20) kaum ansehen. Richter Krieger: ›Es fällt mir schwer, Ihnen in die Augen zu gucken.‹*«

Oder beim *Bayerischen Rundfunk*: »*Richter: ›Das Urteil ergeht im Namen des Volkes. Aber das Volk muss schon ein paar Semester Jura studieren, um das zu verstehen, was ich heute geurteilt habe.‹*«

Gehen wir einmal davon aus, dass der Vorsitzende des Jugendschöffengerichts (»Wir«) genügend lange studiert hat, um zu verstehen, was er (oder sagen wir, unter Erinnerung an das Beratungsgeheimnis: die Mehrheit des Gerichts) geurteilt hat. Wenn Richter es schaffen, ihre eigenen Urteile verstanden zu haben, sollten sie so freundlich sein, sie dem Volk so zu erklären, dass es bei gutem Willen möglich ist, die Rechtslage zu erkennen. Wer es darauf anlegt, sich als »volksnah« aufzuplustern und zu behaupten, dem von ihm selbst soeben angewendeten Recht fehle es an verfassungsgemäßer Legitimität, dem schreibt Art. 100 Abs. 1 des Grundgesetzes ohne Wenn und Aber vor, was er zu tun hat: Das Verfahren aussetzen und die Sache dem Bundesverfassungsgericht vorlegen. Entweder – oder: Man kann nicht der Held der Strafprozessordnung *und* der *Bild*-Zeitung zugleich sein.

Ein paar Korrekturen

Aus der *BR*-Berichterstattung:

»*Der Richter begründete das Urteil mit dem ›pubertären männlichen Verhalten‹, das den Tod der 20-Jährigen zur Folge hatte. Zudem sei der Hauptangeklagte schuldunfähig, da ihm keine ›Neigungen‹ attestiert werden konnten und er zum Tatzeitpunkt stark alkoholisiert war. Vor Gericht gab der junge Mann an, sich nicht an den Unfall erinnern zu können. Die Staatsanwaltschaft hatte zweieinhalb Jahre Freiheitsstrafe nach Erwachsenenstrafrecht für den 20-Jährigen gefordert. Das Urteil wurde jedoch nach Jugendstrafrecht erlassen, da der Hauptangeklagte zum Tatzeitpunkt 18 Jahre alt war.«*

Obwohl die einzelnen Worte dieses Berichts nicht falsch sind und der deutschen Sprache entstammen, ergeben sie in ihrem Zusammenhang fast keinen Sinn und sind auf Wirrnis angelegt. Selbst der oben zitierte Richter dürfte nicht »das Urteil mit dem pubertären Verhalten begründet« haben. Richtig mag sein, dass der Angeklagte ein solches Verhalten zeigte; das weiß man nicht. Man wird aber nicht wegen pubertären Verhaltens bestraft, sondern wegen der Begehung von Straftaten. Ob diese Ausdruck von »pubertärem Verhalten« sind, ist für die Strafbarkeit nur eingeschränkt und unter bestimmten Voraussetzungen von Bedeutung.

Die Staatsanwaltschaft hatte eine Freiheitsstrafe nach Erwachsenenrecht beantragt. Das Jugendgericht verhängte »jedoch«, so der BR, eine Strafe nach Jugendrecht, »da der Hauptangeklagte zum Tatzeitpunkt 18 Jahre alt war«. Das ist schräg. Die Staatsanwaltschaft weiß, dass es für die Anwendbarkeit von Jugend- oder Erwachsenenrecht auf das Alter des Beschuldigten zum Tatzeitpunkt ankommt. Daher liegt die Begründung, Jugendstrafrecht sei angewendet worden, »weil« der Angeklagte zur Tatzeit 18 war, neben der Sache. Richtig ist, dass bei Personen zwischen 14 und 17 (sogenannten Jugendlichen) immer Jugendrecht anzuwenden ist, bei Personen ab 21 immer Erwachsenenrecht. Im Zwischenbereich von 18 bis 20 heißen die Personen »Heranwachsende«. Hier kommt es darauf an, ob der Täter (zur Tatzeit) »noch einem Jugendlichen gleichzustellen ist«. Es kommt also auf den Grad der Entwicklung, Reife, Verantwortungsentwicklung, Selbstständigkeit an: Es gibt 19-Jährige, die den Entwicklungsstand eines 14-Jährigen aufweisen, und 18-Jährige, die ein in jeder Hinsicht selbstständiges Leben führen (können). Es kommt bei der Entscheidung aber auch auf die Art der Straftat an: Ein komplizierter Betrug eines 19-Jährigen wird selten »jugendtypisch« sein, eine Schlägerei beim Fußball ziemlich oft.

Die Gerichte neigen dazu, die Anwendung von Jugendrecht recht großzügig zu bejahen. Das mag daran liegen, dass für die Entscheidung die Jugendgerichte zuständig sind, die aufgrund der speziellen Materie oft einer pädagogisch-psychologischen Betrachtung der Dinge näher stehen als Erwachsenengerichte.

Missverständlich ist die Erwähnung, es sei der »Hauptangeklagte« gewesen, der zur Tatzeit erst 18 Jahre alt war. Das ist völlig unerheblich: Jeder Beschuldigte/Angeklagte wird natürlich nach seinen eigenen Voraussetzungen beurteilt. Wenn wegen ein und derselben gemeinsamen Tat ein Jugendlicher und ein Erwachsener angeklagt sind, wird gegen den einen Jugendrecht, gegen den anderen Erwachsenenrecht angewendet. Den Begriff »Hauptangeklagter« gibt es im Strafprozess überhaupt nicht.

Die »schädlichen Neigungen« haben mit der »Schuldunfähigkeit« nichts zu tun; die Begründung ist vermutlich falsch zitiert, auf jeden Fall Unsinn. »Schädliche Neigungen« sind eine von zwei (alternativen oder kumulativen) Voraussetzungen für die Verhängung von Jugendstrafe (also Freiheitsstrafe gegen Jugendliche).

Das Jugendstrafrecht steht unter dem Oberbegriff des »Erziehungsgedankens«: Man will durch andere Maßnahmen (Auflagen, Weisungen, Arrest, Geldstrafe) möglichst die Verhängung der (oft eher schädlichen) Jugendstrafe vermeiden. Wenn aber entweder »die Schwere der Schuld« oder »schädliche Neigungen« bejaht werden müssen, ist Jugendstrafe zu verhängen. »Schwere der Schuld« liegt zum Beispiel bei massiven Gewalttaten oder bei vorsätzlichen Taten mit hohem Schaden nahe. »Schädliche Neigungen« sind, was man auch als »Tendenz zur sozialen Verwahrlosung«, Neigung zur Wiederholung, Fehlen von moralischen Strukturen und so weiter beschreiben kann. Bei Spontantaten, »Ausrutschern«, Taten unter Berauschung oder in emotionalem Stress liegen schädliche Neigungen nicht nahe.

Alkohol und Schuld

An dieser Stelle muss man einen Blick auf die »Schuldfähigkeit« (auch genannt: »Unzurechnungsfähigkeit«) und auf ihren Zusammenhang mit Zuständen der Berauschung werfen. Die Sache ist komplizierter, als die meisten annehmen, und sie wird in Presseberichten über Strafverfahren fast immer falsch oder missverständlich dargestellt.

Der Grundsatz ist nicht schwierig. § 20 StGB lautet:

Schuldunfähigkeit: Ohne Schuld handelt, wer bei Begehung der Tat wegen einer krankhaften seelischen Störung, wegen einer tief greifenden Bewusstseinsstörung oder wegen Schwachsinns oder einer schweren anderen seelischen Abartigkeit unfähig ist, das Unrecht der Tat einzusehen oder nach dieser Einsicht zu handeln.

Und § 21 lautet:
Verminderte Schuldfähigkeit: Ist die Fähigkeit des Täters, das Unrecht der Tat einzusehen oder nach dieser Einsicht zu handeln, aus einem der in § 20 bezeichneten Gründe bei Begehung der Tat erheblich vermindert, so kann die Strafe gemildert werden.

Das klingt übersichtlich und auch gerecht. Wir haben uns in Europa seit tausend Jahren angewöhnt, »Wahnsinnige« für »nicht verantwortlich«, also für »nicht schuldig« zu halten. Sie können gefährlich sein, tragen aber keine (vorwerfbare) »Schuld«, weil (und wenn) sie »unfähig sind, das Unrecht ihres Tuns einzusehen oder nach dieser Einsicht zu handeln« (§ 20). Sie werden dann vielleicht »untergebracht«, wenn und solange sie gefährlich sind, aber nicht »bestraft«. Ein solcher Zustand kann auf verschiedenen Ursachen beruhen, die § 20 aufzählt. Die Berauschung (mit Alkohol, Drogen, Medikamenten) fällt unter den Begriff der (vorübergehenden) »krankhaften seelischen Störung« oder den der »tief greifenden Bewusstseinsstörung«. (Fast) jeder Mensch in Europa weiß, dass unter Einfluss von Alkohol zunächst das Hemmungsvermögen (»Fähigkeit, nach der vorhandenen Einsicht zu handeln«; § 20) und dann auch das Einsichtsvermögen (Fähigkeit zu erkennen, dass man Unrecht tut) sukzessive nachlassen. Jeder weiß auch, dass nach Genuss von genügender Menge Alkohol die Streitlust und die Risikobereitschaft steigen, die Hemmungen sinken. Daher ist es sehr selten, dass jemand von dieser Erfahrung »überrascht« wird. Es kann aber vorkommen, etwa wenn Jugendliche erste Räusche erleben oder Personen heimtückisch in schwere Räusche versetzt werden.

Natürlich ist »Schuldfähigkeit« kein Zustand wie Elektrizität/Spannung; es gibt also keinen Schalter »Ja / Nein«. Die Übergänge sind fließend. Für das Recht, insbesondere das Strafrecht, sind klare Grenzen wichtig: Die Frage nach Schuld oder Unschuld kann nicht offen bleiben. Bei der Alkoholisierung wird sehr oft mit Promillewerten des im Blut gelösten Alkohols hantiert. Das ist den meisten vertraut, weil das *Ordnungswidrigkeiten*-Recht insoweit mit festen quantitativen Grenzen arbeitet: 0,5 Promille, 0,8 Promille. Wenn die überschritten sind, ist Geldbuße fällig, auch wenn der Fahrzeugführer noch so »fit« war.

Im Strafrecht ist das aber anders: Hier gibt es keine gesetzlichen Promillegrenzen, sondern es geht um tatsächliche »Zustände«. Hinzu kommt, dass die Alkoholisierung einerseits im Grundsatz eine schuldmindernde Wirkung (wegen §§ 20, 21 StGB) hat, andererseits aber aufgrund ihrer allgemeinen und allgemein bekannten Gefährlichkeit eigenes Unrecht begründen kann: »Trunkenheit im Verkehr« (§ 316 StGB) ist eine Straftat (keine OWi), selbst wenn gar nichts passiert. Auch da geht die *Rechtsprechung*, obwohl das gar nicht im Gesetz steht, aus Vereinfachungsgründen von einer Grenze aus, die sie »absolute Fahruntüchtigkeit« nennt: 1,1 Promille. »Absolut« bedeutet hier: regelmäßig, ausnahmslos, unabhängig von konkreten Gefährdungen oder Fehlern. Alles, was darunter liegt oder was andere Drogen betrifft, bei denen es keine Grenzwerte gibt, heißt »relative Fahruntüchtigkeit«. Sie ist genauso strafbar. Der Unterschied liegt nur in der Art der Feststellung: Für »relative« braucht man neben dem Alkohol ein Indiz (Fahrfehler), für »absolute« nicht.

Bei der Schuldfähigkeit ist alles noch mal anders: Da gibt es überhaupt keine festen Grenzen. Früher dachte man, mit 3,0 Promille sei man »schuldunfähig«, ab 2,0 Promille

»eingeschränkt schuldfähig«. Solche Schematisierungen sind in der Sache Unsinn und werden heute auch nicht mehr vertreten. Sondern es kommt auf den Einzelfall an: Verfassung des Täters, Alkoholerfahrung, Gewöhnung, Tatart, Umstände der Tat. Wer auf hohen Fenstersimsen balancieren oder komplizierte Täuschungen ausführen kann und jeden Tag eine Flasche Wodka säuft, wird vermutlich auch bei 2,8 Promille nicht »schuldunfähig sein«. Eine trinkungewohnte Rentnerin kann mit 2,0 Promille beim Diebstahl von Eierlikör jenseits von Gut und Böse sein.

Zu allen Problemen, die schon diese Abgrenzungen verursachen, kommt noch eines hinzu: Der Gesetzgeber weiß sehr genau, dass Saufen gefährlich ist. Er hat deshalb schon vor langer Zeit einen Tatbestand ins StGB eingefügt, der »Vollrausch« heißt (§ 323a StGB). Er ist ziemlich kompliziert:

(1) Vollrausch: Wer sich vorsätzlich oder fahrlässig durch alkoholische Getränke oder andere berauschende Mittel in einen Rausch versetzt, wird mit Freiheitsstrafe bis zu fünf Jahren oder mit Geldstrafe bestraft, wenn er in diesem Zustand eine rechtswidrige Tat begeht und ihretwegen nicht bestraft werden kann, weil er infolge des Rauschs schuldunfähig war oder weil dies nicht auszuschließen ist.

(2) Die Strafe darf nicht schwerer sein als die Strafe, die für die im Rausch begangene Tat angedroht ist.

Wenn Sie den Text aufmerksam lesen, bemerken Sie, dass die »Tat«, also das bestrafte Unrecht, hier das Sich-Berauschen ist. Nicht jedes Berauschen ist aber strafwürdig: Solange Sie es friedlich und ohne weitere Folgen betreiben, werden Sie nicht bestraft. Das gilt auch dann, wenn Sie »volltrunken« sind.

Anders wird es aber, wenn jemand sich volllaufen lässt und dann eine Straftat begeht. Dann gelten hinsichtlich dieser Straftat wie üblich § 20, § 21. Sollte der Täter also »schuldunfähig« sein, handelt er »ohne Schuld« (§ 20) und kann nicht bestraft werden. In diesem Fall greift aber § 323a StGB ein: Der Täter wird dann »wegen Vollrausch« bestraft (siehe das Urteil des AG Würzburg). Dieser Tatbestand hat ein eigenes Unrecht und einen eigenen Strafrahmen, der durch Absatz 2 eingeschränkt ist: Wer also im »Vollrausch« einen (vorsätzlichen) Mord begeht, wird mit höchstens fünf Jahren bestraft. Wer eine Beleidigung begeht, mit höchstens einem Jahr (weil das die Höchststrafe des § 185 ist).

Die Schuld, die § 323a bestraft, ist also nicht diejenige der Rauschtat, sondern die des »gefährlichen Sich-Berauschens«. Die (schuldunfähig begangene) Rauschtat ist nur ein *Indiz* für die Gefährlichkeit des Rausches. Sie ist deshalb auch kein »Tatbestandsmerkmal«, auf das sich der Vorsatz oder die Fahrlässigkeit beziehen müssen. Sondern sie heißt »objektive Bedingung der Strafbarkeit«. Das heißt: Sie ist Voraussetzung der Bestrafung, aber nicht Teil des Unrechtstatbestands. Der Vorsatz oder die Fahrlässigkeit des § 323a StGB ist der/die des Berauschens, nicht die der Rauschtat. Das ist für Laien sehr schwer zu verstehen, aber nicht »falsch« und auch nicht per se »ungerecht«. Allerdings ist es unter Gesichtspunkten des verfassungsrechtlichen »Schuldprinzips« auch nicht unumstritten.

Das gilt erst recht für eine Figur, die überhaupt nicht im Gesetz steht, aber von der Rechtsprechung und Wissenschaft zur Erfassung von strafwürdigen Fällen entwickelt wurde: Wer sich vorsätzlich »schuldunfähig« macht mit dem Ziel, dann in diesem Zustand eine Tat zu begehen, der verdient überhaupt keine Milderung: Er wird dann wegen der »Rauschtat« bestraft, als ob er voll schuldfähig gewesen wäre. Die Figur heißt »actio libera in causa« (Handlung, deren Ursache *frei* gesetzt wurde), wird nach vorsätzlicher (für Vorsatzdelikte) und fahrlässiger (für Fahrlässigkeitsdelikte) Begehung unterschieden und ist in der Wissenschaft umstritten. Für den Fall des AG Würzburg spielte sie nach den Feststellungen des Gerichts keine Rolle.

Die Folgen des § 323a StGB sind diese: Wenn man sich vorsätzlich (voll)berauscht (kommt vor; siehe »Komasaufen«), kann man wegen vorsätzlichen Vollrauschs für Vorsatzrauschtaten bestraft werden, zu denen man sich erst in volltrunkenem Zustand entschließt. Wer sich fahrlässig schuldunfähig berauscht, kann wegen fahrlässigen Vollrauschs bestraft werden, wenn er eine in nüchternem Zustand nicht vorhersehbare Tat begeht.

Bei dem Angeklagten in Würzburg war die »Rauschtat« eine fahrlässige Tötung (§ 222 StGB), denn er hat ja die junge Frau nicht absichtlich oder gezielt überfahren, sondern »aus Versehen«. Viele Menschen meinen zwar, die Tötung eines Menschen im Straßenverkehr solle immer als »Mord« oder »Totschlag« angesehen werden. Das meinen sie allerdings nur so lange, bis sie selbst einen Moment nicht aufpassen und jemanden töten oder verletzen. Dann verstehen sie, dass zwischen einer Unaufmerksamkeit und einem absichtlichen Schwerverbrechen ein sehr großer tatsächlicher und moralischer Unterschied besteht. Es ist das Wesen der Fahrlässigkeit, dass kleine, ganz alltägliche Fehler hier aufgrund zufälliger Verkettung von Umständen zu schrecklichen Folgen führen können: Einmal von tausend Fällen hat ein Handwerker vergessen, eine Sicherung zu prüfen, und zehn Menschen sterben. Einmal ist dem Autofahrer eine Fliege ins Auge geraten, und er überfährt einen Radfahrer. Der Täter wird seines Lebens nicht mehr froh, wie die Angehörigen der Opfer. Ihn als »Mörder« lebenslang einzusperren, wäre ungerecht.

Beim Betrunken-Autofahren ist das natürlich anders: Jeder weiß, dass es höchst gefährlich ist. Wenn ein Täter so betrunken ist, dass er selbst das nicht mehr weiß (kommt vor; es gibt Menschen, die mit 4,2 Promille aus dem Auto gehoben werden müssen), begeht mindestens einen fahrlässigen Vollrausch (§ 323a). Deshalb ist es Unsinn, wenn, wie berichtet wird, der Jugendrichter in Würzburg geäußert haben sollte, eine Jugendstrafe wegen »Schwere der Schuld« komme nicht in Betracht, weil der Angeklagte ja schuldunfähig gewesen sei. Denn es geht ja, wie Sie jetzt wissen, um die Schuld des Vollrauschs (nicht der fahrlässigen Tötung), und die kann selbstverständlich »schwer« sein. Anders wäre es nur, wenn der Täter schon bei Beginn des Sich-Berauschens schuldunfähig gewesen wäre (zum Beispiel wegen Geisteskrankheit): Dann bliebe überhaupt keine Schuld übrig. Klingt schwierig und ist es auch, aber in sich folgerichtig. Es muss von Jugendrichtern und sollte von Journalisten beherrscht werden, die informieren und nicht nur Stimmungen verbreiten möchten.

Eingeschränkt schuldfähig

Eine letzte Komplizierung: Volle Schuldunfähigkeit wegen Alkoholisierung ist relativ selten; man wird sehen, was im Würzburger Fall in der Berufung herauskommt. Im Bereich des § 21 (»eingeschränkte Schuldfähigkeit«) tritt eine

Relativierung ein: § 21 Abs. 2 lässt eine Milderung des Strafrahmens nach bestimmten Abstufungen (siehe § 49) zu, schreibt sie aber nicht zwingend vor. Hier hat in den vergangenen Jahren eine Änderung der Rechtsprechung des BGH stattgefunden: Früher wurde fast immer gemildert, was ungerecht milde war. In der ehemaligen DDR wurde nie gemildert (§ 15 StGB-DDR), was ungerecht hart war, denn manche Betrunkene sind eben *nicht* »schuld«. Heute vertritt der BGH die Linie, dass bei »selbst verschuldeter Trunkenheit« in aller Regel keine Milderung erfolgt. Das war auch beim BGH umstritten, ist aber im Prinzip (folge)richtig. Allerdings ist es nicht zu Ende gedacht und daher wiederum ungerecht: Wer alkoholisiert »*eingeschränkt* schuldfähig« eine fahrlässige Tötung begeht, wird nach § 222 mit bis zu fünf Jahren bestraft. Wer sich so zusäuft, dass er *ganz* schuldunfähig ist, wird nach § 323a mit höchstens fünf Jahren bestraft, auch wenn er eine Tötung vorsätzlich begeht. Das kann man zwar noch »erklären«, muss es aber nicht gut finden. Erst recht merkwürdig wäre es, wenn die Höchststrafe für fahrlässige Tötung, wie vielfach gefordert wird, erhöht würde. Es zeigt, was herauskommt, wenn »Löcher« und »Lücken« geflickt werden, um immer noch ein Stückchen »Gerechtigkeit« für einzelne Fallgruppen einzufügen: Am Ende passt der ganze Anzug nicht mehr.

Der Einzelfall

Das Urteil von Würzburg ist nicht rechtskräftig; Staatsanwaltschaft und Nebenkläger haben es mit der Berufung angefochten, über die das Landgericht entscheiden wird.

Zu Einzelheiten des Sachverhalts wie die (noch gar nicht vorliegenden) Strafzumessungsgründe kann und sollte man öffentlich nichts sagen. Das Empörungsgeschrei »des Netzes« und »der Medien« ist wohlfeil, sensationsgeil und voyeuristisch.

Es kann sein, dass das Amtsgericht einen Rechtsfehler gemacht hat; das kann man aufgrund der Presseberichte aber nicht beurteilen. Die zitierten mündlichen Begründungen waren teilweise ungewöhnlich und wirr. Sollte der Vorsitzende tatsächlich das Gesetz als solches und die Rechtsordnung herabgewürdigt haben, um sich selbst als Sprachrohr »des Volkes« und des gesunden Rechtsempfindens in die Empörung gegen sein eigenes Urteil einzureihen, wäre das eine peinliche Aufführung.

Es ist wie fast immer: Das Unrecht wird durch bloße Empörung nicht größer und das Unglück nicht kleiner. Man muss sich mit den Dingen ernsthaft befassen und die Zusammenhänge der Regeln zu verstehen versuchen, nach denen man im Ernstfall selbst behandelt werden möchte. Gesetzgeber und Gerichte machen Fehler, aber sie sind nicht von vornherein blöd, ungerecht oder volksfern.

Anmerkung: In einer früheren Version hieß es, dass in der Presse regelmäßig nur die Summe aus Tagessatzzahl und Tagessatzhöhe mitgeteilt werde. Tatsächlich ist das Produkt gemeint. Die entsprechende Stelle wurde korrigiert.

Wie viel Strafe muss sein?

(23. 10. 2020)

Eine vielfach sich wiederholende Konstellation: In der Zeitung oder in anderen Medien steht eine Meldung über eine Straftat oder einen Strafprozess. Wenn die Sache einigermaßen spektakulär und/oder interessant ist, beginnt in Foren und Leserbriefspalten alsbald ein lebhaftes Ringen um die »angemessene« Strafe. Handelt es sich um Taten von öffentlichem Interesse, mischen sich gern auch Politiker ein, die ihre Ansicht zum Besten geben, hier sei wieder einmal »die ganze Härte des Rechtsstaats« erforderlich, es seien »harte Strafen« erwünscht, die Täter müssten »hoch bestraft werden« usw. Vorab und ohne Kenntnis des Falls eine »milde Strafe« zu fordern, traut sich heutzutage niemand mehr; mit dem Verlangen nach »voller Härte« ist man medial meist auf der richtigen Seite.

Fälle und Erfahrungen

Zuletzt durfte man wieder Zeuge einer sich überbietenden Bestrafungswut gegen die »Lamborghini-Raser« von der A66 werden, deren angebliche »Mord«-Tat, in Verbindung mit teuren Autos und undeutscher Herkunft, binnen Stunden das »lebenslang« als Minimum des Strafbedürfnisses ins Internet-Tribunal hievte. Inzwischen erfahren wir, dass der Unfall sich bei einer Geschwindigkeit ereignete, die deutschen Familienlimousinen als Standard zügigen Vorankommens gilt, und wohl durch einen Fahrfehler eines Dritten ausgelöst wurde. So kann es gehen! Eine Öffentlichkeitsfahndung mit Steckbrief nach einem Unfallflüchtigen kommt nicht alle Tage vor; da hätte man viel zu fahnden.

Unser Thema ist aber nicht das »Rasen«, das bekanntlich stets nur von anderen begangen wird und selbstverständlich allerhärteste Strafen verdient, es sei denn, dass wir selbst einmal wieder die Geschwindigkeitskontrolle tragischerweise etwas zu spät entdeckt haben und unsere verkehrsgefährdende Vollbremsung vergebens war.

Wir wollen uns vielmehr mit dem Strafen an sich beschäftigen, genauer: mit der Strafhöhe. Es gilt bei vielen als ausgemacht, dass die Strafhöhen der deutschen Strafjustiz fast immer zu niedrig sind. In den einschlägigen Foren fehlt kaum ein Ausdruck der Verächtlichkeit gegenüber den angeblich »lächerlichen«, unzureichenden, wirkungslosen Strafen, mit denen der Sage nach selbst Schwerverbrecher – oder solche, die es werden wollen oder könnten – rechnen können, weil die deutsche Strafjustiz nach genauer Kenntnis von Zeitungslesern, Magazin-Zuschauern und Internet-Rechtspolitikern fast ausschließlich aus »Gutmenschen«, Betschwestern, Weicheiern und Illusionisten besteht, die Gewaltverbrechern schelmisch mit dem Finger drohen, Opfer missachten und schlimmste Straftaten entweder gar nicht ahnden oder mit Strafen belegen, über deren Milde hartgesottene Intensivtäter ab dem 14. Lebensjahr nur lachen können.

Die einzig wirksame Abhilfe und zugleich das Rezept, durch dessen Anwendung alles wieder so ordentlich, kriminalitätsfrei und friedlich werden könnte, wie es früher war, wäre nach Auffassung vieler Bürger eine deutliche Erhöhung aller Strafen einschließlich der jugendstrafrechtlichen Sanktionen, eine viel häufigere und langfristige Anordnung der Untersuchungshaft, Ausweitung von lebenslanger Freiheitsstrafe und Sicherungsverwahrung sowie starke Einschränkung der Strafaussetzung sowie der Reststrafenaussetzung zur Bewährung. Für den Erfolg dieser Maßnahmen bürgen Staaten, in denen sie umgesetzt sind, also zum Beispiel die USA, Russland, China oder Iran, Inseln friedlicher Gelassenheit und bürgerschaftlicher Gemütlichkeit.

Schluss mit den bitteren Scherzen! Sie wissen, sehr geehrte Leser, dass das Gegenteil richtig ist, und wer's nicht weiß, kann es leicht herauskriegen, wenn er/sie sich einmal ein Stündchen Zeit nimmt oder zwei für das Thema »Kriminalität und Kriminalitätsbekämpfung«, das ja angeblich die Mehrzahl der Bürger für überragend wichtig hält. Tatsächlich ist es so, dass die Kriminalitätsbelastung in Deutschland im Durchschnitt sinkt, gerade problematische Kriminalitätsfelder sich einem direkten Einfluss von Strafdrohungen und verhängten Strafhöhen vielfach entziehen und auch im Übrigen nach jahrzehntelanger Erfahrung und Forschung kaum etwas dafür spricht, dass eine positive Abschreckungswirkung und eine rechtstreue Gesinnung vor allem über harte Strafen erzielt werden könnten.

Strafe und Tatbestände

Kaum jemand würde von der lückenhaften Schilderung eines Lebenssachverhalts, also der Handlung eines Menschen und ihrer Folge, ohne jeden Umweg über das Recht und ohne Nachfrage unmittelbar auf eine Strafhöhe kommen, die nach seiner Ansicht angemessen wäre. Denn was bedeutet »Angemessenheit« anderes als ein zutreffendes, für gerecht gehaltenes Verhältnis von Anlass und Folge? Man könnte z. B. berichten: A fuhr mit seinem Auto auf der Bundesautobahn mit einer Geschwindigkeit von 180 km/h. Er kollidierte mit dem Fahrzeug des B., der Fahrer B und seine Beifahrerin wurden getötet. Was folgt daraus strafrechtlich? Wer da entweder antwortet, der Mörder A müsse lebenslang eingesperrt werden, oder der arme A müsse unbedingt freigesprochen werden, hat das Wesentliche nicht bedacht: Es kommt darauf an.

Im Staat des Grundgesetzes wird man nicht bestraft, weil man etwas getan hat, was »strafwürdig« erscheint, was empört oder was das gesunde Volksempfinden gern bestraft sehen möchte. Das würde nicht nur Art. 103 Abs. 2 GG widersprechen, wonach die Strafbarkeit einer Tat -voraussetzt, dass diese zum Zeitpunkt der Handlung schon in einem formellen Gesetz *bestimmt* und mit *Strafe* bedroht war. Es würde auch, wenn man es sich ein wenig realistisch überlegt, gar nicht funktionieren: Eine Ad-hoc-Strafbarkeit nach »Volksempfinden« wäre nichts anderes als eine allgemeine Lynch- und Willkürkultur. Auch Staaten oder politische Systeme, die solche Konzepte angeblich vertreten, meinen damit stets nur die (unkontrollierte) Herrschaft einer kleinen Gruppe von Menschen, die Macht innehaben: Auch im NS-Staat war es ja mitnichten »das Volk«, das etwa die Konjunktur der Todesstrafe selbst für relativ geringfügige Straftaten verlangte und verwirklichte. Der viel beschworene »kleine Mann« und »Volksgenosse« war nicht der Herr der NS-Justiz, sondern ihr Objekt.

»Tatbestände«, also bestimmte Beschreibungen eines

strafbaren Handelns, stehen unter Gesetzesvorbehalt; sie dürfen – anders als bloßes Verwaltungsunrecht – nicht durch die Exekutive, also etwa die Polizei, formuliert werden. Sie sind darüber hinaus zwingend mit einer bestimmten Strafdrohung verbunden: Für ein gesetzlich *bestimmtes* Handeln mit einem gesetzlich *bestimmten* Erfolg wird eine gesetzlich *bestimmte* Strafe angedroht. So kann sich, nach Vorstellung des Verfassungs- und Gesetzgebers, der Bürger informieren und entscheiden, ob er die Tat begehen möchte oder nicht. Es gibt danach keine unbestimmte Strafe und keine rückwirkende Strafbarkeit. Wo eine »Lücke« in den gesetzlichen Beschreibungen ist, ist Handeln nicht strafbar.

Das ist eine Grundregel eines rechtlich verfassten Staats: Es ist nicht im Grundsatz »alles« bei Strafe verboten und bedarf einer Erlaubnis im Einzelfall, sondern umgekehrt muss der Staat aus der unendlichen Vielzahl möglicher Handlungen diejenigen genau bestimmen, die strafbar sein sollen; und er trägt hierfür die Darlegungslast. Die sogenannte und heutzutage viel beklagte »Lücke« ist das Lebenselixier rechtsstaatlichen Strafrechts.

Punktstrafen und Strafrahmen

Das deutsche Strafgesetzbuch (StGB) kennt im Grundsatz keine »Punktstrafen«: Es gibt also keine festen Sätze für Freiheits- oder Geldstrafen für bestimmte Taten, etwa nach Maßgabe von Tabellen oder Berechnungsprogrammen, in die man nur einige Daten der angeklagten Tat eingeben muss und sodann auf eine vorbestimmte Rechtsfolge kommt. Einzige Ausnahme ist insoweit die lebenslange

Freiheitsstrafe in ihrer Form als »absolute«, d. h. quantitativ feststehende Strafe, die aber nur für Mord sowie für zwei Tatbestände aus dem Völkerstrafgesetzbuch angedroht ist. In weiteren etwa 20 Fällen ist die lebenslange Freiheitsstrafe nur eine Möglichkeit neben anderen »zeitigen« Strafen. Die lebenslange Freiheitsstrafe ist schon im Grundsatz ungerecht, weil sie das System einer individuellen, graduellen Schuld durch einen Sprung in die »Unermesslichkeit« sprengt und der Differenziertheit der Taten gar nicht mehr gerecht zu werden versucht. Sie ist ein symbolisches Zugeständnis an ein intuitives Rachebedürfnis des »Volksempfindens«.

Wer also prognostiziert oder behauptet, für diese oder jene Tat »gebe« es soundso viel Strafe, macht sich entweder wichtig oder spielt auf bestimmte Routinen und Üblichkeiten an, die sich namentlich bei Massendelikten ohne gravierende individuelle Unterschiede in der Praxis einspielen: Trunkenheit im Verkehr (§ 316 StGB) z. B. wird in einem OLG-Bezirk oder Bundesland »üblicherweise« bei Ersttätern mit einer Geldstrafe von 30 Tagessätzen, beim zweiten Mal mit einer kurzen Bewährungsstrafe (z. B. drei Monate) und beim dritten Mal mit Freiheitsstrafe ohne Bewährung geahndet. Das entspringt aber nicht gesetzlicher Vorschrift, sondern der Tatsache, dass es weder sinnvoll noch praktikabel ist, bei solchen Massendelikten eine jeweils hoch individuelle Strafzumessung durchzuführen: Das würde im Übrigen dazu führen, dass die Anzahl der (Strafmaß-)Berufungen sprunghaft steigen würde.

Praktisch alle Straftatbestände sehen einen »Strafrahmen« vor. Dessen allgemeine, absolute Grenzen ergeben sich aus den Paragrafen 38 und 40 StGB: Freiheitsstrafe beträgt mindestens einen Monat und höchstens 15 Jahre,

Geldstrafe mindestens fünf und höchstens 360 Tagessätze für jede Einzeltat. Die Höhe des Tagessatzes für die Geldstrafe ergibt sich aus einem Dreißigstel eines Monatsnettoeinkommens. Wenn mehrere selbstständige Taten zugleich abgeurteilt werden, ist eine »Gesamtstrafe« zu bilden. Das ist nicht die Summe aller Einzelstrafen (so wird es bei Geldbußen für Ordnungswidrigkeiten gemacht; die werden ggf. einfach addiert), sondern es wird die höchste Einzelstrafe bis höchstens knapp unterhalb dieser Summe erhöht (§§ 53, 54 StGB). Beispiel: Wenn für drei Taten dreimal ein Jahr Freiheitsstrafe verhängt wird, kann die Gesamtstrafe zwischen einem Jahr und einem Monat (mindestens) und zwei Jahren und elf Monaten (höchstens) liegen.

Was »minder schwer« ist, muss im Einzelfall bestimmt werden

Das Strafgesetz (StGB), das zurzeit mehr als 500 Paragrafen enthält, hat einen »Allgemeinen Teil« (AT) und einen »Besonderen Teil« (BT). Im AT stehen allgemeine Regeln (wann gilt das Strafgesetz; was ist ein Versuch; was ist Schuld; was ist Täterschaft; welche Strafarten gibt es; wann kann zur Bewährung ausgesetzt werden; Verjährung usw.). Im BT stehen, in Abschnitte unterteilt, die einzelnen Tatbestände, also die gesetzlichen Beschreibungen der strafbaren Handlungen und die Rechtsfolgen (Strafen), die bei schuldhafter Begehung angedroht sind. Die Strafrahmen der einzelnen Straftatbestände des BT (also etwa Totschlag, Diebstahl, Raub, Betrug, Vergewaltigung) gelten für die normalen Taten des jeweiligen Tatbestands. Daneben gibt es im AT noch allgemeine Regeln, nach denen diese Rahmen (auf höchstens drei Viertel des Normalrahmens) gemildert werden können (z. B. wenn eine Tat nur versucht wurde) oder müssen (wenn der Angeklagte nicht Täter, sondern nur Gehilfe ist).

Eine früher häufig vorgenommene Rahmenmilderung betraf eine erhebliche Einschränkung der Hemmungsfähigkeit aufgrund von psychischen Erkrankungen und insbesondere auch aufgrund von akuter Berauschung. Insoweit hat sich die Rechtsprechung in den vergangenen Jahren aber geändert: Selbstverschuldete Trunkenheit rechtfertigt in aller Regel eine Strafrahmensenkung nicht mehr. Neben solchen Senkungen aus gesetzlich benannten Gründen gibt es noch sogenannte »minder schwere Fälle«, für die bei den einzelnen Tatbeständen gemilderte Rahmen angedroht werden (z. B. bei gefährlicher Körperverletzung (§ 224 Abs. 1) oder Raub (§ 249 Abs. 2)). Was »minder schwer« ist, steht nicht im Gesetz; das muss nach den allgemeinen Regeln der Strafzumessung im Einzelfall bestimmt werden.

Strafzumessung

Über die Strafzumessung durch die Strafgerichte existieren jede Menge Vermutungen, Fehlvorstellungen, Beurteilungen und Gerüchte. Manche meinen oder verlangen, Strafrichter sollten eine Art von »Automaten« sein, in die man oben Sachverhalte und Tatbestandsmerkmal einspeist und unten ein – möglichst immer und überall gleiches – Ergebnis herauszieht. Das ist Unsinn. Dafür bräuchte man keine Richter, sondern Taschenrechner oder Hilfskräfte, die in Tabellen irgendwelche »Taxen« nachblättern könnten.

Das würde aber der Vielgestaltigkeit des Lebens, dem Prinzip, dass wir nach individueller Schuld bestrafen, und der verfassungsrechtlichen Unabhängigkeit von Richtern nicht gerecht. Es besteht kein Anspruch, für »dieselbe« Tat überall in Deutschland und von jedem beliebigen Richter stets dieselbe Strafe zu erhalten. Deshalb ist es auch weder »falsch« noch ungerecht, wenn Richter A für eine bestimmte Tat zwei Jahre, Richter B für eine fast identische Tat zwei Jahre und sechs Monate verhängt. Dasselbe gilt für einen Vergleich zwischen verschiedenen Gerichtsbezirken.

Eines ist klar: Strafe »ergibt« sich nicht ohne Weiteres in einer bestimmten Höhe aus einem bestimmten Maß von Unrecht und Schuld. Ob eine Tat sechs Monate oder sechs Jahre »wert« ist, folgt nicht aus der Natur der Sache, sondern aus der gesellschaftlichen Bewertung, die zeitabhängig und veränderlich ist. Strafen, mit denen vor 60 Jahren teilweise Bagatellen (z. B. einfache Diebstähle) geahndet wurden, würden heute als unverhältnismäßig hart angesehen; auch die teilweise brutal hohen Strafen, die in der DDR selbst für läppische Taten (z. B. mehrjährige Freiheitsstrafen für das Klauen von zwei Glas Gurken aus einer Datsche) verhängt wurden, führten weder dort zu Ordnung und Rechtstreue, noch würden sie heute bei uns akzeptiert.

In anderen Bereichen dagegen, die früher eher milde verfolgt wurden, haben sich Strafmaße im Durchschnitt deutlich erhöht (z. B. bei Sexualstraftaten). In solchen Veränderungen spiegeln sich stets auch Änderungen in der Bewertung der jeweiligen Rechtsgüter. Wenn heute »Selbstbestimmung«, anders als 1960, als überragend wichtiges Gut angesehen wird, führt das fast zwangsläufig dazu, dass die Strafen für Verletzungen relativ zu anderen ansteigen.

Richtig ist, dass in die Strafzumessung in der Praxis ein erheblicher Anteil an Intuition eingeht. Diese ist, wie jedermann weiß, fehleranfällig, höchst subjektiv und manipulierbar. Eine beispielhafte Fehlerquelle, die jeder im Experiment nachstellen kann, ist der sogenannte »Ankereffekt«: Eine Zahl, die *als erste* in eine offene Diskussion geworfen wird, hat einen erheblichen Einfluss auf die Tendenz der nachfolgenden Annäherungen an das Ergebnis.

Anders gesagt: Wenn die Staatsanwaltschaft in einem Verfahren wegen schweren Raubs das Strafmaß »zehn Jahre« in den Raum stellt, denkt praktisch niemand mehr darüber nach, ob es nicht vielleicht auch vier Jahre sein könnten. Sondern die Gedanken fixieren sich auf den »Anker« und kreisen sodann um Zahlen zwischen 11 und 7.

Auch eine unbewusste Anpassung an gesellschaftliche Bewertungen und Erwartungen spielt eine erhebliche Rolle, etwa wenn bestimmte Taten standardmäßig als »brutal«, »verabscheuungswürdig«, »unverantwortlich«, »gewissenlos« usw. bezeichnet und angesehen werden, ohne überhaupt noch Differenzierungen zuzulassen. Dass Justiz- und Innenpolitiker mit jahrzehntelanger Erfahrung immer wieder ihre angebliche »Fassungslosigkeit« darüber öffentlich bekunden, dass Straftaten begangen werden, ist nicht nur eine etwas ermüdende Übung, sondern auch der Versuch, Rechtsfolgen mit Stimmungen zu steuern: Wenn schon Minister »fassungslos« sind, werden wohl besonders harte Strafen angemessen sein.

Richter sind durch das Gesetz, durch berufliche Erfahrungen und durch Berufsethik gehalten, der fremden und der eigenen Intuition nicht von vornherein zu vertrauen und sie jedenfalls anhand von Kriterien und Maßstäben zu überprüfen, die »intersubjektiv vermittelbar« sind, die also sich auf Argumente stützen können, die in der gesellschaftlichen Diskussion akzeptabel, gültig und vertretbar sind.

Wer heute sagt, eine Strafe habe deshalb besonders hoch oder milde ausfallen müssen, weil die Täterin eine Frau oder der Täter ein Ausländer sei, hat schlechte Karten. Solche Argumente gelten als irrational und sind unzulässig. Ebenso unzulässig wäre es, einem Angeklagten vorzuhalten, er habe die Tat nicht gestanden, er habe dem Gericht viel Arbeit gemacht, das Verfahren sei teuer gewesen oder er habe einen schlechten Charakter.

Was man berücksichtigen darf, steht zunächst einmal in der allgemeinen Vorschrift des § 46 StGB: »Grundsätze der Strafzumessung«. Ich empfehle sehr, diese Vorschrift einmal (im Internet) aufmerksam zu lesen. Für viele werden sich schon aus ihrem Wortlaut Gesichtspunkte ergeben, an die sie bisher nicht gedacht oder die sie jedenfalls nicht systematisch geprüft haben, wenn sie sich eine Meinung zur »richtigen« Strafe in einem konkreten Fall gebildet haben.

Die dort aufgeführten Gesichtspunkte zeigen aber auch, dass eine große Vielzahl an Aspekten sich auf die konkrete Strafe auswirken kann und dass man diese Gesichtspunkte nicht alle »punktgenau« festlegen kann, sondern je nach Einzelfall in einem offenen System abwägen und gegeneinander berücksichtigen und bewerten muss. Die Berücksichtigung des »Vorlebens des Täters« bedeutet weder, dass irgendwelche belanglosen Erschwernisse vor langer Zeit zur Strafmilderung führen müssen, noch, dass man dem Täter seinen »schon früher« angeblich schlechten Charakter straferhöhend vorhalten kann, wenn sich solche Persönlichkeitszüge nicht in der konkreten Tat ausgewirkt haben.

In letzter Zeit besteht eine Neigung des Gesetzgebers, in § 46 als besonders symbolträchtig oder wichtig angesehene Gesichtspunkte ausdrücklich zu betonen, so etwa, es seien »insbesondere fremdenfeindliche oder sonst menschenverachtende« Motive zu berücksichtigen. Derzeit wird über eine weitere Ergänzung um »antisemitische« Beweggründe diskutiert. Ich halte das für einen symbolischen Unsinn. Nicht, weil diese Gesichtspunkte nicht wichtig sein könnten. Sondern, weil sie schon im Gesetz enthalten sind (Beweggründe, Ziele, Absichten) und weil die Auswahl willkürlich ist. Warum nicht »frauenfeindlich«, »kinderfeindlich«, »islamfeindlich«, »demokratiefeindlich« usw.? Man nennt solch leere Symbolik »Gesetzeslyrik«; sie ist beliebt bei Festrednern und Politikern, die große Ziele vortäuschen, aber in der Sache nichts ändern wollen. Kein Strafrichter, der halbwegs kundig ist, würde fremdenfeindliche oder antisemitische Beweggründe einer Tat nicht bei der Strafzumessung berücksichtigen, bloß weil *nicht* im Gesetz steht, man solle – unter allen anderen – auch sie bedenken.

In Kollegialgerichten (*Schöffengerichte* bei den Amtsgerichten, *Kammern* bei den Landgerichten, *Senate* bei den Oberlandesgerichten) entscheiden alle Richter – Berufs- und Laienrichter – völlig gleichberechtigt über die Strafe. Dabei macht in der Beratung der sog. Berichterstatter einen Vorschlag, dann äußern sich die übrigen Richter in aufsteigender Reihenfolge des Dienstalters, der oder die Vorsitzende zuletzt. Jede Stimme zählt gleich viel; bei Uneinigkeit schreibt das Gesetz eine bestimmte Berechnung des Ergebnisses vor (§ 196 GVG). Die Urteilsberatung eines Strafgerichts ist kein Stammtischgespräch, in dem das Maß der moralischen Empörung aufgetürmt wird.

Begründung und Anfechtung

Die Strafe wird mit dem Schuldspruch im Urteil verkündet. Dazu wird die sogenannte »Urteilsformel« verlesen (»Die Angeklagte wird wegen ... zu einer Freiheitsstrafe von ... verurteilt«). Anschließend begründet der die Hauptverhandlung leitende Richter das Ergebnis kurz und zusammenfassend; dazu gehört auch die Strafe. Was in dieser mündlichen Begründung gesagt wird, spielt in der Berichterstattung und für die anwesenden Verfahrensbeteiligten eine Rolle, nicht aber für die Rechtmäßigkeit des Urteils. Es muss zwischen dem oder der Vorsitzenden und den übrigen Richtern nicht abgestimmt sein; es kommt daher durchaus vor, dass Vorsitzende hier über das Ziel hinausschießen, unzutreffende oder bedenkliche Gründe nennen oder selbst nicht so recht sagen können, wie die Strafe zustande kam – etwa, wenn sie selbst anders votiert hatten.

Das sollte natürlich vermieden werden; eigentlich ist die Aufgabe, diejenigen Gründe kurz zusammenzufassen, die für die Entscheidung tragend waren – auch wenn man selbst ganz anderer Ansicht war. Verfehlt sind moralisch gefärbte »Abrechnungen« und persönliche Angriffe von Vorsitzenden, mit denen sie der Begründung des Strafmaßes noch ein paar populäre Sahnehäubchen und ihrer Selbstdarstellung ein Krönchen aufzusetzen versuchen.

Das ist wohlfeil und peinlich, denn es missbraucht die Machtposition und ist überdies sehr unkollegial gegenüber den übrigen Richtern, die schweigend danebensitzen (und nicht ganz selten leiden) müssen.

Die Strafzumessung wird außerordentlich häufig mit Rechtsmitteln – Berufung oder Revision – angegriffen, sehr oft mit der Begründung, die Strafe sei zu hoch, zu niedrig, »ungerecht«, im Verhältnis zu anderen Verurteilten nicht angemessen usw. In der Revision, die nur die schriftlichen Urteilsgründe auf »Rechtsfehler« untersucht (§ 337 StPO), hat man mit Strafmaßrügen kaum jemals Erfolg; Strafen werden nur in eklatanten Fällen des Missgriffs aufgehoben.

Anders ist es, wenn unzulässige Argumente verwendet, Tatbestandsmerkmale doppelt verwertet (siehe § 46 Abs. 3 StGB) oder wichtige Milderungsgründe überhaupt nicht gesehen und geprüft wurden; dann wird aufgehoben und zurückverwiesen. Das Revisionsgericht kann in aller Regel nicht selbst Strafen festsetzen, denn es hat ja nur die Revisionsakte. Bei Berufungsgericht (Landgerichtskammer gegen Urteile des Amtsgerichts) wird hingegen auch über die Strafe neu entschieden. Wenn die Berufungskammer auf Strafmaßberufungen stets ein bisschen nach unten geht, »züchtet« sie sich selbst Berufungen, weil alle Strafverteidiger des Bezirks das wissen und ihren Mandanten einen Erfolg versprechen können; das wird daher gern vermieden.

Ergebnis

Strafzumessung ist nicht pure Emotion, nicht regelfrei und nicht willkürlich. Sie ist an Regeln gebunden, die man beschreiben, einhalten und verletzen kann. Die Strafe kann nicht ohne genaue Untersuchung der Tat und der verwirklichten Tatbestandsmerkmale festgesetzt werden. Wer sagt, es komme ihm bei einer Tat, von welcher er hört, auf »juristische Spitzfindigkeiten« nicht an, da nach seiner Ansicht die Strafe auf jeden Fall so oder so hoch sein müsse, liegt grob daneben.

Es ist nicht anders, als ob jemand sagte, für das gerechte Ergebnis eines Fußballspiels sei es unerheblich und ihm gleichgültig, wie das Spiel verlaufen ist und ob die Tore aus dem Abseits erzielt wurden oder nicht. Man kann das machen, aber man macht sich damit auch lächerlich. Es ist natürlich *nicht* »egal«, ob jemand einen Diebstahl oder einen Raub, eine Vergewaltigung oder einen Bagatellübergriff begangen hat. Strafzumessung ist Rechtsanwendung, nicht Rache oder Willkür. Dabei sollten wir unbedingt bleiben.

Die Mühlen der Justiz

Gestehen Sie!

(03.07.2020)

Filme

Zur Einstimmung zunächst einmal ein kleiner Ausflug in die Fiktion. Sie kennen gewiss die Filme, in denen es, jedenfalls an der Oberfläche, um nichts anderes geht als um ein Geständnis. Beispielhaft will ich einmal nennen: »Das Verhör« (1981) von Claude Miller, mit Lino Ventura, Michel Serrault und Romy Schneider. Es geht, sehr vereinfacht gesagt, um ein Gespräch, das als Auskunft beginnt und als Überlebenskampf endet, um Wirklichkeit, Wahrheit, Intelligenz und Empathie, Angst, Wut, Verzweiflung, Liebe. Und um ein Geständnis. Großes französisches Kino also. Falls Sie den Film nicht kennen, holen Sie das möglichst nach; es lohnt sich.

Wir kennen aber natürlich auch zahllose andere Kriminalfilme, in denen ein tatsächliches Geschehen – eine Tat – mittels eines Bemühens um ein Geständnis rekonstruiert oder imaginiert wird. Die klassische »Tatort«-Konstellation macht das, nachdem der Zuschauer mittels einer durchweg humorvollen Rechtsmedizinerin und allerlei Spurensicherung über das Auffinden einer Leiche und bei Gelegenheit einer dienstlichen Autofahrt über die aktuellen Beziehungsprobleme des Hauptkommissars informiert wurde, gern mittels Einblicken durch die innenverspiegelte Scheibe in den Vernehmungsraum. Hinter der Scheibe stehen eine Staatsanwältin und der zweite Kommissar und betrachten gemeinsam mit dem Zuschauer gespannt die Szene; innen rät der Kollege dem Verdächtigen, seine letzte Chance zu nutzen, »reinen Tisch« zu machen, am besten ohne störenden Verteidiger. Irgendwann muss der Vernehmer abgelöst werden, weil er sonst die Nerven verliert und den verstockt lügenden Mörder zu schlagen beginnt ...

Nun gut, lassen wir das. Beim »Tatort« wissen wir ja, anders als bei Millers Film, wie es ausgeht. Aber gerade dann, wenn, wie üblich, das Gewicht der Indizien »erdrückend« ist und der Beschuldigte »unter ihrer Last zusammenbricht«, kann es doch merkwürdig erscheinen, dass man sich so viel Mühe macht, das Bekenntnis der Schuld leibhaftig und ausgesprochen zu erlangen. Wobei auch dies nicht immer nötig ist: In einem infolge einer veröffentlichten Schilderung durch einen Verfahrensbeteiligten bekannt gewordenen Fall hat die strafjuristische Fachwelt einst Kenntnis erlangt von einer Gerichtsszene, in welcher zum Zweck eines »Deals« mit abgesprochenem Geständnis der Angeklagte unwillig schweigend die angeblich geständige Fantasiegeschichte seines Verteidigers anhörte und partout nicht laut zugeben wollte, dass es so gewesen sei. Daraufhin rief ihm der Vorsitzende mehrfach laut zu: »Nicken Sie! Nicken Sie!« – Ein schönes Beispiel empathischer Kommunikation, fast so spannend wie »Hören Sie auf mich!«.

Ein Geständnis ist gar nicht so leicht. Das weiß man eigentlich, auch wenn die Fernsehkommissare noch so oft versichern, dass man zu Ruhe und Frieden gelange, wenn man sich die Dinge von der Seele rede, oder der Ermittlungsrichter, dass man über Haftverschonung durchaus reden könne, falls ein Geständnis erfolge. Probieren Sie's einfach mal aus: Auch wenn Sie, wovon ich selbstverständlich ausgehe, keine unentdeckten Straftaten begangen haben, gibt es gewiss die eine oder andere geständniswürdige Begebenheit oder Motivation in Ihrem Leben, irgendetwas, das Ihnen total peinlich ist und dessen Offenbarung unangenehme Folgen haben könnte. Wenn Sie sich einmal kurz darauf konzentriert haben, könnten Sie zur befreienden Tat schreiten und heute ein Geständnis ablegen – der Person gegenüber, die es angeht. Na? Wie sieht es aus? Hemmschwelle? Ja, so ist es mit den Geständnissen. Man kann davon ausgehen, dass es bei Mord und Vergewaltigung auch nicht wesentlich leichter fällt als beim Seitensprung oder einer kleinen Unterschlagung im Betrieb.

Wirklichkeiten

Man kann dem Menschen nicht in den Kopf hineinschauen. Das ist eine ebenso banale wie bedeutsame Tatsache. Vor vierhundert Jahren, zu Beginn der Neuzeit, kam die europäische Gesellschaft auf der Grundlage der Hinwendung zur Rationalität zu der Ansicht, in Strafprozessen gehe es um die wirkliche, dem Beweis und der zwischen rational denkenden Menschen kommunikativ vermittelbare Wahrheit. Bis dahin war überwiegend Gott für die Wahrheit zuständig gewesen, die sich auf Erden niemals ganz enthüllte und vom Menschen nur aufgrund von Gnade und Erleuchtung geahnt werden konnte. Die »Gottesbeweise« des Mittelalters waren also keine Denkfehler, sondern Zeugnisse des Glaubens. Die Neuzeit hingegen schritt zur »Inquisition«, also zur Untersuchung und Befragung, mit dem Ziel der Erforschung einer überprüfbaren, nachvollziehbaren, materiellen Wahrheit. Der Inquisitionsprozess war, aus dem Blickwinkel der Moderne, ein großer Fortschritt; die zeitweise exzessive Ausdehnung seines Beweismittels Folter steht dem nicht entgegen.

Wenn Gottesbeweise und magische Rituale die Wahrheit nicht enthüllen und unbezweifelbare Beweise fehlen, kann die Wahrheit nur durch ein Geständnis des Täters festgestellt werden. Das ist der Ursprung des Gedankens an eine überragende Beweiskraft eines Geständnisses. Denn nur der Täter selbst weiß – oder kann wissen –, was er im Einzelnen gedacht, gewollt, getan hat; nur er kennt alle Motive, alle Erwägungen, alle Hemmnisse.

Natürlich hat ein Geständnis nur dann rationalen Wert, wenn es »frei« ist, also das Ergebnis einer selbstverantworteten Entscheidung. Die Folterpraxis des 17. und 18. Jahrhunderts stand dem nicht grundsätzlich entgegen, auch wenn dies aus heutiger Sicht befremdlich erscheinen mag. Denn die Folter der Inquisition wurde »maßvoll« und wissenschaftlich eingesetzt, sie folgte strengen Regeln, die dem Verdächtigten eine Chance sowohl zur Reflexion als auch zum Freispruch ließen. Die, die »peinliche Befragung« durchführten, wussten selbstverständlich, dass man unter der Folter fast alles zugibt und dass solche Geständnisse nichts wert sind. Verwertbar waren daher Geständnisse vor und nach der Folter, ausgeruht und bei klarem Verstand, nicht aber abgequälte Bekenntnisse.

Vieles, was damals erstmals gedacht wurde und in die europäische Rechtskultur Eingang fand, lebt bis heute fort. Dazu gehört auch der in der Bevölkerung weitverbreitete Glaube an die überragende Beweiskraft eines Geständnisses. Auch bei professionell damit befassten Personen besteht eine oft unbewusste Überzeugung, es komme auf die

»ganze Wahrheit«, das Offenbaren des Innersten und die intersubjektive Glaubhaftigkeit dieser Offenbarung an. Das Geständnis gewinnt so eine über den Rang eines bloßen »Beweisanzeichens« (= Indiz) hinausgehende informelle Bedeutung. Im allgemeinen Bewusstsein gilt das umso mehr, als dieses oft Bilder und Vermutungen aus anderen Rechtsordnungen, insbesondere dem amerikanischen, englischen und französischen Strafprozess, vor Augen hat, die zudem noch den Filter fiktiver Bearbeitungen durchlaufen haben. Daher erscheint es fast schon naheliegend und jedenfalls verständlich, wenn in bestimmten Situationen immer wieder die Frage gestellt wird, wie »bindend« ein Geständnis eines Beschuldigten sei, ob man wieder »davon loskommen« könne, was ein »Widerruf« prozessual bedeute und so weiter. In der Presse wird das regelmäßig erörtert, wenn, wie im derzeit laufenden Frankfurter Prozess wegen der Ermordung Walter Lübckes, sich widersprechende Geständnisse eines Beschuldigten vorliegen. Auch in der Premium-Presse gilt so etwas als spektakulär und nehmen Erwägungen über die Beweiskraft breiten Raum ein (siehe z. B. *FAZ* vom 1.7. 2020, S. 2; *SZ* vom 1.7., S. 5; *SPIEGEL* vom 18.6.).

Seit der Zeit des Inquisitionsprozesses hat sich an der Strafprozessordnung in den deutschen Landen viel geändert. Das betrifft vor allem auch den Umgang mit dem Beschuldigten, den Zugriff auf seinen Körper und sein Inneres sowie die ausdifferenzierte Behandlung und Bewertung von Beweismitteln. Rein formal ist darauf hinzuweisen, dass die Mittel des sogenannten »Strengbeweises«, also eines im Gesetz genau geregelten Verfahrens zur Beweiserhebung mittels bestimmter Beweismittel, nur die folgenden vier sind: Zeugen, Sachverständige, Urkunden und richterlicher Augenschein. Die Aussage des Beschuldigten – gleich ob »Bestreiten« oder »Geständnis« – gehört nicht dazu. Bekanntlich ist ein Beschuldigter im deutschen Strafprozess nicht verpflichtet, sich zur Sache zu äußern, er kann auch nicht im eigentlichen Sinn zur »Wahrheit« verpflichtet sein, wenn er aussagt. Aus der Tatsache an sich, ob ein Beschuldigter aussagt oder nicht, dürfen keine Schlüsse gezogen werden; ebenso wenig daraus, ob er sich »früh« oder »spät« äußert. Beweiserwägungen von Gerichten, wonach für die Schuld des Angeklagten spreche, dass er z. B. ein Alibi »nicht früher« vorgetragen habe, sind rechtsfehlerhaft und führen regelmäßig zur Aufhebung durch das Revisionsgericht.

Damit ist auch klar, dass die Darstellungen in amerikanischen Kriminalfilmen, in denen Angeklagte eingangs »Erklärungen« abgeben, ob sie sich »schuldig bekennen« oder nicht, in Deutschland ebenso wenig eine Rolle spielen wie die Vernehmung von Angeklagten als Zeugen in eigener Sache – das sind die Filmszenen, in denen die bösen oder guten Angeklagten mit bebender Stimme, die Hand auf der Bibel, geloben, die ganze Wahrheit und nichts als sie zu bekunden, dieweil im mitfiebernden Publikum in Großaufnahme Tränen der Ergriffenheit fließen. Echos dieser Szenen und Indizien für den Fernsehkonsum von Journalisten finden wir in Presseberichten, in denen Verteidiger oder Beschuldigte angeblich »auf nicht schuldig plädieren« oder »auf fahrlässige Tötung statt auf Mord plädieren«, woraufhin der Staatsanwalt irgendetwas »fallen gelassen« habe. Das stammt, davon können Sie ausgehen, eher aus Netflix-Serien als aus deutschen Gerichtssälen.

Wahrheit

»Über das Ergebnis der Beweisaufnahme entscheidet das Gericht nach seiner freien, aus dem Inbegriff der Verhandlung geschöpften Überzeugung.«

So lautet § 261 StPO (»Grundsatz der freien richterlichen Beweiswürdigung«). Was einfach klingt, ist auch hier recht kompliziert in den Einzelheiten; überdies ist es das Ergebnis einer langen rechtsgeschichtlichen Entwicklung. In dem schlichten Satz stecken gleich mehrere grundlegende Prinzipien unseres Strafprozesses.

Das erste ist: Freie Beweiswürdigung. Das bedeutet nicht: Willkür, pures Meinen, »Gefühl«, auch nicht »Erleuchtung« oder »Eingebung«. Richter nach der StPO sind keine gottbegnadeten Salomons, keine »Kadis« aus dem Morgenland, keine Priester der Wahrheit. Sie wenden rationale Regeln, Wissenschaft und Normen an wie alle anderen auch und sind auch nicht klüger, weiser oder wahrheitsnäher als der Rest der Gesellschaft. Der Unterschied zwischen Richtern und Nichtrichtern liegt nicht darin, dass die Ersteren »besser« sind im Erkennen der Wahrheit, sondern dass sie die (demokratische) Legitimation dazu haben und das Amt: nicht als Privileg, sondern als Pflicht und Verantwortung.

Es ist daher für Berufsrichter auf Dauer recht ermüdend zu hören, dieser oder jene »hätten« anders entschieden, als er selbst es getan hat. Das kann sein. Sie haben aber nicht, und durften auch nicht. Wer Prozesse entscheiden will, soll halt Jura studieren und Richter werden, oder sich bei den Schöffenwahlen zur Verfügung stellen. Spontanurteile vor dem Fernseher oder nach Lektüre der Tageszeitung können Qualifikation, Amt und Legitimation nicht ersetzen. Man wird nicht Chirurg durch Betrachten der TV-Serie »Die jungen Ärzte«, nicht dadurch, dass man jemanden kennt, der auch schon einmal operiert wurde, und auch nicht durch die feste Überzeugung, sich wie kein Zweiter in die Schmerzen der Patienten einfühlen zu können.

»Freie Überzeugung« in § 261 StPO heißt: Ohne Bindung an Beweisregeln. Alle Erkenntnisse sind im Grundsatz gleich viel wert. Es gibt keine »immer« durchgreifenden Beweise, keine wertvollen und weniger wertvollen Zeugen aus Gründen des Stands, des Berufs, der Bedeutung. Es gibt kein Abzählen von Zeugen: Wenn neun das eine bekunden und einer das andere, kann das Gericht gleichwohl dem einen glauben, wenn es dafür rationale, mittelbare und nachvollziehbare (nicht: »richtige«) Gründe hat und diese auch mitteilen kann. Zu sagen: Ich habe so entschieden, weil ich das so fühlte, ist zu wenig: Das ist heute keine akzeptable Begründung mehr.

Das dritte Prinzip: Unmittelbarkeit. »Inbegriff der Hauptverhandlung« ist der Stoff, aus dem Urteile gemacht sind und gemacht sein dürfen. Das bedeutet: Nicht, was der Richter von irgendwoher weiß, was er »gehört hat«, nach Feierabend selbst ermittelt, ihm jemand heimlich verraten hat. All das kann auch zum »Inbegriff« werden, aber nur, wenn es ordnungsgemäß in die Verhandlung »eingeführt« wurde: durch Strengbeweis, unter Umständen auch durch Berichte oder Vorhalte und daran anknüpfende Beweiserhebungen. Wenn im Urteil Beweismittel verwertet werden, die im Hauptverhandlungsprotokoll nicht auftauchen, führt das meist zur Aufhebung des Urteils. Dahinter steckt das Gebot der Fairness und des rechtlichen Gehörs: Der moderne Strafprozess ist kein Geheimtribunal.

Das bedeutet natürlich nicht, dass Richter wie leere Festplatten in die Hauptverhandlung gehen. Sie wissen, wie Bier schmeckt, wie der Straßenverlauf zwischen X und Y ist, wer deutsche Meisterin der rhythmischen Sportgymnastik ist, wie viele Nieren ein gewöhnlicher Mensch hat. Das sind allgemeinkundige oder gerichtskundige Tatsachen; sie sind zu erwähnen, aber nicht zu beweisen. Richter wissen, zur Überraschung vieler Justiz-Skeptiker, gelegentlich auch sonst allerlei, weil sie Verfahrens- und Lebenserfahrung gewinnen. Das kann und soll man nicht ausschließen. Man muss es aber – als Richter – kontrollieren und darf nicht aus der bloßen Tatsache, dass man die Macht hat zu sprechen, wann man will, schließen, alles von einem selbst Gesagte sei bedeutend. Ob man Angeklagten raten soll, »nicht auf ihre Verteidiger zu hören«, sondern auf den weisen Vorsitzenden, ist da Geschmackssache, ganz unabhängig von § 24 Abs. 2 StPO (Besorgnis der Befangenheit).

Im Strafprozess wird Wirklichkeit rekonstruiert. Das geht immer nur zum Teil und kann nie vollständig sein. Der Strafprozess ist daher auch ein mächtiger Filter der Wirklichkeit. Was hinten herauskommt, ist – wenn's gut geht – »Wahrheit«. Damit ist nicht eine »forensische Wahrheit« als Fantasieprodukt gemeint, keine abgesprochene, ausgedealte Scheinwahrheit. Sondern eine Wahrheit als Kondensat des äußeren und inneren Geschehens, die für die Beteiligten und die Gesellschaft im Großen und Ganzen »akzeptabel« ist, vor allem, weil ihre Feststellung auf einem fairen, offenen Prozess und dem Bemühen um Rationalität beruht. Das allein ist die verfassungsmäßige Grundlage des Vertrauens in die Strafjustiz – nicht die Höhe der Strafen oder das Maß der jeweils kundgegebenen »Empörung«, wie es heute oft angenommen wird, weil das Publikum es gern gefühlig hat.

Für die Geständnisfrage beim OLG Frankfurt folgt aus all dem: Es gibt keine Regeln für die Bewertung, die Reihenfolge, die Glaubhaftigkeit von Geständnissen, auch wenn sie mehrfach und widersprüchlich sind. Das Gericht erhebt darüber Beweis (z. B. durch Augenschein einer Videoaufzeichnung, durch Vernehmung eines Vernehmungsbeamten oder durch Verlesung von Urkunden) und entscheidet »nach seiner freien Überzeugung« auf der Grundlage und unter Abwägung aller Beweisergebnisse über die Glaubhaftigkeit. Dem Geständnis oder den sonstigen Einlassungen von Angeklagten kommt nicht die überragende, geradezu magische Bedeutung zu, die gelegentlich in Presseberichten aufscheint. Sie sind vielmehr Teil des Ganzen: des »Inbegriffs der Hauptverhandlung«. Das ist eine große Chance, aber auch eine schwierige Verantwortung. Erinnern Sie sich, verehrte Leser, zum Abschluss noch einmal an die Geständnisse Ihres eigenen Lebens: Dass sie immer ganz und gar wahrhaftig, umfassend, »rückhaltlos« waren, möchten Sie vermutlich selbst nicht ganz glauben. Es bleibt immer ein Rest. Wir schauen den Menschen nicht in die Köpfe, und was sie sagen, ist, wenn wir Glück haben, ein Teil des Ganzen.

Krähen sind unter uns

(04.12.2020)

Corvus

Die Krähe (sagen wir: *Corvus frugilegus;* das ist die, die nachmittags bei Ihnen auf der Terrasse vorbeischaut) ist ein kleiner Rabe, der Rabe eine große Krähe. Die Corvi sind sehr intelligent: Sie planen strategisch, täuschen Konkurrenten, erkennen sich selbst im Spiegel, spielen allein und miteinander und rodeln gern, indem sie verschneite Hänge auf dem Bauch herunterrutschen. Sie können sich in andere Krähen hineinversetzen und vorstellen, was diese sehen, wenn sie eine Handlung aus anderer Perspektive betrachten als sie selbst.

Das Letztere nennt der medienerfahrene Strafrechtsexperte »Empathie«, eine Eigenschaft, die bekanntlich den meisten anderen Menschen in umso beklagenswerterem Maß fehlt, je mehr man selbst damit überreichlich ausgestattet ist. Der empathielose Mensch kommt seit 25 Jahren im öffentlich diskutierten Strafrecht häufig vor, durchweg als Täter, Raser, Mörder, Schänder oder Clanmitglied. Empathisch hingegen sind Menschen, die solche Empathielosen erschießen, aufhängen, für immer wegsperren, foltern, aus dem Verkehr ziehen oder von Löwen zerreißen lassen wollen, also die normal-empathischen Teddybärliebhaber, »Ein Lied für Dich«-Fans und Kriminaldogmatiker wie du und ich. Bevor die Empathie als Grenzlinie zwischen Gut und Böse erfunden wurde, fanden die Leute sich gegenseitig vermutlich ähnlich wie heute, aber es fühlte sich sicher nicht so schön an.

Ich erwähne das, weil ich die Kurve kriegen muss von der Krähe zum Strafrecht und dort zum Landgericht Aachen, 9. Strafkammer. Das wird mir durch das Forum zum *SPIEGEL*-Artikel »Blindes Vertrauen« von Wiebke Ramm am 30. November leicht gemacht, in dem es um den Freispruch des Rechtsanwalts Ralph W. aus Eschweiler vom Vorwurf des Betrugs zulasten der Staatskasse geht. Er hatte es geschafft, eine nicht existente Person namens *Keskin* nicht nur als Mandantin zu akquirieren, sondern auch als Nebenklägerin in das NSU-Verfahren des OLG München zu bringen, wo er sich für die Phantomdame zwei Jahre und 230 Hauptverhandlungstage lang unter Verursachung von Kosten in Höhe von ungefähr 210 000 Euro in die Bresche warf. Das ist ein mageres Dreiwochengrundgehalt für Jogi Löw, für den rechtschaffenen Fußballfreund aber eine Summe, für die man drei Wintergärten schwarz bauen lassen oder einen bettelarmen Handwerksmeister mit der Renovierung einer Fünfzimmerwohnung beauftragen könnte. Der Rechtsgelehrte W. aus Eschweiler musste dafür allerdings ziemlich oft von Eschweiler nach München und zurück fahren und dort übernachten, was in der von der Strafjustiz bezahlten Hotelkategorie kein echtes Vergnügen ist.

In dem Forum vom 30. November (andere finden sich unter dem 2. Oktober 2015, 7. August 2020 und 7. Oktober 2020) habe ich bis heute (2. Dezember) etwa 200 Kommentare gelesen. Mindestens 25 davon befassten sich mit der »Krähentheorie«, wonach angeblich ein Corvus jedem beliebigen anderen Corvus »kein Auge« – meint: nicht ein einziges Auge – »aushackt«. Das Augenaushacken ist kein

Spaß. Es fällt mir ein, dass ich in meinem ganzen Leben noch nie bewusst eine einäugige Krähe, also eine solche gesehen habe, der wegen Aushackens ein Auge fehlte. Und wenn, dann hätte ich nicht gewusst, ob das Aushacken ein anderer Corvus oder ein verirrter *Kapitän Nemo* besorgt hätte. Das spricht für die Richtigkeit der Krähentheorie. Sie wird auch nicht dadurch widerlegt, dass Papageien, Sperlinge und Nachtigallen, Bienenelfen und Kondore mit ausgehackten Augen ebenfalls sehr selten sind. Sie wird hierdurch aber auch nicht zwingender. Auch die Theorie, wonach der Apfel nicht weit vom Stamm falle, wird durch die Erfahrung, dass auch die gefallene Birne in der Nähe ihres Stammes zum Liegen kommt, eigentlich nicht berührt, wenn man einmal von Fragen der Schwerkraft absieht.

Wenn also der Vogel als solcher dem anderen Vogel als Person das Auge nicht auszuhacken pflegt, der Frosch dem Frosche kein Auge auslutscht und der Elefant nicht dem Elefanten eines ausstricht, muss das metaphorische Anliegen weniger mit den Augen als mit dem Rabenvogel zu tun haben. Dieser, durchweg schwarz gewandet, erinnert den Sprichwortliebhaber an Priester, Bestattungsunternehmer, Ozzy Osbourne und Rechtsgelehrte auf und vor der Richterbank: Ein Bilderbogen des Schreckens, wie man zugeben muss, wenn man Johnny Cash und Juliette Gréco einmal beiseitelässt. Die metaphorische Sogstärke beweist ihr Gewicht dadurch, dass bei Freisprüchen durch das oberste Bundesgericht die Krähe nicht durch den Rotkardinal ersetzt wird.

Rechtssachen

Das Leben des Rechtsanwalts und der Rechtsanwältin ist schwer. Das weiß jeder, der ein paar von ihnen näher kennt. Aber auch schön! Es ist insoweit ähnlich dem der Zahnärzte, Prüfingenieure, Podologen, Apotheker und ambulanten Altenpflegerinnen im freien Beruf: Man muss sich nach der Decke strecken, kommt aber nicht immer hin. Was einem das Personal mit seiner notorisch labilen Gesundheit und seiner chronisch histrionischen Persönlichkeitsakzentuierung nicht vom Kopf frisst, kassiert die Steuer, empathiefrei und pünktlich. Das ist die dunkle Seite des Berufs, also die der 50000 Raben im Schatten. Sie sitzen in Einzel- und kleinen Partnerkanzleien oder prekären Bürogemeinschaften, in denen die Miete, die dreigeteilte Anwaltsgehilfin, die Rate für die USM-Regale und die Leasingrate für den Volvo schon mal gut die Hälfte vom Brutto-Cashflow absaugen. Am anderen Ende der Skala, im Licht ihres stählern blitzenden Gefieders, residieren Einkommensmillionäre in den Beletagen von Jugendstil-Niederlassungen, im Parterre ein Dutzend Associates, an der Wand ein paar LL.M.-Diplome aus Sydney, Oxford und Buenos Aires und im Regal ein paar Beratungsmandate, auf deren Aktendeckeln Namen von Gesetzen stehen, die der SPIEGEL.de-Forist noch nie gehört hat. Diese beiden Klischees können das weitere Dutzend immerhin andeuten. Es kommt halt, wie der Jurist, aber auch der Geschichtslehrer und der Umwelttechniker zu sagen pflegen, darauf an.

In den Verlautbarungen des Alltags kann man viel über das Wesen der Rechtsanwälte wie auch der Juristen im Allgemeinen hören und lesen. Das meiste ist kenntnislos und schlicht, trägt aber unbezweifelbare Kerne der Wahrheit in sich, wie es auch die Volksweisheiten über Installateure, Fußballschiedsrichter oder Försterinnen tun.

Ich weiß natürlich nichts über den freigesprochenen Rechtsanwalt W. aus E., dem, wie man hört, in Duisburg fast einmal etwas Ähnliches passiert sein soll, was ihm den Tatvorwurf des versuchten Betrugs bescherte, der nun gemeinsam mit der Last aus München von seinen – wie wir lasen: lautlos zuckenden – Schultern fiel. Ein Rechtsanwalt beim Weinen im Verhandlungssaal des Landgerichts ist ein Bild, das uns zwar in Gestalt von Gregory Peck im »Fall Paradine« vertraut, im filmfernen Alltag aber nicht alle Tage geläufig ist. Hoffnungsvolle Jurastudenten lassen es sich nicht träumen; ihre Vorstellungskraft beschränkt sich auf das Schluchzen dankbarer Mandanten. Empfehlenswerte Präventionsmaßnahmen: Nicht schlampen! Gelegentlich Lebendbescheinigungen der Mandanten anfordern! Ruhig auch mal eine Akte lesen! Nicht jedem Mandat hinterherkriechen! Und wie immer: Weniger schwätzen, mehr denken!

Weiter möchte ich mich da jetzt nicht hineinhängen: Ich kenne weder die Beweislage noch die Urteilsgründe aus Aachen. Was auf den ersten Blick wundersam und fantastisch erscheint, entpuppt sich im Leben nicht selten als Folge einer Kette von gewöhnlichen Fehlern, Irrtümern, Nachlässigkeiten, Glücks- und Zufällen, gelegentlich gewürzt mit einer Portion Chuzpe, Hoffnung und Gottvertrauen. Wäre es nicht so, könnten Sie, liebe Leser, ja nicht so spannende Geschichten über die total überraschenden Höhepunkte Ihres Lebens erzählen!

Eine gefälschte Vollmacht eines nicht existierenden Nebenklägers zu erhalten, dürfte weniger unwahrscheinlich sein als fünf Richtige im Lotto und mindestens so naheliegend wie die Hoffnung, zwei Jahre unfallfrei beim Autofahren E-Mails lesen zu können. Zum Verschwinden des Mandantenphantoms *Keskin* zu sagen: »Kann passieren«, klingt zugegebenermaßen nicht sehr philosophisch, könnte aber trotzdem stimmen. Es haben schon Chirurgen belegte Brötchen im Bauchraum des Patienten vergessen und Mechatroniker den Motorölstand mit Kühlmittel aufgefüllt. Von der Leserinnen und Leser liebenswerten Schusseligkeiten in Beruf und Freizeit wollen wir gar nicht reden!

Umso erstaunlicher ist es, mit welcher Treffsicherheit sich Volkes Stimme – soweit für mich vernehmbar – Bahn bricht bei der Fernanalyse des Aachener Urteils und seiner Einordnung in eine allgemeine Charakterkunde des Anwalts- und des Richtermenschen. Man könnte sich über die hartnäckige Gewissheit vieler Mitbürger, wonach der fahrlässige Betrug (den sie so nicht nennen) selbstverständlich strafbar sei, aufregen, sollte es aber sein lassen. Auch der Hausarzt muss sich schließlich das Wundern über die Fachkenntnisse seiner Patienten abgewöhnen: Gegen die dem Wartezimmer entspringende Erkenntnis, dass die Fettleber entweder vom vielen Kaffee kommt oder von der Großtante vererbt wurde, ist kein Kraut gewachsen.

Trotzdem muss man einmal wieder darauf hinweisen, dass die Strafrechtstheorien, die bei solchen Gelegenheiten emporzubrechen pflegen, gerade ihre überzeugtesten Vertreter mit Sicherheit ins Gefängnis brächten, wenn sie auf deren eigenes Verhalten angewendet würden: Der fahrlässige Betrug kann als Grundregel des ordentlichen Kaufmanns und Quell des gutbürgerlichen Reichtums durchgehen, der fahrlässige Mord als das Grundgesetz der Autobahn und der fahrlässige SUV-Unfall als das alltägliche Missgeschick der shoppenden Mami von Nora und Tobias. Millionen von Menschen, die tagein, tagaus selbst alles Erdenkliche falsch machen, vergessen, übersehen oder verpassen, sind wundersam überzeugt davon, dass dieselben Fehler der jeweils anderen auf nichts anderem beruhen können als auf bösen Absichten, hinterhältigen Plänen und abstoßender Selbstsucht.

Woher kommt die hohe Bereitschaft, über Juristinnen und Juristen Urteile voll Hass und Verachtung zu verbreiten? Wobei sich beides ja nicht gleichmäßig über die Juristenpopulation ergießt, sondern nach Maßgabe von sogenannter Betroffenheit, Traumgespinsten, Interessenlagen und Ideologien mal gekleckert, mal gekotzt wird: Rechtsanwältinnen geht, soweit ich die Empathiepresse verstehe, das Hinterhältig-Unverschämte meist ab, das ihre männlichen Kollegen auszeichnet. Dem hipsterbärtigen »Opferanwalt« fehlt das Empathisch-Mütterliche, das der »Opferanwältin« in die Wiege gelegt ward. Menschelnde Sensibilität des männlichen Musteranwalts, sofern sie gegen die angeborene pedantische Rechthaberei eine Chance hat, verbirgt sich, wie uns Herbert Knaup seit über 100 spannenden »Kanzlei«-Folgen authentisch zeigt, hinter rührender Unbeholfenheit. Man darf sicher sein, dass dieser Rechtskundige regelmäßig über seinem jeweils einzigen Fall in Tränen ausbricht.

Ein wahres Wunder ist, dass die unseriösen und schlechten Anwälte immer die Gegenseite vertreten, während man selbst zumeist von ausgesprochen kenntnisreichen Doctores vertreten wird und allenfalls dann einmal einen Versager erwischt hat, wenn man einen Prozess verlor, den man wie alle anderen unbedingt hätte gewinnen müssen, wenn es mit rechten Dingen zugegangen wäre. Und den Rechtsanwalt auch noch bezahlen soll.

Rechtsanwälte, Juristen überhaupt, verfügen über Sonderwissen in der Nähe der Herrschaft, also der Unabänderlichkeit. Eine Tatsache ist eine Tatsache, auch wenn der sensible Bürger es gern anders hätte, und die Anwälte wissen nicht nur, was in Paragraf 263 StGB steht, sondern auch, dass der untaugliche Versuch strafbar ist, was dem durchschnittlich gebildeten IT-Spezialisten oder Heimwerker ein Geheimnis bleibt. Rechtsanwälte vertreten unfreundliche Ansichten wie die, dass sich durch bloßes Wünschen keine Tatsachen herstellen lassen, oder dass die Wahrscheinlichkeit gering sei, dass man selbst nie, alle anderen aber immer irren. Sie hören nicht zu, wenn man ihnen erzählt, wie frech die Nachbarin letztes Jahr gewesen ist und was der verstorbene Ehemann immer gesagt hat. Kaum hat man angefangen zu erzählen, was man in der Stadt einkaufen wollte, als der Unfall passierte, fragen sie, ob die Ampel rot oder gelb war. Und ob sie einem wirklich glauben, dass man in der Steuererklärung auf gar keinen Fall vorsätzlich eine Null vergessen und die Wohnzimmercouch mit einem abschreibbaren Büroregal völlig zufällig verwechselt hat, weiß man auch nicht so recht. Wo das doch nun wirklich jedem mal passieren kann!

Vor Sonderwissen hat der Mensch Angst, und vor der Macht sowieso. Rechtsanwälte leben davon, ein Stückchen von der Macht zu spiegeln. Das ist ein Gefühl, das sich schon im Studium einstellt, wenn man zum ersten Mal schreibt, dass »T« (so heißt der Täter in jedem Übungsfall) »wegen schweren Raubes« zu bestrafen sei. Wann und wo sonst kann eine 19-jährige Lady-Gaga-Freundin pro Tag fünfmal den T wegsperren und kriegt zwölf Punkte dafür? Medizinstudenten kennen das schwebende Gefühl natürlich auch, wenn der leidende Mensch sich, kaum hat man den weißen Zauberkittel angelegt, in einen »62-jährigen, deutlich vorgealterten Pat.« verwandelt und der 26-jährige Arzt im Praktikum, gebeugt unter der Last der Kugelschreiber, die Prognose des fortgeschrittenen *Ulcus cruris venosum* diktiert.

Will sagen: Man kann nicht alles wissen, und die meisten von uns wissen, aufs Ganze gesehen, bedauerlich wenig. Das wird umso schmerzlicher erlebt, je näher die blinden Flecken an den Funktionszentren unserer Lebenswelt liegen. Und das Recht ist nun einmal entgegen verbreiteter Ansicht nicht irgendeine fernliegende Tricktechnik, sondern bestimmt zentral und inhaltlich das ganze Leben: Ohne Normen und Recht geht fast nichts, und wenn man nicht weiß, wie es funktioniert und zusammenhängt, ist man dumm, hilflos, verängstigt und daher stets latent aggressiv. Menschen, denen von klein auf ausgetrieben wird, sich mit dem normativen Funktionieren der Gesellschaft auf eine Weise zu beschäftigen, die nicht nur zwischen Gehorchen und Nicht-erwischt-Werden schwankt, sondern auf Verständnis gegründet ist, müssen sich in steter Furcht befinden, irgendetwas nicht zu verstehen, zu beherrschen, zu überblicken und nicht steuern zu können. Rechtsanwälte erscheinen dann wie Priester, die durch beschwörendes Murmeln von kryptischen Paragrafenketten mehr oder minder geschickt die Blitzeinschläge der obrigkeitlichen Machtsprüche ablenken. Was ein »guter« und was eine »schlechte« Rechtsanwältin ist, ist für die meisten Menschen nicht erkennbar und prüfbar. Zum Glück lassen sich die meisten Rechtsfälle des Alltags mit Fähigkeiten mittlerer Art und Güte vollkommen ausreichend bearbeiten, sodass es auf die den Mandanten beschäftigende Frage, wie teuer die Kanzleieinrichtung, das Halstuch oder das Cabrio der Rechtskundigen wohl waren, nicht wirklich ankommt. Entgegen der Sage besteht der Unterschied zwischen guten und schlechten Juristen auch nicht darin, dass die ersteren mehr Paragrafen auswendig kennen oder in ihren Schriftsätzen öfter die Formulierungen »offensichtlich«, »in keinster Weise« oder »nicht nachvollziehbar« benutzen. Und dass der *dolus subsequens non nocet,* stimmt zwar meistens, setzt aber in jeder Sprache eine gewisse Verständnistiefe voraus.

Wo Abhängigkeit, Unwissen und Angst systematisch eingebaut sind, dürfen Verachtung und Häme zur Kompensation nicht fehlen: Von der ungewohnten Fachsprache bis zur prostitutiven Geldgier, von der moralischen Gewissenlosigkeit bis zum menschenfeindlichen Zynismus gibt es kaum etwas, was Nichtjuristen nicht als spezifisch juristische Charakterlosigkeit einfiele. Während vom Architekten selten erwartet wird, dass er »als Mensch« ganz anders baue denn »als Architekt«, zerbricht sich die Klientel der Rechtsanwälte unentwegt den Kopf darüber, wie unerträglich diese »als Mensch« sein müssen, da sie bei jedem Bissen Abendbrot einen Absatz aus dem Lebensmittel- und Bedarfsgegenständegesetz deklamieren und in ihren Kleiderschrank eine Allgemeinverfügung über das Falten von Polohemden legen.

Gegenüber Richtern sind von einer Mischung aus Furcht, Neid, Unterwürfigkeit und Verachtung durchsetztes Spekulieren über den »typischen« Charakter sowie Vermutungen über die menschelnden Seiten der Person noch ausgeprägter, weil sie eine undurchschaubare Macht ausüben und meistens noch nicht einmal so tun, als wollten sie heute wieder ganz besonders gern gerade *diesen* Fall entscheiden, *gerade* diese Zeugin befragen oder gerade *diesen* Beschuldigten in seiner Seelenpein verstehen. Es entsteht daraus eine merkwürdige Mischung von absurder Überschätzung und fantasieloser Abwertung: Wenn man sich mit den Inhalten des Rechtsberufs gar nicht ernsthaft befasst, zerfällt alles in Attitüde, Intuition, Spekulation und Interessengeleitetheit. Wenn über die Misserfolge von Architekten oder Ärzten geredet wird, bleibt in der Regel zumindest die Erkenntnis unangetastet, dass man selbst die eingestürzte Brücke auch nicht besser hätte bauen, das stehen gebliebene Herz auch nicht besser hätte operieren können. Bei Rechtsentscheidungen fällt auch diese Hemmung: So viel Fachkenntnis, Erfahrung und Engagement kann ein Richter gar nicht haben, dass nicht ein beliebiger Internetbenutzer es binnen fünf Minuten besser wüsste.

Krähen und Tauben

Damit sind wir wieder bei der Krähentheorie angelangt. Dass Richter und Rechtsanwälte Seit an Seit im selben Schwarm flögen, kann nur glauben, wer auch meint, Architekten und Installateure, Chirurgen und Regeltechniker, Gärtner und Botaniker seien jeweils liebe »Kollegen«. Die Erfahrung lehrt, dass Chirurgen am ehesten Chirurgen, Gärtner am ehesten Gärtnern und Rechtsanwälte am ehesten Rechtsanwälten die Augen oder sonstige empfindliche Rechtsgüter ruinieren. Andererseits weiß (fast) jeder, dass, je näher man den Dingen kommt und je mehr Ahnung man hat, die Sachen umso »relativer«, die Beurteilungen umso differenzierter, die scheinbar glasklaren Fehler umso unsicherer werden. Wenn ein Haus zusammenbricht, hat es derjenige am leichtesten, der von ferne sagt, das sei einmal wieder typisch für die moderne Architektur. Wer herauskriegen muss, welche Fehler und Zufälle wann und wie zusammenwirkten, um das Unglück zu verursachen, hat es da schwerer. Und im Gegensatz zum Fernsehkrimi kommt es im Leben ziemlich häufig vor, dass man bei aller Anstrengung und gutem Willen sagen muss, dass man etwas *nicht* weiß und auch nicht herauskriegen kann.

Im Strafprozess zum Beispiel gibt es sehr vieles, was man nie ergründen kann. Dazu gehören zum Beispiel Gedanken anderer Menschen, vor allem wenn sie Jahre zurückliegen. Die Helden der Onlineforen sind auch da gern vorneweg mit überragendem Wissen aus dem Nichts. Würde man auf sie selbst die Gnadenlosigkeit ihrer Spekulationsorgien anwenden, wäre das Klagen groß. »Das muss man wissen« ist eines der Lieblingsargumente, um »klare Fälle«, vom Betrug bis zum Mord, in einem Leserkommentar oder Chat zu lösen. Wenn denselben Leuten beim nächsten kleinen Missgeschick eine Anklage wegen Mordversuchs oder gewerbsmäßigen Betrugs zugestellt würde, fielen sie vor Empörung in Ohnmacht und würden ohne Ende jammern, wie »tragisch« sie sich geirrt und wie gänzlich unvorsätzlich sie gehandelt haben.

Die Krähentheorie ist also nach meiner Einschätzung ziemlich falsch, von allen windschiefen Pauschalvermutungen die wahrscheinlich falscheste. Das heißt nicht, dass nicht unter Fachkundigen größeres Verständnis für mögliche Fehler herrschen und sich auch mildernd in der Beurteilung auswirken könnte. Gewiss gibt es auch Verschonungen und Milden, die im Randbereich von Kumpanei und Gegenseitigkeit liegen – allerdings in anderen als den juristischen Berufen gewiss ebenso häufig wie hier. Man muss lange suchen, bis ein Arzt einem anderen Arzt, ein Architekt einem anderen Architekten, ein Ingenieur einem anderen Ingenieur öffentlich bescheinigt, völlig unvertretbar gehandelt und gröbste fachliche Fehler begangen zu haben. Das liegt nicht stets am bösen Willen, sondern oft auch daran, dass man weiß, wie schmal die Grenzen zwischen *lex artis* und Kunstfehler sein können. Die Fehlerquellen in Taubenschwärmen stehen denen von Krähenschwärmen keinesfalls nach.

Wer meint, Rechtsanwälte und Strafkammervorsitzende seien ihrer Natur nach »Kollegen«, hat nicht wirklich Ahnung. Wer meint, man könne ein Betrugsverfahren in Aachen am besten vom Fernsehsessel in Regensburg aus entscheiden, irrt. Ob Rechtsanwalt W. aus E. schuldig ist? Ich weiß es nicht, und Sie, verehrte Leser, wissen es auch nicht. Die Strafkammer ist zu einem Ergebnis gelangt, das den Beschuldigten freut, ihn aber weder aus der Haftung entlässt noch sein berufliches Fortkommen beflügeln wird. Das Urteil, das wegen Nichterweislichkeit eines Betrugsvorsatzes zum Freispruch gelangte, mag vielleicht Rechtsfehler haben, aber die kennen weder Sie noch ich; und Ihre und meine Spekulationen darüber sind ohne Bedeutung. Warten wir's also ab, ob das Urteil rechtskräftig wird, und begeistern uns nicht künstlich an unserer Rechtschaffenheit. Und seien wir alle zusammen stets so sorgfältig, pflichtbewusst und redlich gesinnt, wie es uns der empathische Blick auf Herrn Rechtsanwalt W. und seine verstorbenen, verschollenen, verblichenen oder verschwundenen Mandanten gebietet.

Welterklärer, Problemerfinder, Bedenkenträger

(22.01.2020)

Heute, sehr geehrte Leser, habe ich mir vorgenommen, weder über Mord noch über Corona zu schreiben, sondern über etwas Erfreuliches. Zum Beispiel über das Wesen der Juristen, also etwas wirklich Harmloses und Spannendes. Natürlich hängt wieder einmal alles mit allem zusammen, denn wie Sie wissen, ist seit Einführung der sogenannten »Maßnahmen« im Februar 2020 die Zahl der Juristen in Deutschland ähnlich explodiert wie die Zahl der Epidemiologen seit der Entdeckung der Stadt Wuhan kurz zuvor. Obwohl manches für das Gegenteil sprechen würde, haben dadurch leider weder die berufsmäßigen Juristen noch die hauptberuflichen Epidemiologen entscheidend an Ansehen gewonnen. Vielmehr ist die Epidemiologie in 500 Schulen der Exponentialkunde zerfallen, während sich die Rechtskunde zugleich in ebenso viele Meinungsgruppen der Gefahrbekämpfungswissenschaft differenzierte. Zeit also, einmal zu den Quellen zurückzukehren und uns zu fragen, was die Juristen an sich, vor allem aber die Juristen in uns allen wertvoll macht in dieser Zeit.

Anstoß

Ende 2018 studierten an insgesamt 43 juristischen Fakultäten in Deutschland ungefähr 110 000 meist junge Menschen Rechtswissenschaften. 62 000 von ihnen waren Frauen, 48 000 Männer; weitere Geschlechter wurden nicht gezählt. Erfreulich viele Ausländer waren darunter, darunter nicht wenige aus China und Japan. Im Januar 2020 waren in Deutschland 166 000 Rechtsanwälte zugelassen, dreimal so viele wie 1990. Der Anteil der Juristen in sonstigen Berufen ist schwer zu schätzen: Viele sind in öffentlichen Verwaltungen beschäftigt, auch die Zahl der nicht als Rechtsanwalt zugelassenen Unternehmensjuristen dürfte groß sein. Wahrscheinlich gibt es in Deutschland mehr als 300 000 als Juristen berufstätige Menschen, halb so viele befinden sich in Ausbildung. Das Studium wird von knapp 30 Prozent der Studierenden abgebrochen, meist schon in den ersten Semestern; die Anzahl der erst nach Abschlussprüfungen endgültig Scheiternden ist daher nicht sehr groß. Für diese Gruppe ist der Misserfolg aber oft bitter, weil sich hier das Fehlen der Eignung erst am Ende der Zwanziger-Lebensjahre herausstellt und die Neuorientierung dann schwerfällt. Insgesamt spricht also viel dafür, dass die Zahl der Juristen in Deutschland auch zukünftig noch ansteigen wird.

Angriff

Das Ansehen der Berufsjuristen in der öffentlichen Meinung ist notorisch bestenfalls durchwachsen. In den Kategorien »Vertrauen« und Sozialprestige kommen sie – allerdings mit großen Unterschieden nach Berufsgruppen – noch einigermaßen über die Runden; bei der Beurteilung berufsunspezifischer Qualitäten in den Fächern des allgemein Menschlichen fallen die Bewertungen oft deprimierend aus. Das könnte einem aus mindestens zwei Gründen herzlich egal sein: zum einen, weil andere Berufsgruppen keinesfalls besser dran sind (ich sage nur: »die Mediziner«, »die Soziologen«, »die Beamten«, »die Lehrer«); zum anderen, weil das Maß der öffentlich bekannt gegebenen Verachtung erfahrungsgemäß oft in direkt proportionalem Verhältnis zum Mangel an Kenntnis und Fantasie steht. Das sieht der Kritiker natürlich anders, der sich überdies darauf berufen kann, dass die Zahl der Kranken durch eine Zunahme an Ärzten nicht sinkt, sondern ständig steigt, schon allein deshalb, weil wellenförmig immer neue und daher umso heilungsbedürftigere Krankheitsbilder das Land strapazieren (ich sage nur: Laktoseintoleranz, ADHS in Kombination mit Ritalin-Allergie, LDL-Cholesterin unter 88 oder über 92, Parodontitis im Greisenalter usw.). Ähnlich mittelstandsfördernde Innovationen sind auch im Rechtswesen verbreitet.

Ein Überblick über die fünf wichtigsten Vorbehalte gegen Juristen ist schnell geschafft. Erstens: Schon die Sprache, in welcher sich Juristen mit ihrer Umwelt verständigen, gilt dem sogenannten gesunden Menschenverstand gern als Vorstufe zur Geisteskrankheit. Angeblich bleibt sie normalen Menschen unverständlich, selbst wenn sie scheinbar vertraute Vokabeln benutzt. Zweitens: Statt Gerechtigkeit nur Argumente, mal so, mal so, und im Ergebnis kommt es immer auf irgendetwas an, was gerade nicht zur Hand ist. Drittens: Argumente gegen Geld, Interessenvertretung aus purer Geldgier. Viertens: Handlanger der Macht, Unterdrücker der Geknechteten, Vernebler der Aufklärung. Fünftens: Welt- und Lebenskomplizierer, Alleswisser, Rechthaber.

Abwehr

Aus Sicht der so Beschriebenen sieht das ganz anders aus. Schon die Gattungsbeschreibung erscheint willkürlich, wenn man die tatsächlichen Berufs- und Lebensbiografien betrachtet und vom Gesichtspunkt einer meist Jahrzehnte zurückliegenden Grundausbildung absieht. Eine in einer Einzelkanzlei tätige Familienrechts-Anwältin hat mit einer Vorsitzenden Richterin am Finanzgericht nicht mehr gemein als ein Mechatroniker mit einem Elektroingenieur, und ein bei einer Wirtschaftsprüfergesellschaft tätiger Unternehmensjurist kann sich mit einem Staatsanwalt für BtM-Delikte in aller Regel auch nur über Fußball, Corona oder den Zinssatz für Immobilienkredite unterhalten.

Schon die Sprache, in welcher sich Juristen mit ihrer Umwelt verständigen, gilt dem sogenannten gesunden Menschenverstand gern als Vorstufe zur Geisteskrankheit.

Die Sprache ist ein Zaubermittel, nicht nur, aber jedenfalls auch im juristischen Beruf. Dass sie, jedenfalls zum Teil, auch Fachsprache ist, trifft zu, ist aber eigentlich kein Problem. Die Mehrzahl der Menschen ist nicht zu dumm, den Unterschied zwischen Diesel und Super zu verstehen, zwischen Wasserstoff und Sauerstoff oder zwischen Retriever und Bernhardiner. Also wird es wohl mit dem Unterschied zwischen Besitz und Eigentum, Kauf und Miete, Raub und Diebstahl ebenfalls klappen. Auch was eine Urkunde, eine Grundschuld, ein Wegerecht oder ein Schadensersatz sind, kann unschwer lernen, wer jederzeit routiniert über Schwarze Löcher, Nullzinspolitik, Nahostkonflikte und den Stand der IT-Technik zu parlieren weiß.

Es sind – auch dies entgegen populärer Missverständnisse – natürlich nicht die Wörter, die schwierig sind. »Abwägungsvorbehalt« ist, genau betrachtet, eigentlich nicht schwieriger als »Authentizitätseinbuße« oder »Automatisierungsexperte«, und »Zustellungsurkunde« kann sich der durchschnittliche Abiturient ebenso gut merken wie »Zinsabschlagsvorbehalt« oder »Zwischenhandelsvolumen«. Von der Durchseuchung des Alltags mit fremdsprachigen Begriffen aus der Finanz-, Medizin-, Psycho- und Kulturwelt wollen wir gar nicht sprechen; dagegen hält sich das Rechtswesen mit seinen paar bildungsbürgerlichen Brocken Küchenlatein bescheiden und ringt um phonetische Volksnähe.

Sehr bedauerlich ist es, dass junge Juristen noch immer auf die Mär hereinfallen, die Verwendung einer rührend altertümlichen Kanzleisprache könne dem gemeinen Rechtsunkundigen als Zeichen der juristischen Gelehrtheit erscheinen. Sie treiben es mit der sprachlichen Camouflage zwar nicht so abwegig wie die Soziologen oder die Unternehmensberater, aber das eine oder andere Strohfeuer lässt sich notfalls über dem fachlichen Blindflug abbrennen. Besser wäre es, das sein zu lassen. Man muss nicht in jedem zweiten Satz das Wort »vorbehaltlich« verwenden, und auch »unter Berücksichtigung des Umstands, dass« will sparsam eingesetzt sein.

Schwierig an der juristischen Sprache ist für viele ihr Zusammenhang, besser gesagt: der Umstand, dass es zwischen den Satzinhalten eine systematische Struktur und zwischen den Begriffen einen Zusammenhang gibt. Beides erscheint vielen geheimnisvoll, oft willkürlich: Kaum hat man die Anwendung einer Regel im Fall X verstanden, muss man hören, dass sie im Fall Y nicht gelte, es sei denn, dass die Ausnahme Z vorliegt, von der aus den Gründen eins bis vier abgewichen werden könne. So etwas überfordert den Alltagsmenschen allerdings entgegen zahllosen Behauptungen nicht schon schlechthin, da es in Wahrheit in hohem Maß dem Organisationsprinzip seiner täglichen Lebenswelt entspricht: Wir essen montags Pasta, wenn die Mama nicht im Büro gegessen hat und der Yogakurs der Tochter ausfällt, dann aber nur mit Bärlauchpesto, es sei denn, dass der Sohn zum Abendessen kommt und nicht schon bei seiner Freundin gegessen hat. Ganz normale Juristerei.

Es ist jedoch so, dass Nichtjuristen in aller Regel keinen Zusammenhang zwischen der Lebenswelt von Frau A und derjenigen von Herrn B sehen. Aus diesem Grunde können sich beide eine Stunde lang über die Probleme mit ihren Vermietern oder die Unterhaltspflicht ihrer Ex-Ehepartner unterhalten, ohne dass irgendetwas anderes geklärt wird, als dass das Leben schwer sei. Der Sinn des Rechtsgesprächs ist nicht, eine Lösung für eines der Probleme zu finden. Er erschließt sich Gender-intuitiv: Wenn A und B Frauen sind, geht es um die Herstellung zwischenmenschlicher Wärme. Sind beide Männer, geht es um den Austausch überragender Kenntnisse angeblich ähnlicher Fälle sowie von Hinweisen auf garantiert hilfreiche Beziehungen. Sollten A und B sich mit der Zuschreibung verschiedener Geschlechter einverstanden erklärt haben, versagt die Fantasie und wir kommen ohne Mediatorin nicht aus.

Beim nächsten Treffen wird das Ganze fast gleichlautend und mit demselben Ergebnis wiederholt. Schlichte Rechtsauskünfte können dem Leid nicht abhelfen, denn der Gesetzgeber hat einmal mehr versagt und die extrem individuell gelagerten Fälle von A und B nicht ausdrücklich geregelt. Außerdem ist mit Händen greifbar, dass ein Abschluss der Kommunikation durch Hinweise auf übersichtliche gesetzliche Regelungen die Bedürfnisse nach empathischer Wärme und souveräner Selbstdarstellung nicht annähernd befriedigen würde. Es muss daher vermieden werden, eine eventuell passende Rechtsnorm im Original zur Kenntnis zu nehmen oder ein höchstrichterliches Urteil für relevant zu halten, solange es darin um Drei- statt um Vierzimmerwohnungen ging oder die unterhaltspflichtige Person weiblich statt männlich war.

Die Sache endet also wie immer: Frau A und Herr B fragen zunächst alle ihre Verwandten und Freunde mehrmals nach deren Rechtsauffassung, lösen den Streit in 97 Prozent der Fälle, indem sie ihre jeweiligen Feinde zeitlebens nicht mehr grüßen, und nehmen sich in den restlichen drei Prozent auf Empfehlung der besten Freundin/ eines alten Kumpels besonders gerissene Rechtsanwälte, die geheime Zaubertricks kennen und den Gegner in jedem Schriftsatz viermal beleidigen.

Mittelfeld

Spezifisch juristisch ist also eigentlich die *Denke*. Zwischen einem Verwaltungsrechtler und einem Elektroingenieur klafft ein mentaler Abgrund, der sich nach dem Ende des Universalgelehrtentums nicht mehr überbrücken lässt. Juristen denken »deduktiv«, also pyramidenförmig von oben nach unten. Sie sind stets auf der Suche nach einem begrifflichen »System«, das sich als einigermaßen schlichte Hierarchie von Tatsachenbeschreibungen und Normebenen verstehen lässt. Es ist Juristen egal, wie ein Auto heißt und welche Vorzüge es hat, solange es ausreicht zu wissen, dass es eine bewegliche Sache ist. Das klingt einfach, ist aber schwierig zu lernen und das Vertrackte am Jurastudium: Das Verhältnis von Konkretheit und Abstraktion muss ganz neu und abweichend vom alltäglich Gewohnten gelernt werden.

Hinzu kommt, entgegen der Sage, das Erfordernis erheblicher kreativer Fantasie, denn Rechtswissenschaft wie Rechtskunde leben nicht im Reich kleinstteiliger Merksätze, sondern im Universum von sprachlicher Assoziation, Analogie, Vergleich und Fantasie: Wie wäre es, wenn der Sachverhalt an einer Stelle etwas anders wäre? Wo befindet sich der Kernbereich der Norm, und wo ist ihre Grenze? Warum liegt die Grenze hier und nicht woanders? Welche systematischen Argumente können gefunden werden für das Bestehen oder Nichtbestehen von Zusammenhängen zwischen bestimmten Tatsachen und bestimmten (erwünschten oder gefürchteten) Normfolgen?

Die Mehrzahl der Menschen in Deutschland weiß nicht, wie und warum das Recht funktioniert. Es mangelt am Verständnis von Sinn und Zusammenhang.

Laien erscheinen die zur Verfügung stehenden Argumente und Diskussionsfiguren oft unverständlich und daher beliebig oder unendlich. Statt zur Beurteilung einer Wohnungskündigung den Gleichheitssatz und das Verhältnismäßigkeitsprinzip, mindestens aber die guten Sitten heranzuziehen, redet der Richter über Eigenbedarf und

Beweislast. Und kaum will der Beklagte über die Einzelheiten der Treppenhausbeleuchtung berichten, wird sein gutes Recht mit dem Hinweis auf Treu und Glauben verkannt. Aus der Sicht der Betroffenen scheinen die Ebenen der Argumentation durcheinanderzupurzeln wie Bälle in einer komplizierten Jonglage.

Tatsächlich hat das Argumentieren natürlich Sinn und System; es ist nur nicht so ohne Weiteres und voraussetzungslos erkennbar. Das ist in der Menschenwelt schon seit langer Zeit so und nicht zu ändern. Es überfordert die Menschen auch nicht zwangsläufig. Bis auf seltene Ausnahmen ist jedem klar, dass man Viruserkrankungen nicht heilen kann, indem man Desinfektionsmittel injiziert. Und nur wenige meinen, die Leistung des Haushaltsstaubsaugers lasse sich dadurch steigern, dass man ihn an die Starkstromsteckdose des Elektroherdes anschließt. Beide Erkenntnisse setzen die Ahnung vom Vorhandensein eines Systems voraus, dessen Einzelheiten nicht verstanden werden müssen, um sich beruhigt zu fühlen. Beim rechtlich-normativen System gilt das ähnlich, selbst wenn es hier um Grundsätzlicheres und um die Orientierung in der sozialen Welt insgesamt geht. Wichtig ist in allen Fällen, zwischen blindem Glauben und kindlicher Selbstüberschätzung einen realitätstüchtigen Weg zu finden.

Reservebank

Warum studiert man Jura? Selbstverständlich wegen Ruhm, Reichtum, Macht! Also aus denselben Gründen, die zum Studium der Augenheilkunde, der Strömungstechnik oder der alten finnischen Geschichte motivieren.

Dass man »die Welt ein Stück gerechter machen möchte«, dürfte als Motiv 19-jähriger Abiturienten eher selten sein und sich erst in der Phase der späten biografischen Verklärung als Kindheitstraum rekonstruieren. Tatsache ist: Die meisten Jurastudenten kommen aus Familien mit »akademischer« Bildung – Achtung: Sprachkompetenz, Frustrationstoleranz, langfristige Planung! Tatsache ist auch: Die meisten Jurastudenten kommen immer noch aus der »gehobenen« Mittelschicht: Die Eltern sind Juristen, Ärzte, Lehrer, höhere Beamte. Deutlich weniger Facharbeiterschicht, deutlich weniger Unternehmerfamilien; fast keine aus »bildungsfernem« Milieu. Das hat sich in den letzten 50 Jahren ein wenig, aber nicht radikal geändert. Inzwischen erfreulich viele Kinder und Enkel von Immigranten.

Natürlich gibt es keine Standardmotive. Es gibt aber Standardbilder möglicher juristischer Berufe. Sie sind meist realitätsfern, romantisiert oder verzerrt. TV-Serien menschelnder Rechtsanwälte mit goldenem Herzen und fiesen Gegnern. Fernsehrichter und -Staatsanwälte mit schweren psychischen Auffälligkeiten, ausgestattet mit Luxuslimousinen und unbegrenzter Macht, handverlesene Fälle lösend. Gerissene Anwälte im Auftrag jeder Art von Mafia. Leben zwischen flatternden Roben, dunkelblauen Kostümen, treuherziger Piefigkeit und zynischer Häme. Das mag es schon auch irgendwie geben, allerdings auch bei Apothekern oder Archäologen. Eine realitätsnahe Perspektive findet man als junger Mensch, falls man nicht familiäre Erfahrungen einbringt, in dem meist bestehenden Vakuum zwischen sachlicher Ahnungslosigkeit und fiktiver Rollenfantasie kaum.

Natürlich spielt Macht eine Rolle. Recht ist geronnene Macht und symbolische Gewalt. Wer das Recht kennt, weiß, wie der Staat funktioniert. Der Student im zweiten Semester, der in der Übungsklausur zum Ergebnis kommt: »Der T ist wegen schweren Raubes in Tateinheit mit Freiheitsberaubung zu bestrafen« oder »G kann von S die Zahlung von 50 000 € verlangen«, verspürt in sich eine Ahnung der Macht, verbunden mit dem Versprechen, daran teilhaben zu dürfen. Das ist Reiz und Verlockung, Furcht und Verantwortung. Wenn es schlecht läuft, wird das Letztere abtrainiert; wenn es gut geht, bleibt es prägend. Das ist eine Frage des individuellen Charakters, aber auch des Systems, in dem dieser lernt und Erfahrungen macht.

Juristen sind konservativ. Das bedeutet zunächst nur, dass sie das Bestehende als Sinn-voll gegeben ansehen: Eine Regel zu haben, welche die Welt ordnet, ist besser, als keine Regel zu haben. Die Kehrseite ist die Abneigung gegen Innovation: Juristisches »Bedenkenträgertum« ist das Schreckgespenst jedes Unternehmensvorstands oder Politikerplans, zugleich aber die Lebensversicherung gegen allfälliges Scheitern. Fragen wie: Warum denn überhaupt? Kann man das nicht so lassen? Haben wir das nicht immer anders gemacht? Wie wäre es denn, wenn…? lassen so manches »Macher«-Meeting erstarren und führen zu typischen Arbeitsaufträgen wie dem, »die Sache mal zu prüfen und die Machbarkeit darzulegen«. Auch diese Rolle gefällt vielen. Im Maschinenraum komplizierter Gesellschaften arbeiten Juristen. Der Preis für die Kunst, mit dem Schiffsdiesel von Mensch zu Mensch sprechen zu können, ist es, nicht auf der Brücke zu stehen und zum Horizont zu zeigen.

Tribüne

Verglichen mit der Zeit vor 200 Jahren besteht die deutsche Gesellschaft in ihrer Mehrheit aus ziemlich rechtskundigen Menschen, auf jeden Fall aus Rechtskundeenthusiasten: Wer was wann warum dürfe oder nicht, welches Gesetz völlig falsch oder dringend erforderlich sei, welches Gericht wo wann wie und warum versagt habe, sind allgegenwärtige Themen. Das Interesse an rechtlichen Fragen wächst mit der Segmentierung, Individualisierung, Unübersichtlichkeit des gesellschaftlichen Lebens. Zugleich steigen Furcht und Enttäuschung, weil ein beruhigender Überblick erst dann gelingt, wenn man die Zusammenhänge versteht; gerade das wird aber auch hier immer schwerer.

Natürlich spielt Macht eine Rolle. Recht ist geronnene Macht und symbolische Gewalt.

Für die Erfordernisse unserer Zeit ist aber schon die durchschnittliche Kenntnis vom Recht sehr gering und zudem vielfach falsch. Unter »Recht« wird oft nicht mehr verstanden als eine konkretistische, am kleinteiligen Interesse klebende Besserwisserei, die sich aus angeblichen »Tricks«, vorgeblicher Schlauheit und mechanischem Auswendiglernen speist. Auf dieser Ebene bewegt sich leider oft auch, was – wenn überhaupt – an rechtlicher Bildung in den Schulen vermittelt wird. Dass Sozialkundelehrer ein tieferes Verständnis von normativen Zusammenhängen vermitteln können, ist wohl eher ein seltener Glücksfall.

Das ist nicht nur theoretisch zu wenig. Es reicht auch praktisch nicht. Die Mehrzahl der Menschen in Deutschland weiß nicht, wie und warum das Recht funktioniert, was es vom Befehl unterscheidet und auf welche Fragen es zu seiner Beurteilung ankommt. Jeder kennt die aktuelle Höhe von Verkehrs-Geldbußen, aber kaum jemand den Unterschied zwischen Ordnungs- und Strafrecht, Repression und Prävention, Parteiprozess und Amtsermittlungsgrundsatz, Beweislast und Aufklärungspflicht. Es mangelt am Verständnis von Sinn und Zusammenhang.

Deshalb ist es im Grunde sehr zu begrüßen, wenn aus Anlass gesellschaftlicher Krisen, seien sie wirtschaftlicher, sozialer oder ordnungspolitischer Art, das Recht sowie seine Begründungs- und Argumentationszusammenhänge auf die Ebene allgemeiner öffentlicher Diskussion gehoben werden. Natürlich wird dabei auch allerlei Unsinn produziert; Emotionen und Empörungen werden angestachelt, die Stärken rechtlicher Regelungssysteme in vorgebliche Quellen der Schwäche und Unsicherheit umgedeutet. Damit muss man leben. Es ändert nichts daran, dass das Rechtssystem absolut unabdingbare, herausragende, auf unendlicher Erfahrung beruhende Strukturen der Argumentation, der Rationalität und der Konfliktregulierung bietet.

Es bleibt freilich sinnlos, wenn von der Ebene des individuellen Interesses stets nur auf die der »Gerechtigkeit«, also vom Ameisenhaufen ins Sonnensystem gesprungen wird: Das zeigt nicht Überblick, sondern Ahnungslosigkeit. Wie man das Recht nicht ohne die Bedingungen und Bezüge der Gerechtigkeit verstehen kann, so bleibt die Gerechtigkeit ohne Interesse und Verständnis des Rechts eine hohle Parole. Falls das ein wenig nach dem Wort zum Sonntag klänge, könnte ich es nicht ändern; es wäre aber dennoch ein Missverständnis. Ich wünsche uns viele menschenfreundliche Jurastudenten.

Wahrheit im Prozess

Genau gegen Willkür

(24.05.2019)

Enttäuschung

Eingangs der heutigen Kolumne will ich Ihnen einen kleinen Einblick in meinen Posteingang gewähren. Leser Egbert V. (Klarname war angegeben) schreibt mir – beispielhaft für viele:

> *»Guten Tag Herr Fischer,*
> *den sehr geehrten habe ich bewusst weggelassen. Da Sie immer so geschwollen über Recht in Deutschland daher reden, bitte ich Sie diesen Satz einer Staatsanwältin aus Potsdam zu kommentieren: ›Von der Aufnahme strafrechtlicher Ermittlungen habe ich gem. § 170 Abs. 2 StPO i. V. m. § 152 StPO abgesehen, da sich bereits aus Ihrer Strafanzeige keine zureichenden tatsächlichen Anhaltspunkte für ein strafrechtlich relevantes Verhalten der beiden Beschuldigten ergeben haben.‹*
> *Dieser Satz ist offensichtlich der Standardsatz der Staatsanwälte im Land Brandenburg (6 Beweise). Hier würde für Sie reichlich Betätigungspotenzial bestehen. Was machen Sie? Sie schreiben dümmliche Kolumnen! Merken Sie noch etwas?*
> *Rechtsbürger Egbert V.«*

Rechtsbürger V. hat ein Problem mit dem Rechtsstaat, weil dieser – in Gestalt einer Staatsanwaltschaft – sich unter

Hinweis auf eine sehr vernünftige Vorschrift der Strafprozessordnung (§ 170 Abs. 2) weigert, substanzlosen Strafanzeigen nachzugehen. An diesen kleinen Sachverhalt will ich anknüpfen.

Sicherheit

Es ist schon einige Jahre her, dass der damalige Bundesinnenminister, ein vormaliger Strafverteidiger, gegen die Freiheit der Verbrecher ein »Grundrecht auf Sicherheit« ins Gespräch brachte. Dies war, wie er vermutlich wusste, gleich dreifach falsch:

Zum ersten ist »Sicherheit« gar nicht das Gegenteil von »Freiheit«. Die Kombination der beiden Begriffe nimmt die Wertung vielmehr schon vorweg. Danach ist Freiheit = Unsicherheit und Sicherheit = Unfreiheit. Wenn man das so formuliert, liegt ein Ergebnis auf der Hand: Wenn wir die Wahl haben zwischen *eigener* Sicherheit durch *fremde* Unfreiheit einerseits und *eigener* Unsicherheit durch *fremde* Freiheit andererseits, entscheidet sich jeder von uns für die erste Variante. Diese Wahl kann man den Menschen nicht vorwerfen. Sie ist aber durch einen bloß rhetorischen Trick verursacht. Denn bei der Entscheidung denkt jedermann *konkret* an die Sicherheit der eigenen Rechtsgüter und die Freiheit der fremden Willkür. Wenn es das Schily-Grundrecht gäbe, müsste es aber abstrakt gedacht werden und würde selbstverständlich auch umgekehrt gelten. Und kaum jemand würde der Behauptung zustimmen, die Sicherheit sämtlicher Rechtsgüter aller Mitmenschen sei wichtiger als seine eigene Handlungsfreiheit.

Zum Zweiten ist »Sicherheit« kein eigenständiges Recht

im Sinn eines durchsetzbaren Rechtsanspruchs von Bürgern gegen den Staat. Es ist vielmehr ein Zustand und eine Grundlage dafür, dass die Staatsgewalt als legitim (also »berechtigt«, »richtig«, »glaubwürdig«) angesehen wird. Sicherheit ist ein Maßbegriff, aber keine Qualität an sich – es geht immer um Sicherheit *von* etwas *vor* etwas. Wenn in einem Satz die »Sicherheit der Meinungsfreiheit« gefordert wird und im nächsten die »Sicherheit der persönlichen Ehre«, bemerkt man, dass es »darauf ankommt« und dass sich aus dem Begriff der Sicherheit kein Maßstab ergibt, wie man die beiden Sicherheiten miteinander vereinbaren soll.

Zum Dritten ist »Sicherheit« als solche grenzenlos: Es geht, wie beim Glück, bei der Liebe oder beim Vertrauen, immer noch ein bisschen mehr, je nachdem, von welchem Standpunkt aus man die Sache betrachtet. Ein Grundrecht auf Sicherheit gibt es so wenig wie ein Grundrecht auf Glück. Damit ist nicht gemeint, dass Sicherheit und Glück den Staat nichts angehen: Es sind politische Versprechen.

Staat

Das Strafgericht ist der Staat und ist es auch wieder nicht. Es ist, wie Art. 20 Abs. 2 Grundgesetz (GG) formuliert, »Ausübung von Staatsgewalt« durch ein »besonderes Organ«. Die Gewalt, die es ausübt, vollzieht es nicht selbst; es besitzt die Macht, die Ausführung von Gewalt anzuordnen. Diese Macht beruht ihrerseits auf Gewalt: der »Staatsgewalt«, die in demokratischen Systemen eine komplizierte Überformung einer tiefer liegenden Schicht von Gewalt-Tätigkeit ist. Letztere wird nur sichtbar, wo die

Deckschicht aus Normen und Normbefolgung nicht vorhanden, zerstört oder beschädigt ist. Wenn man in Afghanistan oder Somalia lebt, weiß man nicht genau, was »die Staatsgewalt« ist und wessen Organe die Strafgerichte sind, die dort ihre Arbeit tun. In vielen Ländern ist der Unterschied zwischen der erkennenden und vollziehenden Staatsgewalt und der Gewalt von Räuberbanden so gering, dass er für das praktische Leben nur die Rolle einer weiteren Ebene von Bedrückung, Willkür und Korruption spielt.

Wir sprechen, wenn wir von der Bundesrepublik reden, von der Gewalt eines Staates, der nach Art. 20 Abs. 1 GG ein »demokratischer Rechtsstaat« ist, in welchem alle Gewalt »vom Volke ausgeht« und in dem Urteile daher »im Namen des Volkes« gesprochen werden. Die heute bis in Kreise hoher politischer Repräsentanten verbreitete Behauptung, Urteile, die von Gruppen der Bevölkerung nicht für richtig gehalten werden, ergingen nicht »im Namen des Volkes«, ist sprachlich albern, aber ernstgemeint. Und ernst zu nehmen nicht nur wegen der feinsinnigen Nähe zum obigen Rechtsbürger, sondern weil sie sich im Kern gegen die verfassungsrechtliche Legitimation des Rechts insgesamt wendet, indem sie mit dem fiktiven Bild vom revolutionären Tribunal liebäugelt. Zwar möchten wohl nur wenige Politiker Vorsitzende eines Wohlfahrtsausschusses werden. Aber im Fieber des Wahlkampfs »warnen« sie die Richter ein kleines bisschen vor dem Zorn des *wahren* Volks und dem Sturm des *richtigen* Rechts, der sie hinwegfegen könnte, wenn sie sich mehr an Paragrafen halten als ans Volksempfinden. So etwas sagen Polizeiminister nicht zufällig.

Strafgericht

Am Strafverfahren beteiligt sind Personen in unterschiedlichen Positionen und Rollen: Gericht (Berufsrichter und Laienrichter), Staatsanwaltschaft, Angeklagte, Verteidiger, Nebenkläger (ggf. mit Nebenklägervertretern), Zeugen (ggf. mit Zeugenbeiständen), Sachverständige. Die Rollenfächer sind dem Verfahren vorgegeben; die Ergebnisse des Verfahrens sind an ihre Struktur gebunden. Wie am Ende eines Fußballspiels in aller Regel nur ein Fußballergebnis steht, kann in einem Stück, das mit den Rollen Anklage – Angeklagter – Gericht besetzt ist, im Grundsatz nichts anderes herauskommen als die Bestätigung oder Nichtbestätigung der Anklage. Dass daneben noch Genugtuung, Aufklärung, Gesellschaftspolitik oder »Sicherheit« erreicht werden, kann passieren, ist aber nicht ausdrückliches Ziel und kann weder garantiert noch kontrolliert werden.

Über die Frage, ob der Angeklagte schuldig ist, entscheiden nicht die Staatsanwaltschaft, der Angeklagte, die Verteidigung oder die Nebenklage, erst recht nicht die Presse oder die Twitter-Kunden, sondern das Gericht. Über sie wird auch nicht zwischen Gleichen gestritten. Staat und Bürger stehen sich nicht als »Parteien« eines Streits um Ansprüche gegenüber wie etwa bei einer Zivilklage eines Lieferanten gegen eine Behörde. Ein Strafprozess ist kein Streit zwischen »Täter« und »Opfer« oder zwischen Angeklagtem und Nebenkläger (oder »Opferzeuge«); erst recht nicht zwischen Staatsanwaltschaft und Verteidigung. Ein solches Verständnis ist aufgrund Dauerberieselung mit amerikanischen Krimis zwar weit verbreitet, aber grob falsch.

Die Interessen der Beteiligten können nicht unter einem

einheitlichen materiellen Ziel gebündelt und »versöhnt« werden – etwa durch das Postulat der »Gerechtigkeit« oder der Befriedung. Das Machtverhältnis zwischen dem Staat und dem beschuldigten Bürger ist so ungleich, die Regeln sind derart einseitig bestimmt, dass eine Lösung des Konflikts nur durch vorweggenommene oder erzwungene Unterwerfung möglich ist.

Verfassung

Ein »Grundrecht auf Sicherheit« findet sich im Text des Grundgesetzes nicht: Weder im Katalog der Grundrechte (Art. 1 bis 19) noch bei der Staatszielbeschreibung des Art. 20, noch bei den sogenannten »Justizgrundrechten« (Art. 92, 97, 101 bis 103). Trotzdem geht es im Grundgesetz natürlich auch um Sicherheit. In einer wichtigen Entscheidung vom 19.3.2013 (Az. 2 BvR 2628/10) hat das BVerfG ausgeführt:

»Der Staat ist von Verfassungs wegen gehalten, eine funktionstüchtige Strafrechtspflege zu gewährleisten, ohne die der Gerechtigkeit nicht zum Durchbruch verholfen werden kann (…) Der Schutz elementarer Rechtsgüter durch Strafrecht und seine Durchsetzung im Verfahren sind Verfassungsaufgaben. Das erfordert, dass Straftäter im Rahmen der geltenden Gesetze verfolgt, abgeurteilt und einer gerechten, also schuldangemessenen Bestrafung zugeführt werden (…)«

Schon hier zeigt sich, dass Gerechtigkeit und Wahrheit, Schuld und Strafe keine voraussetzungslosen Begriffe oder Sachverhalte sind, die sich ohne weiteres und für jedermann durch Anschauen aus der Ferne, durch »Bauchgefühl« oder gesunden Menschenverstand erkennen ließen. Die meisten Menschen würden nicht auf die Idee kommen, sie könnten Entscheidungen über Foulelfmeter im Fußball auch dann treffen, wenn sie das Spiel gar nicht gesehen haben. Bei Strafprozessen, in denen es um viel schwierigere Feststellungen, Abwägungen und Entscheidungen geht, sind überraschend viele sicher, nach kurzer Zeitungslektüre oder einem TV-Bericht das »richtige« Ergebnis zu kennen – obwohl es dabei nicht um einen Freistoß, sondern um jahrzehntelange Haft und um Lebensschicksale geht. Nur wenn er persönlich betroffen ist, erwacht im Anhänger des »kurzen Prozesses« regelmäßig die Liebe zum Prinzip und zur unbegrenzten Genauigkeit.

Inhalt und Form des rechtsstaatlichen Strafprozesses lassen sich nicht trennen. Das liegt schon dem Verfassungsgebot der Bestimmtheit zugrunde: »Eine Tat kann nur bestraft werden, wenn die Strafbarkeit gesetzlich bestimmt war, bevor die Tat begangen wurde« (Art. 103 Abs. 2 GG). Bestraft wird man nicht, weil man »strafwürdig« oder mit einer »kriminellen Großfamilie« verwandt ist. Strafe setzt voraus, dass ein gesetzlicher »Tatbestand« erfüllt wurde, den es zur Tatzeit gab.

Formen sind vor allem für das Strafverfahren selbst von grundlegender, auch verfassungsrechtlicher Bedeutung und deshalb nicht, wie Freunde »volksnaher« Gerechtigkeit gern behaupten, schon im Grundsatz überflüssige Förmelei. Diese Behauptung entfernt sich weit vom Schuldgrundsatz und vom Rechtsstaat. Das Bundesverfassungsgericht formuliert:

»Der Strafprozess hat das aus der Würde des Menschen als eigenverantwortlich handelnder Person und dem Rechtsstaatsprinzip abgeleitete Prinzip, dass keine Strafe ohne

Schuld verhängt werden darf, zu sichern (...) Dem Täter müssen Tat und Schuld prozessordnungsgemäß nachgewiesen werden. Bis zum Nachweis der Schuld wird seine Unschuld vermutet.«

Und weiter: »Das Grundgesetz gewährleistet den Beteiligten eines gerichtlichen Verfahrens, vor einem unabhängigen und unparteilichen Richter zu stehen, der die Gewähr für Neutralität und Distanz gegenüber allen Verfahrensbeteiligten und dem Verfahrensgegenstand bietet. (Die) Vorstellung von neutraler Amtsführung ist mit den Begriffen ›Richter‹ und ›Gericht‹ untrennbar verknüpft. Die richterliche Tätigkeit erfordert daher unbedingte Neutralität gegenüber den Verfahrensbeteiligten. (Das) ist zugleich ein Gebot der Rechtsstaatlichkeit.«

Diese Sätze sollte jeder, der gern kluge Ratschläge an Strafgerichte erteilt oder Forderungen an »die Politik« und »die Justiz« stellt, in Abständen immer einmal wieder lesen. Das Grundgesetz hat außer einer »Werteordnung« auch sehr konkrete Vorstellungen davon anzubieten, wie die strafende Staatsgewalt Gerechtigkeit und Sicherheit anzustreben hat und wie die Grundrechte der Bürger gegen diese Gewalt zu sichern sind. Sie finden sich in zentral wichtigen Vorschriften der Verfassung:

- Art. 92: Die rechtsprechende Gewalt ist den Richtern anvertraut.
- Art. 97 Abs. 1: Die Richter sind unabhängig und nur dem Gesetz unterworfen.
- Art. 101 Abs. 1: Ausnahmegerichte sind unzulässig. Niemand darf seinem gesetzlichen Richter entzogen werden.
- Art. 103 Abs. 1: Vor Gericht hat jedermann Anspruch auf rechtliches Gehör.

- Art. 104: Abs. 1: Die Freiheit der Person kann nur auf Grund eines förmlichen Gesetzes und nur unter Beachtung der darin vorgeschriebenen Formen beschränkt werden. Festgehaltene Personen dürfen weder seelisch noch körperlich misshandelt werden. Abs. 2: Über die Zulässigkeit und Fortdauer einer Freiheitsentziehung hat nur der Richter zu entscheiden.

Wahrheit und Wirklichkeit

Im Mittelpunkt des Strafverfahrens steht, so sagt das Bundesverfassungsgericht, »die Ermittlung des wahren Sachverhalts, ohne den sich das Schuldprinzip – und damit: Gerechtigkeit – nicht verwirklichen lässt«. Das klingt einleuchtend und einfach, ist aber voraussetzungsvoll und schwierig. Was vom Strafgericht festgestellt werden kann, ist eine Tatsachengrundlage für ein Urteil über Schuld. Sie kann nur ein (kleiner) Ausschnitt der *ganzen* vergangenen Wirklichkeit sein und ist durch den Filter der gesetzlichen »Tatbestände« und der Interessen bestimmt. Ziel des Verfahrens muss es daher sein, ein »ausreichendes«, gemeinsames, verbindliches Maß an Wahrheit und eine Grundlage für die Entscheidung herzustellen, dass jemand mit staatlicher Gewalt bestraft wird, unabhängig davon, ob die Beteiligten mit dem Ergebnis zufrieden sind. Umso wichtiger ist es, dass diese inhaltliche Grundlage von Schuldfeststellung und Gewaltanordnung nach den Regeln und Formen gefunden wird, die von der Verfassung und den Verfahrensgesetzen bestimmt sind und staatliche Macht begrenzen.

Nicht jede Form ist richtig, nützlich und angemessen.

Aber außerhalb der Form beginnt der Herrschaftsbereich der Willkür und des Gutdünkens. Das ist etwas, was der Bürger zwar gelegentlich seinen Feinden an den Hals wünschen mag, aber keinesfalls ein sinnvoller Vorschlag für die Organisation eines Staatswesens sein kann. Wer jemals in einem der mehr oder minder fernen Urlaubsparadiese in den Einzugsbereich »formfreier« Willkür, Korruption und Strafgewalt geraten ist – sei es als Beschuldigter, Opfer, Zeuge oder Angehöriger –, weiß, was gemeint ist, und ahnt vielleicht, dass »Unschuld« in vielen Gegenden der Welt keineswegs eine Garantie dafür ist, ungeschoren zu bleiben. Förmlichkeit und Rechtsförmigkeit sind unabdingbare Voraussetzungen dafür, dass die Staatsgewalt selbst an das Recht gebunden ist.

Veränderungen

Wir erleben tiefe Veränderungen der Gesellschaft; einige in eigener Anschauung, die meisten aus zweiter und dritter Hand. Dabei verschieben sich auch die Vorstellungen von Sicherheit, Gefahr, Staat und Recht. Seit den Sechziger- und frühen Siebzigerjahren des 20. Jahrhunderts hat eine weitreichende Veränderung des Blicks der Gesellschaft auf das Strafrecht insgesamt und auf das Strafverfahren stattgefunden und setzt sich fort. Das liegt nicht daran, dass »früher alles besser« war oder dass man die *wirklichen* Gefahren damals nicht erkannte. Vielmehr erzeugen die Entwicklung der Wirtschaft, der sozialen Strukturen und der Globalisierung neue Sichtweisen und Sachverhalte:

»Kollektivrechtsgüter« wurden immer wichtiger; »Großgefahren« sind zu erfassen, bei denen ein groteskes Missverhältnis zwischen möglichen Schäden (Beispiel: Atomunfall) und individuellen Strafrechtsfolgen (Bestrafung eines Angestellten wegen »fahrlässiger Tötung«) auf der Hand liegt. Gerechtigkeitsversprechen verflüchtigen sich ins Unkonkret-Gefühlige: Wen soll man wegen »Klimakatastrophen« oder »Artensterben« bestrafen? Wer ist wie hoch für die Zerstörung der afrikanischen Landwirtschaft zu bestrafen? Wer ist Terrorist, wer Kriegsfeind, wer »gewöhnlicher« Verbrecher? Viele Strafverfahren, etwa in großen Wirtschaftssachen, können von Außenstehenden überhaupt nicht mehr verstanden werden und sprengen längst die Kapazitätsgrenzen der Justiz. Das erzeugt Ungleichheit, fördert Zufall und Willkür und zerstört Legitimität.

Wo es derart unübersichtlich wird und lang vertraute Leit-Systeme wegfallen, steigt einerseits die Furcht, andererseits werden Tendenzen zur Vereinfachung und Entformalisierung beflügelt: Man sucht sich das Wenige aus, was noch übersichtlich erscheint, und schlägt darauf mit aller Macht. Wenigstens die »Raser« sollen jetzt »Mörder« sein (Vorsatz hin oder her); und die Mhallami-Clans müssen mit beliebigen Mitteln bekämpft werden. Die Welt ist auf jeden Fall sicherer, wenn der Araber unsichtbar ist und die Rentner wieder nachts spazieren gehen.

Diese Stichworte beschreiben eine Legitimationskrise des Strafrechts, die zugleich eine solche des Rechtsstaats selbst ist. Ihre Gefährlichkeit liegt unter anderem auch in ihrer dynamischen Selbstbezogenheit: Je deutlicher ihre Auswirkungen und Folgerungen das überkommene rechtsstaatliche Strafrechtssystem schädigen, desto größer wird der Druck, diese Auswirkungen noch weiter und noch schneller zu steigern. Eine ganze politische »Bewegung« – von den anderen »(rechts)populistisch« genannt – transformiert inzwischen in Deutschland wie anderswo die Anliegen der »Besorgten«, Furchtsamen, Überforderten und Im-Stich-Gelassenen in »einfache«, angeblich volksnahe Forderungen. Sie gibt die Symptome der Veränderung als deren Ursache aus und verlangt schlichte Lösungen, weil sie die komplizierten Probleme nicht versteht. Die »Eliten«, die vor vierzig Jahren selbst noch in der Verkleidung als »Volk« umherzogen und den Tod der Form zugunsten der *wahren* Gerechtigkeit verlangten, wissen dazu, jedenfalls im Strafrechtsbereich, oft nichts zu sagen: Sie haben selbst die Achtung vor der Form verloren. Sie fordern für die »Kinderschänder« dasselbe, was die anderen für die »kriminellen Clans« fordern. Sie fürchten sich vor Big Data und unterschreiben jedes Änderungsgesetz zur Geldwäsche-Kontrolle.

Rettung

Es gibt keine einfache Lösung für komplizierte Probleme. Aber es gibt Grenzen der Verständigkeit, die nicht unterschritten werden sollten. Wer den Rechtsstaat sichern will, darf nicht seine Institutionen schwächen. Damit sind vor allem auch Entscheidungs- und Legitimierungsinstanzen und -strukturen gemeint.

Die Polizei muss gestärkt werden – in ihrer organisatorischen Kraft (Personal, Ausstattung), aber auch in ihrer rechtsstaatlichen Verantwortung und Kontrolle. Die skandalöse Tendenz vieler Polizeiführungen, sich öffentlich durch Beschimpfung, Abwertung und den Vorwurf eines angeblichen »Versagens der Justiz« wichtigzumachen, sollte beendet werden. Strafverteidiger-Organisationen sollten genauer und öffentlich überlegen, wo die Grenze zwischen ritualisierter Larmoyanz und honorargesteuerter Geschmeidigkeit verläuft. Rechtspolitiker sollten nicht – zum Schaden für das Gemeinwesen – der Zerstörung prozeduraler Formen das Wort reden, welche die Glaubwürdigkeitsgrundlagen des Rechtsstaats als überholte Förmelei lächerlich macht.

Die Strafjustiz schließlich sollte sich darauf besinnen, dass die Rechtsprechung ihr anvertraut, die Unabhängigkeit garantiert und die Neutralität verfassungsrechtlich geboten ist. Sie ist die dritte Gewalt, und in Art. 92, 97 GG steht nicht, dass sie der Exekutive Erfolgsstatistiken über Beschleunigung, TKÜ- und U-Haft-Beschlüsse schuldig ist. Der Kampf für die Institutionen des Rechtsstaats findet außerhalb präsidialer Feiertagsansprachen statt.

Nicht jeder wird gefragt. Aus Gründen

(29.01.2021)

Gestern, am 28. Januar 2021, ist im Verfahren vor dem Oberlandesgericht Frankfurt wegen Mordes an dem Politiker Walter Lübcke und eines Mordversuchs an einem irakischen Asylsuchenden das Urteil gegen die beiden Angeklagten ergangen: Der Angeklagte E. wurde wegen Mordes zu einer lebenslangen Freiheitsstrafe verurteilt und vom Vorwurf des versuchten Mordes freigesprochen; der Angeklagte H. wurde wegen unerlaubten Waffenbesitzes zu einer Freiheitsstrafe von einem Jahr und sechs Monaten verurteilt, deren Vollstreckung zur Bewährung ausgesetzt wurde. Im Urteil gegen E. wurde die besondere Schwere der Schuld gemäß § 57a StGB festgestellt und ein Vorbehalt der Verhängung von Sicherungsverwahrung gemäß § 66a StGB angeordnet.

Kaum ist ein Tag vorbei, sind Zeitungen und Fernsehberichte, Foren und Chaträume schon wieder voll von Abertausenden »Würdigungen« des Urteils, von dem ja bislang nicht mehr bekannt ist als eine Pressemitteilung des Oberlandesgerichts und die kurze zusammenfassende mündliche Begründung durch den Senatsvorsitzenden, bei der nur die allerwenigsten anwesend waren, die sich dazu äußern. Das ist nicht verwunderlich und im Grundsatz auch nicht zu kritisieren, denn man kann von einer interessierten Öffentlichkeit nicht erwarten, eine Urteilsverkündung schweigend entgegenzunehmen und sich dann auf die eventuell Monate später erscheinenden umfangreichen schriftlichen Urteilsgründe zu freuen und bis dahin mit allen Bewertungen zurückzuhalten. Die Bürgerinnen und Bürger sind in ihrer Mehrzahl (zum Glück) keine Revisionsrichter, denen so eine Haltung geläufig und quasi in Fleisch und Blut übergegangen ist: Das Allererste, was man als (aktiver oder pensionierter) Revisionsrichter zu einem fremden Urteil sagt, ist stets und automatisch: Da kann man erst mal gar nichts sagen, bevor man nicht die Gründe kennt. Gemeint sind immer die schriftlichen Urteilsgründe. Sie werden im Strafprozess ganz regelmäßig erst nach der Verkündung geschrieben (siehe § 267 StPO) und geben dann die wesentlichen Erwägungen und Ergebnisse der Urteilsberatung wieder – in sehr geglätteter, formalisierter, meist zusammenfassender Form.

Allgemein

Es ist also in gewisser Hinsicht eine wohlfeile Überheblichkeit von »Profis«, den am Prozess und Prozessausgang interessierten Laien stets vorzuhalten, dass sie »die Akten nicht kennen« und insbesondere das Urteil nicht gelesen haben. In aller Regel können und dürfen sie es ja auch gar nicht lesen; nur die wenigsten erstinstanzlichen Urteile werden – in anonymisierter Form – veröffentlicht.

Etwas näherliegend ist schon der Vorhalt, dass, wer bei der Hauptverhandlung nicht dabei war, in aller Regel keine vernünftigen Aussagen über die Beweislage, die Beweisergebnisse und die Beweiswürdigung des Gerichts machen kann. Alles andere wäre ein Wunder: Stellen Sie sich beispielhaft vor, jede Woche würde in Ihrer Tageszeitung ein

Bericht darüber erscheinen, was die Schüler einer Klasse des örtlichen Gymnasiums im Großen und Ganzen inhaltlich in ihren letzten Klassenarbeiten (Fächer: Deutsch, Mathe, Französisch, Latein, Sozialkunde, Chemie) geschrieben haben; Verfasser wären Journalisten, die keines der genannten Fächer und auch nicht Pädagogik studiert haben. Fänden Sie es angemessen, wenn Sie auf dieser Grundlage die Noten für die Klassenarbeiten sowie die Zeugnisnoten festsetzen würden, und zwar als Durchschnitt aller »Bewertungen« der Eltern?

Ich weiß: ein etwas fernliegend erscheinendes Beispiel. Aber nicht wirklich abwegig, wenn man es sich überlegt: Journalisten, die weder die Prozessakten kennen, noch – in aller Regel – Strafrecht (oder Rechtspsychologie, Kriminologie, Rechtsmedizin oder irgendeine andere verfahrensrelevante Wissenschaft) gelernt haben, schreiben aufgrund eines mehr oder minder intensiven »Eindrucks«, was ihnen an der Beweisaufnahme wichtig erschien, und bewerten dies aufgrund ihrer eigenen Einstellung. Das lesen wiederum Menschen, die noch wesentlich weniger Kenntnisse von all dem haben und sich mit der Sache oft nur wenige Minuten befassen. Wie sollte es da möglich sein, sich ein auch nur halbwegs vernünftiges, rationales, faktengestütztes Urteil zu bilden? Es ist nicht möglich.

Trotzdem besteht das Bedürfnis danach und ist oft übergroß und drängend. Im Strafrecht und seiner öffentlichen Darstellung und Verwirklichung spielen ja »symbolische«, öffentlichkeitswirksame, auf allgemeine Wirkungen abzielende Effekte eine große Rolle, und Verbrechen sind in aller Regel Ereignisse, die geeignet sind, die Menschen emotional stark zu betreffen und zu beschäftigen. Ihre Aufdeckung, »Aufarbeitung«, Aburteilung weckt Ängste,

Projektionen, Hoffnungen, Gefühle. Daher darf man sich nicht wundern und beschweren, wenn genau dieser Effekt eintritt und sich öffentlich Bahn bricht.

Auf der anderen Seite aber stehen die Rationalität und die Erfordernisse und Grundlagen einer rechtsstaatlich verfassten Gesellschaft. Sie sehen vor, dass über die Schuld oder Unschuld die Gerichte entscheiden (siehe Art. 92 GG: »Die rechtsprechende Gewalt ist den Richtern anvertraut«), nicht »das Volk« oder gar diejenigen, die sich je nach Laune dazu erklären. Die Richter machen das übrigens nicht, weil sie es von Natur aus besser könnten. Das ergibt sich ja schon logisch daraus, dass es – als Schöffe oder ehrenamtlicher Richter – eben doch jeder kann. Die Richterstellung ist eine Frage der Legitimität, nicht der Fachkenntnisse. Letztere sind schon erforderlich, sie sind aber zusätzliche, berufsspezifische Anforderungen. Es gibt einen »Rechtsstab«, Rechtskundige, Richter, weil sich das Recht einer komplexen Gesellschaft anders nicht gleichmäßig und halbwegs willkürfrei regeln lässt. Bedenken Sie: Wenn Sie morgen aufgerufen würden, sich in der Stadthalle zu treffen, um einen Fall des Kapitalanlagebetrugs zu verhandeln und zu entscheiden, und wenn das allen immerzu geschähe und Sie mit Ihrer Nachbarschaft auch noch alle fremden Familienstreitigkeiten, Scheidungen, Trunkenheitstaten und Tausende andere Rechtsfälle, wäre das Ergebnis blankes Chaos, schlimmer als jeder Dauer-Lockdown. Nach spätestens vier Wochen würden Tod und Mordschlag ausbrechen.

Weil das so ist und eigentlich auch jedem einleuchtet, wenn er/sie nicht mal wieder auf dem Trip »Ich weiß von Natur aus, was richtig und gerecht ist« unterwegs ist oder zur Fraktion der »Alles eine Frage der Logik«-Schematiker gehört, muss der Bürger permanent sozusagen Kompromisse mit sich selbst machen. Das ist das Anstrengende an der bürgerlichen Demokratie und am Rechtsstaat: Man muss mit Zuständigkeiten, den eigenen Grenzen, den Zuständigkeiten anderer und damit leben, dass gesellschaftlicher Friede sehr entscheidend auf Vertrauen beruht, das in sozialen Institutionen symbolisiert wird.

Konkreter

Konkreter: Man darf (weil man innerlich »muss«) durchaus meinen, in diesem oder jenem Prozess habe man die »Wahrheit« ganz sicher erkannt. Und man darf auch enttäuscht sein, weil andere – unter Umständen auch das zuständige Gericht – es nicht so hingekriegt haben, wie es nach eigener Ansicht richtig wäre. Aber dann muss man stets einen Schritt zurücktreten und sagen: Die machen das, weil sie zuständig, weil ihnen die Aufgabe »anvertraut« ist, und nicht mir. Und man muss sich klarmachen, dass dieselben Richter noch über hundert andere Fälle entscheiden, von denen man selbst keine Ahnung hätte und bei denen man selbst sehr häufig »daneben« läge.

Ganz konkret

Im Verfahren gegen E. und H. vor dem OLG Frankfurt hat das Gericht einen angeklagten Mordversuch des E. an einem Flüchtling und eine Beteiligung des H. an dem Mord an Walter Lübcke für nicht bewiesen angesehen. Das ist zunächst einmal eine Tatsache, die zu keinerlei Aufregung

Anlass gibt. Dass irgendwelche Menschen, Prozessbeobachter, Journalisten meinen oder behaupten, sie selbst hätten das anders entschieden, ist möglich, aber ohne Belang. Es gibt Hunderttausende, die immerzu behaupten, sie hätten irgendetwas Bedeutendes anders gemacht, gedacht oder entschieden, wenn man sie gefragt und gelassen hätte. Hat man aber nicht, und zwar aus Gründen. Im Übrigen kann ich jedem super-»mutigen« Ferndiagnoserichter nur empfehlen, sich einmal – zum Beispiel als Schöffe – tatsächlich in die Situation der Verantwortung zu begeben. Da werden, das kann ich Ihnen versichern, ganz große Helden oft sehr kleine Zwerglein.

Im Strafprozess geht es nicht nach Lust und Laune und Stimmungen und »Wahrscheinlichkeit«. Natürlich auch nicht nach der angeblichen »Logik«, auf die manche sehr stolz sind. Strafprozess ist »konkretisierte Verfassung«: Hier entscheidet sich, wie der Staat mit seinen Bürgern umgehen darf. Es ist sehr unterkomplex und kindlich anzunehmen, es gehe im Strafprozess um »Täter«, also um die Bösen, und deshalb sei möglichst viel Härte gerade gut genug.

Tatsächlich geht es ja darum, überhaupt erst einmal herauszufinden, wer »Täter« und wer unschuldig ist. Die Mittel, mit denen das der Staat tun darf, müssen für und gegen alle gleich sein: Das ist ein Mindestgebot der Menschenwürdegarantie und der Demokratie. Wer also fordert, dass zur Überführung von »Kinderschändern« intime Tagebücher ausgewertet, Kameras in Schlafzimmern installiert, die Kinder zu Aussagen genötigt werden oder eine »verschärfte Vernehmung« zulässig sein soll, muss das alles auch gegen sich selbst gestatten, wenn er völlig unschuldig, aber irgendjemandem »verdächtig« ist. Da nimmt die Begeisterung für gnadenlose Härte dann meist rasch ab.

Es gibt vier »Beweismittel«: Zeugen, Urkunden, Sachverständigengutachten, Augenschein. Der Rest sind Mittel des sogenannten Freibeweises; sie sind nur ausnahmsweise zulässig. Ein Richter darf daher nicht, wie im Fernsehen, abends noch mal schnell den Tatort besichtigen oder ein paar alte Kumpels anrufen und sie am Telefon befragen. Der Grund liegt auch in der Form: Das Urteil muss auf dem »Inbegriff der Hauptverhandlung« beruhen; die Beweisaufnahme ist »unmittelbar« vor und von dem erkennenden Gericht durchzuführen. Daher ist es zum Beispiel auch unzulässig, dass ein Richter den anderen im Beratungszimmer »erzählt«, was er von der Sache Interessantes weiß. Alles muss in die Hauptverhandlung.

Von diesem extrem wichtigen Grundsatz gibt es inzwischen allerlei bedenkliche Auf- und Abweichungen: »Absprachen« außerhalb der Verhandlung, die oft genug unvollständig bekannt gegeben und protokolliert werden; »Selbstleseverfahren« bei umfangreichen Akten; Videovernehmungen (zur angeblichen »Schonung« von Zeugen); vermummte oder verdeckte (anonyme) Zeugen; mittelbare Zeugenaussagen wegen »Sperrung« von Zeugen durch Behörden und so weiter. Auch das finden viele gut, wenn sie davon lesen. Wären sie angeklagt, fänden sie es weniger witzig, aufgrund der Aussagen von Zeugen verurteilt zu werden, die sie nie gesehen haben oder befragen durften.

Es gibt im deutschen Strafprozess keine »Beweisregeln«: Kein Beweisergebnis hat eine allein formal bestimmte Beweiskraft (so wie etwa früher einmal das Geständnis). Der sogenannte Indizienprozess wird meistens als etwas Minderwertiges dargestellt, von Presse und Öffentlichkeit. Das ist grob falsch. »Indiz« bedeutet »Beweisanzeichen«. Der Inhalt einer Zeugenaussage, eine Spur, eine Feststellung eines Sachverständigen, ein Geständnis: All das sind »Indizien«, und sie alle müssen als »Inbegriff der Hauptverhandlung« (§ 261 StPO) gewertet werden – nicht isoliert, formal, »mathematisch«, quantitativ, sondern zusammenfassend, verstehend, wertend. Das ist eine schwierige Aufgabe. Wenn man damit vor dem Fernsehkrimi scheitert, ist das zu verschmerzen. Wenn jemand für kleine Fehler (»Ich war mir irgendwie sicher, dass der es war«) zehn Jahre ins Gefängnis geht oder sein ganzes Leben zerstört wird, ist das kein Spaß, auch für die Richter nicht!

Dieses Prinzip gilt auch bei scheinbar »klaren« Spuren und Beweisergebnissen: Eine DNA-Spur kann heute mit einer Wahrscheinlichkeit ausgewertet und gegebenenfalls einer Person zugeordnet werden, die extrem hoch ist, falls die Anforderungen der Wissenschaft und die an sie anschließenden Anforderungen des Bundesgerichtshofs erfüllt sind. Es gibt ein paar wichtige Grundsatzurteile verschiedener Strafsenate dazu, die lesenswert sind. Auch eine extrem hohe Treffergenauigkeit führt aber nie dazu, dass alle anderen Beweise unerheblich sind. Je feiner die Messmethoden, desto leichter können zum Beispiel Antragsfehler passieren. Eine Hautschuppe am Hemd eines Tatopfers kann einem Verdächtigen zugeordnet werden. Was ist, wenn er ein Alibi für die Tatzeit hat? Darf man das einfach außer Betracht lassen, weil gegen die Genauigkeit einer DNA-Analyse kein Kraut und kein Zeuge mehr gewachsen ist? Natürlich nicht: Die Hautschuppe kann auf hundert verschiedene Weisen dorthin gelangt sein. Im bekannten Extremfall hat eine Angestellte des Teststäbchenherstellers ihre eigene DNA bundesweit verstreut und die Existenz einer geheimnisvollen »Killerin« begründet.

Eine bestimmte Bedeutung bestimmter Beweisergebnisse gibt es nicht. Die Gerichte müssen im Einzelfall, so gut sie können, das Gewicht und die Bedeutung der einzelnen Beweisergebnisse werten und zu einem »Gesamtergebnis« kommen.

Verurteilung setzt »Gewissheit« voraus. Das ist nicht »denknotwendiger Ausschluss aller anderen Möglichkeiten« – da käme man nie zu einem Ergebnis. Es ist aber auch kein Freibrief für »mutiges« Spekulieren und Im-Nebel-Stochern. Das ist die individuelle Verantwortung jedes Richters, die ihm niemand abnehmen kann: sich selbst darüber klar zu werden, ob er oder sie »überzeugt« ist: wirklich sicher, nicht »fast« oder »ziemlich«. Dass andere anderer Ansicht sind, ist kein Argument dafür oder dagegen; es ist normal. Man muss mit sich selbst ins Reine kommen, möglichst kritisch gegenüber den eigenen Motiven und Gedankengängen sein, im Kollegium offen diskutieren, gegebenenfalls streiten. Was Presse, Zuschauer, Nebenkläger, Politiker, Leser oder TV-Zuschauer sagen und meinen, ist vollkommen gleichgültig.

Abstraktion

Gegen die Urteile der Landgerichte und Oberlandesgerichte in erster Instanz gibt es nur ein Rechtsmittel: die Revision. Eine Berufung gibt es nicht. Das wird manchmal beklagt oder bezweifelt, ist aber so. Berufung bedeutet: alles neu. Die ganze Beweisaufnahme fängt bei null an (im Grundsatz); die Beweismittel werden noch mal unmittelbar verwertet, das Berufungsgericht entscheidet über die Feststellung des Sachverhalts neu.

Anders bei der Revision: Das ist ein Verfahren zur Prüfung von »Rechtsfehlern«. Material sind die schriftlichen Urteilsgründe und gegebenenfalls Tatsachen, die mit zulässigen (!) Verfahrensrügen nachgetragen werden. Die Feststellung »A tötete B« kann man nicht mit der Behauptung in der Revision angreifen, dass A zur Tatzeit in Haft und nicht am Tatort war. Man könnte angreifen, wenn das Tatgericht den A wegen Diebstahls (statt Totschlags) verurteilt hätte (sachlich-rechtlicher Fehler), oder dass die Feststellung auf falschem Weg zustande gekommen ist (Beweisantrag, dass A in Haft war, fehlerhaft abgelehnt). Ansonsten steht der Sachverhalt fest. Und wenn ein materieller oder formeller Fehler festgestellt wird, auf dem das erstinstanzliche Urteil beruhen kann, verhandelt das Revisionsgericht nicht selbst und macht alles richtig. Sondern hebt das Urteil auf und verweist die Sache an eine andere Kammer des Landgerichts (Senat des OLG) zurück; die fängt dann im Umfang der Aufhebung ganz von vorn an – das ist das, was in der Presse regelmäßig mit »muss wieder aufgerollt werden« beschrieben wird (wobei mir schon immer unklar war, was das »Aufrollen« von Verfahren eigentlich sein soll).

Die Revision ist also ein recht abstraktes Rechtsmittel, an dem die meisten Verfahrensbeteiligten aus dem Tatsachenverfahren wenig Freude haben und die Öffentlichkeit wenig Spannung generieren kann. Trotzdem ist es natürlich ganz falsch und unkundig, das Revisionsverfahren als »Glasperlenspiel«, »Besserwisserei« oder »abgehoben« anzusehen. Wer als Strafrechtsprofi das Revisionsrecht nicht halbwegs kennt, kann auch nicht vernünftig in der Tatsacheninstanz agieren, weil er stets entweder Angst hat und unsicher ist oder vor jeder Schwierigkeit des Verfahrens in irgendwelche »Absprachen« und »Kompromisse« flüchten muss.

Im Verfahren E. und H. wird man sehen, ob und wer Revision einlegt, über die hier der 3. Strafsenat des BGH entscheiden müsste. Revisionsberechtigt wären beide Angeklagte (jeweils für sich selbst), die Bundesanwaltschaft (zulasten oder zugunsten der Angeklagten) und die Nebenkläger. Wir werden sehen, ob und welche Revisionen eingelegt werden. Erst dann werden wir uns auf der Grundlage der schriftlichen Urteilsgründe unsere (unverbindlichen) Gedanken darüber machen können, ob die Beweiswürdigung des OLG »richtig« war. Oder zumindest rechtsfehlerfrei.

Nachschlag

Eine letzte Bemerkung zum Vorbehalt der Sicherungsverwahrung: Das ist eine »Maßregel«, keine Strafe. Sie beruht nicht auf Schuld, sondern auf Gefährlichkeit (siehe § 66a in Verbindung mit § 66 StGB). Der »Vorbehalt« ist eine recht unklare, lange umstrittene Maßregel für den Fall, dass das Gericht zum Zeitpunkt der Verurteilung nicht sicher ist, ob die Voraussetzungen der Sicherungsverwahrung zu diesem Zeitpunkt vorliegen. Eine in sich schlüssige Systematik hat das nicht; vor allem auch in Relation zu anderen Maßregeln (Unterbringung in einer Entziehungsanstalt oder im psychiatrischen Krankenhaus).

Die große »Günstigkeit«, die der Senatsvorsitzende in Frankfurt dem Angeklagten für seine »freimütigen Geständnisse« erst versprach und dann bei der Urteilsverkündung nochmals selbstlobend hervorhob, verflüchtigt sich bei halbwegs guter Rechtskenntnis zu einem bloßen Hauch, ganz knapp vor dem puren Nichts – in Wahrheit ist es eine schwer verhüllte Veralberung des Angeklagten. Vor Anordnung der Sicherungsverwahrung im Anschluss an die Verbüßung der Strafe muss in allen Fällen geprüft werden, ob die Voraussetzungen der SV gegeben sind; das unterscheidet sich bei Vorbehalt und sofortiger Anordnung nicht. Und eine SV kann ja nicht nach der Strafe vollstreckt werden, wenn die lebenslange Freiheitsstrafe nicht – aufgrund derselben Prognose! – zur Bewährung ausgesetzt wird.

Heimat und Fremde

Alberne Panikattacken

(08.12.2018)

Teil eins: Migrationspakt

Verfolgen Sie, sehr geehrte Leser, ebenso atemlos wie der Autor die bedeutende Debatte um den »Migrationspakt«? Er heißt mit vollem Namen eigentlich »Globaler Pakt für eine sichere, geordnete und reguläre Migration«, ist im Internet leicht aufzufinden und soll am 10. Dezember 2018 unterzeichnet werden.

Es handelt sich um eine von der Generalversammlung der Vereinten Nationen beschlossene völkerrechtliche Vereinbarung. Der deutsche Bundestag hat beschlossen, der Zustimmung durch die Bundesregierung zuzustimmen, und dieser Willensbekundung sogleich noch eine »Entschließung« beigefügt, die verdeutlichen soll, was damit gemeint ist. Die Parlamentsdebatte dazu war einigermaßen unterirdisch, übertraf an Substanz aber immer noch das durchschnittliche Niveau der medialen Berichterstattung. Diese beschränkte sich, von löblichen Ausnahmen abgesehen, vielfach auf das übliche, personalisierte »Freund-Feind«-Spiel sowie auf die weithin albernen Panikattacken der Partei AfD.

Dabei ist es doch, gerade auch für Journalisten, die darüber berichten möchten, gar nicht so schwierig, das gerade einmal 32 Seiten lange Dokument mit eigenen Augen und wachem Geist zu lesen. Da steht ja – in völkerrechtlicher Breite, aber doch durchweg gut verständlich – ausdrücklich drin, was der Pakt bewirken und was er nicht bewirken soll. Erlauben Sie mir zwei Zitate:

Ziffer 13 des Textes beschreibt den »Gemeinsamen Zweck«. Dort heißt es:

»Mit dem Globalen Pakt wird anerkannt, dass eine sichere, geordnete und reguläre Migration dann für alle funktioniert, wenn sie auf der Basis von guter Information, Planung und Konsens stattfindet. Migration sollte nie ein Akt der Verzweiflung sein. Ist sie es dennoch, müssen wir zusammenarbeiten, um den Bedürfnissen von Migranten in prekären Situationen Rechnung zu tragen, und die jeweiligen Herausforderungen angehen. In gemeinsamer Arbeit müssen wir die Bedingungen schaffen, die es den Gemeinschaften und den einzelnen Menschen ermöglichen, in ihren eigenen Ländern in Sicherheit und Würde zu leben. Wir müssen Menschenleben retten und Migranten vor Gefahren schützen. Wir müssen sie in die Lage versetzen, zu vollwertigen Mitgliedern unserer Gesellschaften zu werden, ihre positiven Beiträge herausstellen und Inklusion und sozialen Zusammenhalt fördern. Wir müssen für Staaten, Gemeinschaften und Migranten gleichermaßen mehr Planbarkeit und Rechtssicherheit schaffen. Zu diesem Zweck verpflichten wir uns, eine sichere, geordnete und reguläre Migration zum Wohle aller zu erleichtern und zu gewährleisten.«

Es mag ungewohnt sein, so einen völkerrechtlichen Text zu lesen. Andererseits sind ja immerhin – mittelbar – ziemlich viele Menschen aus vielen Staaten der Welt beteiligt. Sie sprechen, verstehen und benutzen viele Sprachen, auf ganz verschiedenen sozialen und sprachlichen Grundlagen. Da muss man halt mal etwas weiter ausholen. Die Begründungen der famosen Gesetzentwürfe der AfD im

Alberne Panikattacken

Bundestag sind übrigens durchweg anstrengender zu lesen.

Wie auch immer: An den »Zwecken« gibt es eigentlich nicht viel zu mäkeln. Dasselbe gilt für die im Text aufgeführten »Ziele«. Der Pakt ist ganz offenkundig kein Vertrag zur Überflutung Deutschlands mit Migranten, sondern der Versuch, sich auf internationale Standards im Umgang mit Migration (nicht nur »Flucht«) und auf menschenrechtliche Grundlagen zu einigen, die in weiten Teilen der Welt nicht eingehalten werden. Wer hieraus ableitet, das geknechtete deutsche Biovolk solle mittels unbegrenzter Sozialleistungen an Fremde seiner Kraft beraubt werden, hat vermutlich ein schwerwiegendes intellektuelles oder seelisches Problem.

Auf der Homepage der AfD beispielsweise ist zu lesen: »Die Bundesregierung (will) einem internationalen Abkommen beitreten, das Migranten aus aller Welt weitgehende Rechte zur Migration, auch nach Deutschland, einräumt.« Es folgt eine lange Liste von Bedrohungen und Untergangsszenarien, deren fürchterlichstes die Ankündigung ist, Länder, in die Migration erfolgt, könnten »neue Siedlungsgebiete von Menschen anderer Völker, Religionen und Kulturen werden«. Der erste Satz ist offensichtlicher Unsinn, der zweite Satz beschreibt einigermaßen zutreffend den Verlauf menschlicher Zivilisation während der letzten 50 000 Jahre. Man darf als sicher davon ausgehen, dass entweder diejenigen selbst, die solche Panikmache betreiben, oder jedenfalls ihre Vorfahren sämtlich und ausnahmslos aus fremden in die hiesigen Siedlungsgebiete und zu ihrer Kultur gelangt sind.

»Bindend« oder folgenlos?

Besonders sachkundig wurde bekanntlich das Schreckgespenst der Verbindlichkeit des Pakts diskutiert. Dazu sind nur zwei Anmerkungen zu machen. Erstens steht in Ziffer 15 Buchstabe c des Pakts:

»Nationale Souveränität. Der Globale Pakt bekräftigt das souveräne Recht der Staaten, ihre nationale Migrationspolitik selbst zu bestimmen, sowie ihr Vorrecht, die Migration innerhalb ihres Hoheitsbereichs in Übereinstimmung mit dem Völkerrecht selbst zu regeln. Innerhalb ihres Hoheitsbereichs dürfen die Staaten zwischen regulärem und irregulärem Migrationsstatus unterscheiden, einschließlich bei der Festlegung ihrer gesetzgeberischen und politischen Maßnahmen zur Umsetzung des Globalen Paktes.«

Was soll man da noch sagen? Das Letzte, was man eigentlich erwarten würde, wäre eine Entschließung des Parlaments mit dem Inhalt, der Globale Pakt bekräftige das souveräne Recht jedes Staates, seine nationale Migrationspolitik selbst zu bestimmen. Und außerdem schränke der Pakt das souveräne Recht der Staaten nicht ein. Und außerdem hätten die Staaten das Recht, ihre Migrationspolitik souverän zu regeln. Und die Staaten dürften selbst bestimmen, wie sie ihre Migrationspolitik regeln. Und weitere spannende Neuigkeiten.

Genau dies hat der Deutsche Bundestag aber mit Getöse gemacht: Der Pakt »begründet keine einklagbaren Rechte und Pflichten und entfaltet keinerlei rechtsändernde oder rechtssetzende Wirkung«. Die Bundesregierung soll darauf achten, dass die nationale Souveränität Deutschlands gewahrt werden soll: Das Land solle selbst über seine

Migrationspolitik bestimmen dürfen, durch den Pakt dürften keine nationalen Hoheitsrechte übertragen werden. Das musste mal gesagt werden! Sonst hätte am Ende noch jemand gedacht, der Pakt bekräftige das souveräne Recht der Staaten, ihre nationale Migrationspolitik selbst zu bestimmen, überhaupt nicht.

Es stelle sich also zweitens die Frage, vor wem sich die Parteien, die den »Entschließungs«-Text erarbeitet haben, eigentlich so schrecklich fürchten: Vor den Deutschlehrern der Nation? Vor der Unfähigkeit der Bürger, zwei schlichte Sätze zu lesen? Oder vor der rassistischen Propaganda?

Denn die öffentliche Diskussion wird ja weithin nicht um die Formulierungen des Pakts und des Entschließungstexts herum geführt, sondern um die Frage, ob der Pakt »bindend« sein solle oder werde. Dies wurde von Befürwortern des Vertrags – oder sagen wir: der Vereinbarung – im Abwehrkampf gegen die zurzeit ein neues Siedlungsgebiet suchende Migrantin Alice W. und ihre tapferen Schneiderlein allen Ernstes bestritten. Dieses Maß an Feigheit scheint mir eine schlichte Übererfüllung des demokratisch-souveränen Auftrags zu sein. Denn es ist ersichtlich nicht Aufgabe der deutschen Bundesregierung (oder der sie tragenden Parteien), inhaltsfreie, unverbindliche, folgenlose internationale »Pakte« abzuschließen und bei irgendwelchen Galaempfängen öffentlich zu unterzeichnen.

Wäre es so, dass der »Globale Pakt« überhaupt nichts regelt, keinerlei Verpflichtungen enthält und null rechtliche Folgen haben kann, könnte man stattdessen gemeinsam den Pakt unterschreiben, wonach sich die Weltgemeinschaft eine weiße Weihnacht und ein gesundes Neues Jahr wünscht.

Warum so furchtsam? Was soll die absurde Behauptung, man unterzeichne einen »Pakt«, der gar nichts bedeutet und keinerlei Folgen haben kann? Der Pakt ist, nach meiner Ansicht, im Grundsatz vollkommen in Ordnung; er beeinträchtigt staatliche Souveränität nicht, formuliert aber gemeinsame Ziele; und selbstverständlich wird erwartet, dass sich die Vereinbarungsparteien daran halten, auch wenn das nicht erzwungen werden kann. Warum fürchtet man sich davor, das klar zu sagen?

Teil zwei: Aus der Arbeit des Gesetzgebers

Im zweiten Teil noch ein paar kleine Hinweise auf besonders verdienstvolle aktuelle Bemühungen des Gesetzgebers, also des Deutschen Bundestags. Der Ausstoß an Drucksachen – die man übrigens über die Homepage des Parlaments unter dem Stichwort »Dokumentation« allesamt suchen, finden und lesen kann – ist bekanntlich gewaltig. Neben den zahllosen notwendigen, wichtigen, nützlichen und aufschlussreichen Dokumenten finden sich immer wieder auch Initiativen, die ein wenig Frohsinn in den grauen Alltag des Plenarsaals bringen, in dem die Abgeordneten aus lauter Faulheit ständig fehlen, mit Ausnahme derjenigen von der AfD, die total fleißig 10 Stunden lang in ihren Sesseln sitzen und sich Tagesordnungen zu Fragen anhören, die sie nicht verstehen oder zu denen sie nichts meinen und an denen sie auch gar nicht beteiligt sind.

Es ist wahrscheinlich Zufall, dass mich diese Form der Pflichterfüllung irgendwie an den VEB Robotron und die »LPG Schweinezucht Freundschaft« erinnert. Aber sprachlich ist das vollkommen in Ordnung, denn schließlich haben die Abgeordneten ja »Sitze« im Parlament errungen, und nicht »Akten«. Wie auch immer:

Gesichtsverhüllung

Ist Ihnen auch schon aufgefallen, dass an den deutschen Gerichten fast nur noch Vollvermummte, Vollverschleierte und Vollbärtige herumlaufen? Dass die sprichwörtlich endlosen Gerichtsflure ein einziges Huschen von Motorrad-Sturmhauben, schwarzen Ganzkörperzelten, ausufernden Palästinensertüchern und maskenhaft überschminkten Gesichtern sind?

Das erschwert nicht nur den zwischenmenschlichen Kontakt, sondern auch die Wahrheitsfindung: Wer soll entscheiden, ob der verborgene Mund des Zeugen die Wahrheit spricht, wenn man die Lippen vor lauter Barthaar nicht zittern sehen kann? Wer kann wissen, ob sich nicht unter dem Tschador oder den Haar-Extensions eine Kommunikations-Einrichtung befindet, durch welche die Aussagen von den Clan-Chefs gesteuert werden? Kann man einer Frau trauen, deren Augen man entweder durch ein Sieb oder durch 15 Gramm blauschwarzes Make-up hindurch auf Wahrheitsanzeichen untersuchen muss?

Diesem Trend, den insbesondere Bayern und NRW befürchten, stemmt sich nun der Gesetzesantrag des Bundesrats eines »Gesetzes zum Verbot der Gesichtsverhüllung während der Gerichtsverhandlung« entgegen (Bundestags-Drucksache 19/6287). Danach soll es verboten sein, vor Gericht das Gesicht »ganz oder teilweise« zu verhüllen. Ausnahmen sind zugelassen, wenn der Blick ins Unverhüllte nicht erforderlich ist. Und natürlich für verhüllt vernommene Geheim-Zeugen.

Die Bundesregierung steht dem Anliegen aufgeschlossen gegenüber, hat aber vorerst mal mitgeteilt, ihre Meinungsbildung sei noch nicht abgeschlossen. Man darf weiter gespannt sein!

Digitale Gewalt

Die Fraktion Die Linke hat die sprachlichen Zeichen der Zeit erkannt und ist dazu übergegangen, alles, was irgendwie unangenehm auf Menschen, Tiere oder Pflanzen einwirkt, »Gewalt« zu nennen. Das ist schon deshalb sinnvoll, weil man damit ungefähr zehn andere Wörter einsparen kann, die man früher zur Differenzierung erfunden hatte. Statt »Beleidigung« muss man also »verbale Gewalt« sagen, statt »sexueller Missbrauch von Abhängigen« heißt es »sexuelle Gewalt« (damit man sexuelle Handlungen mit und solche ohne Zustimmung auch ganz bestimmt nicht mehr unterscheiden kann), und das nötigende Drohen mit einer schlechten Note im Zeugnis heißt »psychische Gewalt«.

Wenn man also schon dabei ist, das Wort »Gewalt« auf total verschiedene Inhalte und in ganz verschiedenen Sprachebenen – mal als Form (körperliche G.), mal als Motiv (»sexuelle G.«), mal als Wirkung (»psychische G.«) – anzuwenden, darf die Digitalisierung nicht fehlen. Denn »die stetig zunehmende Digitalisierung bringt es mit sich, dass Formen der Gewalt gegen Frauen digitale Ausdrucksformen erfahren« (Kleine Anfrage »Digitale Gewalt gegen Frauen«, BT-Drs. 19/6174). Wer hätte gedacht, dass »die Digitalisierung« zu »digitalen Ausdrucksformen« führt?

Der gravierende Missstand, den die Fraktion entdeckt hat, ist der, dass die Straftatbestände Beleidigung, Nötigung, Körperverletzung, Bedrohung und Nachstellung (§§ 185, 240, 223, 241, 238 StGB) »bislang nicht zur Bekämpfung digitaler Gewalt mobilisiert (werden)«. Schön gesagt! Das zu Suchende wird wort- und begründungslos vorausgesetzt, der Rest erschöpft sich in ebenso vagen (»Mobilisieren«) wie unplausiblen Behauptungen.

Denn selbstverständlich können jedenfalls alle Äußerungsdelikte (Beleidigung, Bedrohung, »Stalking«, Nötigung) auch »digital« begangen werden, und werden es auch: Die Zahl der beleidigenden E-Mails dürfte diejenige der beleidigenden handgeschriebenen blassblauen Briefe um das Zehntausendfache übersteigen. Bei der Körperverletzung ist das ein bisschen schwieriger; die wird meist doch eher analog verübt. Zutreffend führt die Bundesregierung aus: Hasskommentare im Netz legitimieren Gewalt (und fördern sie dadurch). Dass man deshalb solche Texte selbst »Gewalt« nennen soll, ist gleichwohl weder plausibel noch nützlich, sondern offenbart ein Bedürfnis nach pauschalisierenden Moral-Urteilen.

Kleiner gekürzter Auszug aus der kritisch-analytischen Anfrage:

Frage: Wie definiert die Bundesregierung digitale Gewalt? Antwort: Eine allgemeine Definition des Begriffs gibt es derzeit nicht.

Frage: Wie oft wurden Formen der digitalen Gewalt in den letzten fünf Jahren angezeigt? Antwort: Die Phänomene werden unter dem jeweiligen Straftatbestand erfasst. Aussagen, ob es sich um »digitale Gewalt« handelte, sind auf dieser Grundlage nicht möglich.

Frage: Wie viele Fälle digitaler Gewalt gab es in den vergangenen fünf Jahren, nach Geschlechtern aufgeschlüsselt. Antwort: Siehe oben.

Messermigration

Abschließend: Die AfD im Aufklärungsmodus: Antrag zur Erfassung von Straftaten unter Zuhilfenahme des Tatmittels Messer in der Polizeilichen Kriminalstatistik (Drucksache 19/6231). Ziel: In die Polizeiliche Kriminalstatistik PKS soll eine Kennziffer für die Verwendung von Messern als Tatmittel eingefügt werden.

Antwort des Innenausschusses: Die Innenministerkonferenz diskutiert das Problem längst und erörtert entsprechende Ergänzungen. Der Deutsche Bundestag ist dafür, was in der PKS erfasst wird oder nicht, überhaupt nicht zuständig; die beantragte »Entschließung« wäre ein eher albernes Nullum.

Fazit: ein reiner »Schaufenster«-Antrag, der Papier und Zeit verschwendet und schon im Ansatz keinerlei konstruktive Wirkung haben kann. Auch so kann man »Opposition« spielen.

Politische und andere »Ehrenmorde«

(07.06.2019)

Mit dem Ehrenmord ist es wie mit dem Showdown im Wilden Westen: Schon die Bedeutung des Originals ist umstritten; die Remakes machen es nicht besser, und die metaphorischen Missdeutungen treiben das Publikum in die Verzweiflung. Kriminologisch und strafrechtlich ist der Begriff ziemlich schräg, zumindest unklar. In der Wirklichkeit viel häufiger sind nämlich der Ehrentotschlag und die Ehrenkörperverletzung mit Todesfolge, aber diese Worte wirken in Überschriften ein bisschen albern und machen die Sache auch nicht übersichtlicher. Das ersichtlich und plakativ Wichtigste am Ehrenmord ist die Ehre. Das ist ein mindestens so schwieriger Begriff wie der des Mordes, und außerdem weiß man nicht so ganz genau, wessen Ehre der Ehrenmord eigentlich betrifft: die des Opfers, des Täters, einer bestimmbaren dritten Person oder eines überpersönlichen Rechtsgutsträgers?

Ehrendolchstoß

»In ihren 155 Jahren hat die älteste Partei Deutschlands wenige so desaströse Wochen erlebt.« Dieser Satz stammt aus einem Pressebericht *(Focus)* vom 10. Februar 2018. Er handelte, wie viele andere auch, vom Ehrenmord an Sigmar G. und vom assistierten Ehrensuizid des Martin S.

und vom unaufhaltsamen Aufstieg einer Weiberfastnachts-Freundin. Nun wollen wir hier nicht darüber streiten, ob vielleicht die Bewilligung der Kriegskredite 1914 (»Burgfrieden«), das Verbot vom 22. Juni 1933 oder der Godesberger Parteitag vom November 1959 für die SPD noch ein bisschen desaströser waren als die neuesten Verlautbarungen der Seeheimer über die Jusos und noch ein bisschen peinlicher als der händchenhaltende Auftritt der Großpolitikerinnen Dreyer und Schwesig am 3. Juni.

Jedenfalls brachten uns die vergangenen zwei Wochen wieder schöne Verlautbarungen, bemerkenswerte Formulierungen und interessante Informationen aus dem Bereich des Ehrenmords im weiteren, hier also parteipolitischen Sinn. Aus dem Blickwinkel dieser Kolumne will ich auf eine Perle hinweisen, die – aus nachvollziehbarem Grund – noch nicht die angemessene öffentliche Würdigung gefunden hat: Es handelt sich um den dritten und letzten Satz der schon einen Tag nach dem Ereignis als »legendär« gespeicherten »Ja, guten Tag«-Erklärung von Frau Andrea Nahles vom 3. Juni:

»Sie haben ja hier auch schon viele Stunden verbracht im Willy-Brandt-Haus, danke schön dafür.«

Diese Danksagung war an die etwa 40 aufgeregt umherlaufenden Reporter, Kameraleute und Fotografen gerichtet, welche gekommen waren, um den viersekündigen Fußmarsch des aktuellen Desaster-Opfers vom Ausgang des Willy-Brandt-Museums bis zum Dienstwagen für die Abendnachrichten zu filmen. Immerhin durfte Frau Nahles aus dem Vorderausgang raus. Ihr Vor-vor-vor-Vorgänger Kurt Beck musste – Frau Nahles war, wie wir uns erinnern, dabei – damals am Schwielowsee durch die Hintertür verschwinden, bevor er bekannt gab, dass er sich »nicht

Politische und andere »Ehrenmorde« 139

in der Lage sehe, das Amt weiterhin mit der notwendigen Autorität auszuüben«. Die Genossen nannten ihn intern »Problembär«; Nahles wiederum hieß man nach der Demontage von Müntefering »Königsmörderin« (*SPIEGEL ONLINE* 21.05.2007). So gehen die Desaster dahin.

Eine feine Geste der frisch gemeuchelten Gabriel- und Schulz-Mörderin war es, dass sie sich zum Abschied bei der Presse dafür bedankte, dass diese so oft so »viele Stunden verbracht« und gewartet habe, auf dass sie aus dem Munde der Vorsitzenden die güldenen Worte der neuesten Strategie zur Errichtung des demokratischen Sozialismus empfange und in die Welt trage. Der letzte Dank der Scheidenden (fürs Warten) zeigte noch einmal das ganze Maß an Wertschätzung, welches den Organen des Bürgerinteresses von den Priesterinnen und Priestern der Ersten Gewalt entgegengebracht wird, und deutete die Höhe an, aus welcher die Gebieter der Dienstwagen ins Wimmelbild des Souveräns zurückzustürzen meinen.

Die Presse bedankte sich für das Warten-, Filmen- und Fragendürfen auch diesmal auf ebenso bemerkenswerte wie vorhersehbare Weise: Zunächst steigerte man sich etwa zwei Wochen lang in einen Schreibkrampf zum Thema »Ist Nahles noch zu halten?«, der ab 26. Mai auf das Schnappatmungsniveau »Endkampf« hochgezogen wurde. Ab 1. Juni folgte der unvermeidliche U-Turn, und die freie deutsche Presse stürzte sich in einen kollektiven Empathierausch, weil die arme Frau Nahles, der aus lauter Leidenschaft ein paar, sagen wir: kommunikative Ausrutscherlein passiert waren, gar so hinterhältig, grausam, gnadenlos und unsolidarisch von ihren lieben Genossinnen und Genossen abserviert wurde, was die Organe von *Bild* bis *Zeit* total überraschend und furchtbar finden.

Der SPD-Spezialist Sattelberger von der FDP erkannte messerscharf, dass Herr Kühnert einen »Dolchstoß in den Rücken« von AN geführt habe, und sogar den amtlichen Feminismus drängte es, aus Anlass des Falles AN wieder seine (sic!) Stimme zu erheben, da die Gnadenlosigkeit des patriarchalen Politbetriebs stets nur die Frauen hinwegfegt (wie die Fälle Scharping, Müntefering, Beck, Gabriel, Schulz, Westerwelle, Rösler, Brüderle, Guttenberg und Co. beweisen), während Männer notorisch alles verziehen kriegen und an ihren Stühlen kleben bleiben (siehe Merkel, von der Leyen, Giffey, AKK). Wir freuen uns schon auf die bevorstehenden »Porträts« aus den sensibel-weiblichen Federn der Redaktionen.

Eigentlich wären die kleinen Ausrutscherchen von Frau Nahles oder Frau Kramp-Karrenbauer ja ganz uninteressant. Ihre Bedeutung erlangen sie nicht auf der einfallslosen Ebene, auf welcher sie öffentlich verhandelt werden (Darf man Kinderlieder falsch singen und »Mindestlohni« sagen? Darf man Rezo mit Amthor bekämpfen?). Sie zeugen vielmehr von einer spezifischen Beschränktheit, die für Menschen charakteristisch ist, welche die Welt aus einer sektenartig vernagelten Perspektive des »Innen gegen Außen«, des »Wir gegen Sie« betrachten. AN und AKK sind, beispielhaft auch für viele männliche Berufspolitiker, Erzeugnisse von Parteikarrieren. Seit der Pubertät haben sie sich in Partei- und Verbandsgremien nach Maßgabe von Parteiregeln nach oben getankt. 20 Semester Nebenbeistudium von Politik oder Pädagogik, eine Schnupperlehre bei der Sparkasse oder eine in *Wikipedia* zur Managerkarriere aufgeblasene zweijährige Tätigkeit als Onlinehändler reißen es da nicht raus. Es ist, wohlgemerkt, nicht das Fehlen irgendwelcher Master-Abschlüsse oder Meisterprüfungen, das sich rächt, sondern eine extrem verengte Sozialisation, welche die Menschheit auf drei Gruppen reduziert: Kumpane, Feinde und Idioten. Letztere heißen wahlweise schwäbische Hausfrau oder Stahlkocher, Friseurin oder Alter in Würde.

Wer sein Leben vom 15. bis zum 60. Lebensjahr bei den Jusos, der Jungen Union oder in ähnlichen Vereinen verbringt, denkt, spricht, hofft und plant halt so, wie es dort üblich ist (O-Ton Nahles, April 2018: »Die SPD ist die Partei, die meinen Träumen (!), Gedanken und Sehnsüchten (!) immer (!) eine Heimat gegeben hat«). Manche können eine solche emotionale Behinderung im medialen Alltag einigermaßen überspielen oder gar ins angeblich Staatsmännische überhöhen (Tipp zur Erinnerung: Kohl, Genscher, Fischer). Aber bei den meisten bricht's gelegentlich einfach durch. Bei anderen gerinnt es schon früh zum öffentlichen Stereotyp: Dazu gehören zum Beispiel Nahles, Kramp-Karrenbauer, Stegner, Lindner, Dobrindt und viele andere. Wenn sie die Münder öffnen, kommen Parteibüro-Seifenblasen heraus, die nur glauben kann, wer beim Gewerkschaftstag rote IGM-Fähnchen verteilt, mit Kohl-T-Shirt zum CDU-Parteitag kommt oder an der Zukunft der liberal-digitalen Calvin-Klein-Unterhose mitverdienen möchte. Da diese sogenannte Stammwählerschaft so schnell dahinschmilzt wie die tatsächlich zu lösenden Probleme zunehmen, kommt es auf die Sehnsüchte von Frau Nahles oder die Karriereplanung von Frau Nicola Beer nicht mehr wirklich an: Die Zeit vergeht dank des mit eigener Hand errichteten real existierenden Kapitalismus einfach zu schnell, als dass die Aufmerksamkeit sich länger takten ließe als von »Anne Will« zu »Anne Will«.

In ihren »Bätschi«-Momenten und »Ja oder nein«-Aufwallungen vergessen AN, AKK und die anderen, dass sie in der weiten Welt sind und nicht in der Ortsgruppe. Und dass die Kameras gar nicht die Augen von »Wir« (Gruppe Kumpane) sind. So was passiert halt. Die unwillkürlich, im Überschwang der »Sehnsucht« ausgestoßene Wahrheit aber frisst sich untergründig als Zweifel weiter, weil es eine *Haltung* offenbart, welche die schlauen Bürger, unter allem Pressegetöse hindurch, hochsensibel wahrnehmen. »In die Fresse« darf man durchaus sagen, genauso wie »Herr Präsident, Sie sind ein Arschloch«, denn das Volk besteht nicht aus stickenden Jungfern. Aber man muss liefern. Typen wie Weidel, Meuthen oder Strache haben es da leichter, weil sie, sobald sie außer Haus sind, sich sowieso immer im Kasperle-Modus bewegen und die Lächerlichkeit einfach ein Teil ihrer Nummer ist.

Ehrenerklärung

Es sprach die derzeitige Vorsitzende der CDU:

»*Was wäre eigentlich in diesem Land los, wenn eine Reihe von, sagen wir mal, 70 Zeitungsredaktionen zwei Tage vor der Wahl erklärt hätten, wir machen einen gemeinsamen Aufruf: Wählt bitte nicht CDU und SPD. Das wäre klare Meinungsmache vor der Wahl gewesen. Und ich glaube, es hätte ne muntere Diskussion in diesem Land ausgelöst. Und die Frage stellt sich schon, mit Blick auf das Thema Meinungsmache: Was sind eigentlich Regeln aus dem analogen Bereich, und welche Regeln gelten eigentlich für den digitalen Bereich, Ja oder Nein. Das ist eine sehr grundlegende Frage, über die wir uns unterhalten werden, und zwar nicht nur wir in der CDU und mit der CDU, sondern ich bin mir sicher, in der gesamten medienpolitischen und auch demokratietheoretischen Diskussion der nächsten Zeit wird das eine Rolle spielen.«*

Das Heulen und Jammern der freien Presse ob dieser saarländischen Version der Demokratietheorie und die nachfolgend aus allen Kanälen strömenden Liebesschwüre zu Art. 5 Abs. 1 Grundgesetz (Meinungsfreiheit) waren überwältigend. Sie übertönten in ihrem Eifern über Nebensächliches und Selbstverständliches einmal mehr die wichtigen Botschaften und Fragen.

Denn zunächst einmal war die AKK-Aufwallung ja ziemlich albern, weil »klare Meinungsmache vor der Wahl« ja exakt das ist, was sie selbst und ihre sieben Schwaben in der CDU, mit der CDU, durch die CDU und für die CDU tagein, tagaus aus Leibeskräften tun und von ihren lieben Freunden in den lieben Redaktionen erwarten. Man kann ja zum Beispiel auch bei gutem Willen nicht sagen, dass jene berühmte Frankfurter Zeitung für Deutschland eine Gelegenheit verstreichen lässt, ein wenig Meinung zu machen und am Rande zu erwähnen, welche saarländische Provinzpolitikerin sie für denkbar ungeeignet und welchen sauerländischen Magier »der Märkte« sie für geeignet hält, sich um die demnächst frei werdende Stelle als Klassensprecher zu bewerben.

Hinzu kommt, dass nicht nur, sagen wir mal, 70, sondern, sagen wir mal, 700 Zeitungsredaktionen vor der Wahl erklärt hatten: Wählt bitte nicht AfD. Das war, so leid es mir tut, »klare Meinungsmache vor der Wahl«, und mit etwas Glück kriegte man dafür sogar den Preis der *Neuen Rheinischen Zeitung* für angewandten Meinungsmut.

Vor allem aber muss man darauf hinweisen, dass es ohne jeden Zweifel erlaubt ist, eine Meinung zu haben, zu sagen oder zu machen. In meiner Kindheit predigten sonntags die katholischen Pfarrer, welche christliche Partei jemand zu wählen habe, der in den Himmel kommen wolle; und die IG Metall hat, soweit ich weiß, eher nicht zur Wahl von Erich Mende und Jürgen Möllemann aufgerufen. Die freie Presse – ich meine nicht die öffentlich-rechtlichen Anstalten – tut ernsthaft so, als finde »Meinungsmache« nur in ihren Kommentaren und Kolumnen statt, und verleiht sich damit selbst den goldenen Nebelschwaden des Staats- und Verlautbarungsjournalismus. Wenn draußen die von echten Lügnern an der Nase herumgeführten Idioten »Lügen-pres-se!« grölen, taucht man drinnen in der Chefredaktion zierlich die Fingerspitzen ins Wasserschälchen der Aufklärung und befragt sich in Talkshows gegenseitig, wer am indigniertesten sei. Das Maß der vorgetäuschten Meinungslosigkeit wird mit dem Willen zur Meinungsvielfalt erklärt, mit welcher sie nichts gemein hat.

Es handelt sich also eigentlich um die Frage, warum es so ungewöhnlich und außerordentlich ist, dass eine mit der Presse verwechselbare, ja sie vielleicht von innen verzehrende Kommunikationsform (?) eine »klare (!) Meinungsmache« betreibt. Und warum die von AKK so genannte »analoge« Presse (sie meint natürlich in Wahrheit eine hierarchisch organisierte, steuerbare) das für *shocking* hält. Schreckliche »Einseitigkeit« und Lückenhaftigkeit bei der Recherche wurden dem Kanalbetreiber *Rezo* von Journalisten vorgeworfen, deren eigene Analysen aus kaum mehr bestehen als Personalgeraune, Spekulationen über Machtkonstellationen und Rangeleien mit der Konkurrenz um das Klick-Ranking des neuesten Windeis.

Einmal probehalber gefragt: Könnten Sie spontan angeben, über welche vier politischen Themen der Europäischen Union Sie der Presse in den letzten vier Wochen die meisten Informationen entnommen haben? Bitte lassen Sie bei Ihrer Aufzählung die Personalfragen weg. Kann es sein, dass Ihnen gar keine vier Themen einfallen? Kriegen Sie vielleicht wenigstens zwei zusammen? Ich meine mit »Thema« nicht, was Macron kürzlich zu Orban und Salvini tags darauf zu Le Pen sagte, ob die Außengrenze sicher oder das Mittelmeer immigrantenfrei sein soll und ob Frau Merkel wohl Herrn Weidmann durchdrückt. Ich will auf die schlichte Frage hinaus, über welche europapolitischen Themen und Fragen die deutsche Presse die Bevölkerung vor, während und nach der europäischen »Schicksalswahl« vom 26. Mai informierte. Beispielhaft dafür scheint mir ein Zitat aus einem *DLF*-Kommentar zwei oder drei Tage nach der Wahl: »Man muss abwarten, wie sich die Fraktionen zusammensetzen. Danach geht es um den neuen Kommissionspräsidenten, also um die eigentlich entscheidende Frage nach der Macht.« Dazu fällt einem, mit Verlaub, nur mehr wenig ein.

Könnten Sie einmal kurz erklären, was Sie aus der Presse über den Unterschied zwischen »Lebensleistungsrente«, »Respektrente« und »Grundrente« erfahren haben? Gab es eigentlich einmal eine Talkshow zum Thema: Was ist der Unterschied zwischen Renten- und Sozialhilfesystem, und kann man beides kombinieren? Wissen Sie noch, welche rechtspolitischen Anliegen die SPD-Spitzenkandidatin für die Europawahl Ihnen vorgestellt hat und welches ihre wichtigsten Projekte auf ihrem letzten Posten waren? Tja, woher sollte man es auch wissen? Aus den 5000 täglichen Updates der Pressportale erfahren Sie's nicht, und die bewegenden Livereportagen von den Ministeriumseingängen dieser Welt verraten es auch nicht.

So geht es am Ende nicht um Inhalte, sondern immer nur um die Ehre von der Andrea und der Manu und der Malu und dem Sigmar und dem Hubertus und dem Heiko. Und wer die nächste »Chefin« der Friedrich-Ebert-Stiftung wird, oder Botschafterin beim Vatikan. »Die Parteien wirken bei der politischen Willensbildung des Volkes mit«, heißt es in Art. 21 Abs. 1 Satz 1 Grundgesetz. Dass sie den Staat als ihr Eigentum und das Volk als Adressaten von Werbeclips ansehen, ist nicht verboten, aber extrem schädlich. Er habe sich, so sagte einst der Vorgänger der Vorsitzenden Nahles, nun doch entschieden, das Außenministerium zu übernehmen. In die Verächtlichkeit stürzte er danach nicht, weil er es für das gute Recht eines verdienten Parteibürokraten hielt, sich seinen Posten in der Staatsführung auszusuchen. Sondern weil er es nicht schaffte, den Sigmar und die Andrea davon abzuhalten, ihm den Stuhl unter dem Hintern wegzuziehen.

»Die Einzigen, die davon jetzt profitieren«, meinte die oben erwähnte Deutschlandfunk-Kommentatorin in vorbildlicher Bescheidenheit, »sind die Grünen.« Dann kriegte sie die vorgeschriebene Kurve zur total ausgewogenen Einleitung des nächsten spannenden Ehrenmordkapitels: »Aber wie lange noch?«

Ehrenbataillone

Abschließend ein paar Bemerkungen zum assoziativen Kern des »Ehrenmords«, also der – vollendeten oder versuchten – Tötung von Menschen zur Rettung, Bewahrung oder Wiederherstellung einer »Ehre«, deren Träger eine überindividuelle Gemeinschaft oder soziale Struktur ist.

Das hat zwar nicht unmittelbar etwas mit der SPD und der CDU und ihren dolchstoßenden Kampfschwimmern zu tun; und anders als diese lässt der reale Ehrenmörder auch durchaus ein inhaltliches Ziel erkennen, statt ausschließlich zur Frage interviewt zu werden, wie er es schafft, so dicke Wadenmuskeln zu haben. Aber gerade dank dieser klaren Abgrenzung werden die Konturen schärfer. Die Experten der vierten Gewalt Presse beschränken sich in beiden Fällen leider meist darauf, das Publikum mit Anekdoten über die Bosse, Patinnen, Mogule, Gespielen und Sergeants-at-Arms zu unterhalten. Warum darüber schreiben, was »Vergesellschaften« bedeutet, wenn doch ein »Hintergrund« über Kevin K.'s Ambitionen, in vier Jahren parlamentarischer Staatssekretär im Kinderministerium zu werden, siebenmal mehr Klicks bringt?

Eine Untersuchung des Max-Planck-Instituts für ausländisches und internationales Strafrecht in Freiburg für den Zeitraum von 1995 bis 2005 (Oberwittler/Kasselt, »Ehrenmorde in Deutschland 1996 bis 2005«, 2011; PDF-Fassung auf der Website des BKA) ergab 78 »Ehrenmord«-Taten mit 109 Opfern (davon ein Drittel Versuche) in zehn Jahren; das ist nur etwa ein Prozent der in der polizeilichen Statistik erfassten »Mord«-Verfahren. Von den 109 Opfern waren 47 (43 Prozent) männlich und 62 (57 Prozent) weiblich. Verurteilt wurden 87 Täter, davon 32 wegen Mordes, 42 wegen Totschlags und 13 wegen Körperverletzung (jeweils einschließlich Versuchen). Die Zahl ist also viel geringer, als in der Öffentlichkeit aufgrund der Presseberichterstattung angenommen wird, und richtet sich keineswegs, wie die meisten Medienberichte suggerieren, fast ausschließlich gegen Frauen.

Ein definitorisches Problem ist, dass man nicht so recht

weiß, was der inhaltliche, formale oder motivatorische Kern des »Ehrenmordes« ist und wo seine begrifflichen Grenzen verlaufen. Man kann, beispielsweise, »Blutrache« begrifflich durchaus abgrenzen; in der Praxis überschneidet sich aber beides nicht selten. Dasselbe gilt erst recht für Partnertötungen (beziehungsweise Versuche), bei denen höchstpersönliche Motive wie Eifersucht, Hass, Rache sich mit unklaren »Ehren«-Motiven mischen.

Um die Ehr-Verläufe und Ehr-Bedeutungen, also auch die auf sie bezogenen Handlungen zu verstehen, muss man untersuchen, wie die sozialen Gemeinschaften wirtschaften, sich stabilisieren und funktionieren, in denen sie gelten. Die Forderung, man solle sich halt den jeweils örtlichen Anforderungen anpassen, ist leicht gesagt und auch richtig, aber nicht ganz einfach umzusetzen. Das könnte eigentlich jeder wissen, der es schon für völlig undenkbar hält, die Kultur des FC St. Pauli gegen die des FC Bayern München einzutauschen.

In Deutschland, dem Traumvaterland im Kreis herumsitzender Germanenclans und blutsbeschwörender Fackelschwinger, der Heimat der Freunde des Clans der Schildkröte vom Stamm der Delawaren, der Hobby-Apachen und der Sehnsuchtsgeschwister von *Arwen*, Elronds Tochter, und *Morgaine*, Priesterin von Avalon, verteidigte man, je nach Gefühlslage, mittels Tötung die Ehre der Kompanie oder des deutschen Soldaten, der Burschenschaft, des Kaisers oder der Partei, der deutschen Frau, der Familie oder gleich des Deutschtums als solchem. Es findet sich was. Die fremden Ehrvorstellungen erniedrigen allemal den Fremden zum Minderwertigen, wie die eigene Ehre den Einheimischen erst zum Kulturträger erhebt. Und ein »Siemensianer« ist, liebe Clanmitglieder, auch dann etwas ganz, ganz anderes als ein Hell's Angel, wenn er wie dieser zu jeder Zeit bedenken soll, wo der Hammer hängt und wem er was zu verdanken hat.

Eine Randbemerkung: Die »kriminellen Clans«, Bandenclans und so weiter, welche nach derzeitiger Wahrheitslage die schwerste Gefahr für Deutschlands Sicherheit darstellen, wurden für die meisten Bürger erst kürzlich – dafür aber umso häufiger, lauter und dramatischer – als »kurdisch-libanesisch« identifiziert. Die Invasion hat aber eine durchaus wechselvolle Pressegeschichte. Zur Auffrischung der Erinnerung ein paar wahllos aus dem Internet gepickte Überschriften:

- *Süddeutsche Zeitung,* 19.05.2010: »Organisierte Kriminalität in Deutschland – Das blutige Geschäft der asiatischen Mafia – als erwiesen gilt, dass sich in Deutschland Mafia-Organisationen etabliert haben – besonders brutal sind dabei vietnamesische Gangs.«
- *Bayerischer Rundfunk,* 14.03.2011: »Russen-Mafia – die neue Bedrohung aus dem Osten. Die russische Mafia rekrutiert sich in Deutschland aus den meist jungen, sozial und kulturell nicht integrierten Russlanddeutschen und ehemaligen Sowjetbürgern.«
- *SPIEGEL ONLINE,* 25.04.2017: »Professionelle Diebesbanden ziehen quer durch Europa. Die Polizei hierzulande steht ihnen weitgehend machtlos gegenüber. Viele Banden entstehen aus den Familienstrukturen von Roma-Clans.«
- *Berliner Kurier,* 05.02.2018: »Die albanische Mafia ist nach Erkenntnissen der Ermittlungsbehörde Europol fest dazu entschlossen, ihre Vormachtstellung im europäischen Drogenmarkt weiter auszubauen.«

- *BZ*, 18.06.2018: »Berlin ist eines der Zentren für bandenmäßige Kriminalität, vor allem für die Russen-Mafia. CDU-Politiker Trapp: Die Zahlen sind nur die Spitze des Eisberges.«
- *ZDF*, 06.12.2018: »Welche kriminellen Clans in Deutschland agieren: Cosa Nostra, Camorra, Stidda, Ndrengheta, Russisch-Eurasische Clans, Rockergruppen (Hells Angels, Bandidos, u. a.).«
- *dpa*, 25.02.2019: »Der BND warnt vor den äußerst brutal agierenden Strukturen der nigerianischen Mafia Jetzt wollen kriminelle Banden aus Nigeria auch in Deutschland Fuß fassen. Der deutsche Geheimdienst ist gewarnt.«
- *Die Welt*, 09.05.2019: »Wie die tschetschenische Mafia in Deutschland agiert (…) : Nach einem BKA-Abschlussbericht wiesen kriminelle Tschetschenen eine überdurchschnittlich hohe Eskalations- und Gewaltbereitschaft auf.«

Wenn man das 30 Jahre zurückverfolgt, bemerkt man, dass etwa alle drei bis vier Jahre eine neue Welle der Mafia-, Clan- und Bandenbedrohung über Deutschland hereinbricht: Chinesen, Japaner, Vietnamesen, Russen, Albaner, Kosovaren, Roma, Nigerianer, Ghanaer, Italiener, Algerier, Marokkaner, Tschetschenen, Türken, Kurden, Libanesen. Seit zehn Jahren vollzieht sich eine Verschiebung auf »islamische« Herkunftsländer. Damit sind wir wieder im Überschneidungsbereich zum »Ehrenmord«-Narrativ angelangt. Hier verschwimmt, angereichert mit »Gewalt gegen Frauen« und »islamischer Kultur«, alles zu einem Brei von Vermutung, Furcht und Sensation. Polizei und Staat, so lesen wir seit 30 Jahren, »sind machtlos« (meist, weil ihnen angeblich »die Hände gebunden« sind).

Damit soll natürlich nicht gesagt werden, dass es all das nicht gibt, oder gar, Gewaltverbrechen aus »Ehren«-Gründen seien nicht so schlimm oder wenig strafwürdig. Bürger, die gern lauthals der Einführung der Todesstrafe für »Ehrenmord« zustimmen, finden solche Taten allerdings durchaus ehrenhaft, wenn sie von Clint Eastwood, Robert de Niro oder Jean Reno begangen werden. Aber das sind ja auch keine islamischen Nigerianer.

So kommen wir also für heute zum Schluss: Die Ehre ist ein schillernder, gelegentlich äußerst gewaltgeladener Antrieb menschlicher Handlungen und Deutungen. Die meisten »Ehrenmorde« in Deutschland finden unter Deutschen statt. Sie heißen hier allerdings anders.

Halb stark

(13.11.2020)

Alt und Jung

Heute ein kleiner Nachtrag im Anschluss an die Kinder-Kolumne von letzter Woche. Bekanntlich gibt es zwar gesetzliche Definitionen dessen, was als »Kind« zu bezeichnen ist; aber die Biologie und die Psychologie wissen nichts vom deutschen Bundesgesetzblatt und machen, was sie wollen, sodass sich unschwer jede Menge Kinder jeden beliebigen Alters finden lassen. Manche Gesellschaften, unter ihnen einige besonders alte, haben sich ganz zu Paradiesen der Kindlichkeit erklärt. Frühgreise Untote mit gebleichten kulleräugigen Gesichtern und winzigen Näschen wanken auf fettfrei gehungerten Stelzenbeinen umher und verkleiden sich täglich neu als Prinz und Ballerina. Und anders als vor 50 Jahren, als 20-jährige Milchbärte versuchten, ihren Popsongs möglichst den Sound von lebenserfahrener Weltmüdigkeit zu verleihen, piepsen und seufzen heute 40-jährige Menschen mit brüchiger Kinderstimme um die Wette, dass sie total super traurig sind, weil Raider jetzt Twix heißt. Und Popstar des Jahres wird, wer die Seelenpein pubertierender Prinzessinnen und 14-jähriger zukünftiger CEOs am schönsten simuliert.

Das könnte unsereins ja egal sein, wenn es sich auf jenen Teil des Digitalkosmos beschränken würde, der sich in schwarzen Löchern abspielt, und wenn die gebrechliche Jugendlichkeit der Furchtsamen nicht gar so penetrant daherkäme. Aber man muss leider feststellen, dass in erheblichen Teilen des bis an die Zähne mit infantilem Equipment ausgerüsteten Volkes doch eine seltsam vertraut anmutende Verständnisleere herrscht, sobald einmal ein paar original echte junge Menschen – also Lebewesen, die versuchen, erwachsener daherzukommen als ihre im Rücksturz befindlichen Vorfahren – irgendetwas tun, was sich nicht in die Rubriken »kaufen«, »weinen« oder »chillen« einordnen lässt. Also zum Beispiel Stress machen, Scheiben einschlagen, aggressiv sein. Das muss ja – hier appelliere ich an den Schatz Ihrer biografischen und historischen Erfahrungen, liebe Leser – auch mal sein, Friedensnobelpreis für Fräulein Greta hin oder her: Man kann ja als 15-, 17- oder 19-Jähriger unmöglich immerfort nur so sein, dass Frau *Doktor* Giffey einen wirklich richtig lieb hat und Herr Merz sich unbedingt einmal mit dem jungen Menschen zusammensetzen möchte und über die Zukunft von Brilon sprechen.

Halbstark und ganz stark

Ich erwähne dies, weil in dieser Woche wieder das eine und andere jugendmäßig geschehen ist, total sensationell natürlich, und auf jeden Fall empörend, warum, wissen wir noch nicht. Zum Beispiel sind vom Amtsgericht Stuttgart zwei Halbstarke verurteilt worden, weil sie Ausschreitungen begangen haben, um nicht zu sagen: Krawalle. Was sage ich: die Mutter aller Krawalle! Der 21. Juni 2020 bleibt in die Annalen des Landes eingraviert, und »niemals wird sich so etwas wiederholen«, sagte damals die Polizeipräsidentin. Große Worte!

Nur für den Fall, dass Ihnen der Begriff »Halbstarker« seltsam vorkommt, werfe ich hier einen Namen ein: *Horst Buchholz*, 1956! Das war, als in London die »Teddies« wirkten und in Amerika, Amerika Herr Marlon Brando die Lederjacke erfand. Wissen Sie, was »Vatertagskrawalle« sind? Sie fanden im Jahr 1953 – zwei Monate nach Stalins Tod und des Kolumnisten Geburt – in Hannover statt und waren natürlich sehr bedenklich, weil sie ein dunkles Licht auf die Jugend von heute warfen. Falls Sie fünf Jahre später bei der Tournee von *Bill Haley and the Comets* dabei waren, was vermutlich heute verjährt ist, falls Sie nicht zufällig in der Gruppe ein Girl oder einen Boy begrabscht haben vor lauter »Rock Around the Clock«, wissen Sie, was ich meine. Zwischen Oktober 1955 und Dezember 1958 fanden in Deutschland 102 »Krawalle« von mehr als 50 »Halbstarken« statt (Quelle: Günther Kaiser, »Rebellierende Jugend«, 1959). Und obwohl der erste deutsche Atomminister frühzeitig eine schirmende Hand über der Städte Bau gelegt hatte, blieben seinem Freistaat die »Schwabinger Krawalle« von 1962 nicht erspart, weltberühmt unter dem Namen »Twistkrawalle«. Es begab sich damals nämlich, dass am Münchner Wedekindbrunnen drei Halbstarke Gitarre spielten und eine Anzahl Gleichgesinnter hierzu Menuette unter der Bezeichnung »Twist« tanzte. Hiergegen setzte die Schutzpolizei zur Verteidigung des Foxtrott unmittelbaren Knüppelzwang ein, was zu spontanen Solidarisierungen weiterer halbwüchsiger Elemente führte. Auf diese Weise war für mehrere Abende zuverlässig für aufregende Straßenschlachten auf der Leopoldstraße gesorgt, was zu äußerster Erbitterung der im Fortkommen behinderten Opel-Rekord- und Käfer-Fahrer über die Verkommenheit der Jugend führte.

Um den Jüngeren unter Ihnen ein lebensnahes Bild von der schon damals gesamtdeutschen Bedrohung der Zivilisation zu vermitteln, zitiere ich die erschütternde Schilderung des FDJ-Organs *Neues Leben*, Heft 5/1960:

Junge Männer mit langer Mähne und schwarzer Lederjacke, deren Hosen fast so eng anliegen wie Strümpfe, halten stolz ihr Kofferradiogerät im Arm. Andere schabbern mit fünfzehnjährigen Mädchen, deren besondere Kennzeichen Nietenhosen und unnatürlich lange Wimpern sind. Die Szene wird belebt durch fauchende und knatternde Motorräder, die pfeilschnell um die Ecken kurven. (Siehe Thomas Ney, DDR-Opposition.de, 2015)

Nun gut: Das war, werden manche sagen, im vergangenen Jahrhundert, kann also heute nicht mehr als Maßstab herhalten. Aber da irren sie:

Die sächsische Hauptstadt Dresden hat zum Vatertag nach Einschätzung der Polizei die schwersten Krawalle seit Jahren erlebt. Polizeisprecher G. sprach am Freitag von »einem neuen Level an Brutalität«. An den gewalttätigen Ausschreitungen waren ... etwa 1000 Randalierer beteiligt. Viele von ihnen waren alkoholisiert. Mindestens 90 Menschen wurden verletzt, darunter 41 Polizisten. Ein Beamter erlitt einen Knochenbruch und ist nach Angaben der Behörden dienstunfähig. Etwa 50 Angreifer wurden vorläufig festgenommen. Der materielle Schaden soll rund 100 000 Euro betragen.

Das stand am 7. Mai 2005 in der *Welt*, und der *Tagesspiegel* darf, nur als ein Beispiel unter vielen, mit der Schlagzeile vom 10. August 2011 zitiert werden: »Krawalle überall. Europas verlorene Jugend«. Sogar der Vatertag kehrt immer wieder: »Vatertagskrawalle: Behörden sind ratlos«, meldete die *Schleswig-Holsteinische Zeitung* vom 19. Mai

2012, nachdem Schleswig und Lübeck nur mithilfe von Hundertschaften aus Eutin vor brandschatzenden Halbstarken gerettet werden konnten. Insoweit könnte man also sagen: Es scheint der Krawall seltsam erregter und unverantwortlich zielloser Jugendlicher doch nicht ganz so einmalig zu sein, wie man annehmen konnte, wenn man die Stuttgarter Weltuntergangsnachrichten vom 21. Juni 2020 hörte und sah.

Nun gibt es, das muss man einräumen, zwischen Stuttgart 2020 und München 1962 einen Unterschied, der uns auffällt: Wir können in keinem der Berichte über die Krawalle des 20. Jahrhunderts, ja noch nicht einmal bei der zitierten Kriegsberichterstattung aus Sachsen, genaue Zahlen über den Anteil derjenigen Verbrecher finden, die »Wurzeln hatten«. Es ist nämlich so, dass es derzeit zwei Arten von Jugendlichen gibt: nicht reiche und arme, nicht dumme und schlaue, nicht hoffnungsvolle und hoffnungslose, sondern solche, die *Deutsche* sind, und solche, die *Wurzeln* haben. So weit haben wir es schon gebracht. Gerade vor wenigen Tagen wurde wieder einer straffällig, der »mazedonische Wurzeln« hatte, wenn ich mich recht entsinne. In Stuttgart jedenfalls galt: »83 von 100 Verdächtigen haben Migrationshintergrund« (SWR), teilte das Innenministerium auf eine besorgte Anfrage der sehr besorgten AfD mit, wobei wir uns die Verdächtigen als *Spektrum vom 13-jährigen syrischen Flüchtling bis zum 29-jährigen Deutschen mit Ausbildung* vorstellen dürfen, falls wir es schaffen. Wer hätte das gedacht?

Recht und Ordnung

Nun hat also das Amtsgericht Stuttgart – Jugendschöffengericht – wieder einmal ein Zeichen gesetzt gegen die Halbstarken und den Krawall überhaupt, und wenn 83 Prozent dieses Zeichens einen Migrationshintergrund haben, ist das nicht die Schuld des Amtsgerichts, sondern Mathematik. Es sollte sich auch im Grundsatz niemand darüber beschweren, dass man, wenn man mit einem Migrationshintergrund herumkrakeelt, Fensterscheiben einschlägt und Flaschen auf Polizeibeamte schmeißt, ein Zeichen des staatlichen Unmuts empfängt. Wir sind ja hier nicht bei Hempels hinterm Sofa oder in Migrationsland, sondern da, wo Recht und Ordnung herrschen! Ob das zum Beispiel in Palma de Mallorca auch so vorbildlich passiert und das örtliche Jugendgericht 20-jährige Touristen mit Wurzeln im Ausland mal ein paar Jahre weghaut, sagen wir doppelt so lange, wie es sich die mallorquinische Staatsanwaltschaft erträumt hatte, möchte ich doch mal stark bezweifeln. Für zweieinhalb Jahre Jugendstrafe müsste man schon nach Weißrussland oder Marokko fahren und mit Flaschen werfen.

Es freuten sich die Bürger in den Foren für anständiges Benehmen, und der Innenminister von Baden-Württemberg und die Tarifpartner von der Polizeigewerkschaft haben begeisterte Stellungnahmen verbreitet. Wobei man hier differenzieren muss: Die ganz besonders halbstarkenkritische Deutsche Polizeigewerkschaft hat mitgeteilt, sie sei zufrieden, denn »wer Straftaten begeht, muss dafür die Härte des Gesetzes spüren« – ein Satz, der eine wirklich zeitlose Einsicht in die Freiheit als Notwendigkeit signalisiert und für den man lange geübt haben muss. Die normalerweise etwas gemäßigtere Gewerkschaft der Polizei wollte sich da nicht lumpen lassen und hat mitgeteilt, es hätte gern noch etwas mehr sein dürfen und außerdem sei es ganz unverständlich, dass man die Heranwachsenden nach Jugendrecht und nicht nach dem viel schärferen Erwachsenenrecht abgeurteilt habe. Daran sieht man, dass die Gewerkschaft der Polizei auch von der Halbstarkenpsychologie und der Kriminologie jugendtypisch gruppendynamischer Gewalt viel versteht.

Nun könnte man sagen, es sei etwas irritierend, dass die Stellungnahmen der Polizisten ein wenig selektiv verbreitet werden. Warum zum Beispiel erfahren wir nicht, wie der Vorstand der Polizeigewerkschaft die letzten Entscheidungen des Bundesgerichtshofs zur Korruption beurteilt und ob die Dienstgruppenleiter der Schutzpolizei mit den Strafmaßen bei Körperverletzung im Amt zufrieden sind? Auch der Innenminister des betroffenen Bundeslandes, der uns mit einer väterlichen Meinung zu den Stuttgarter Urteilen verwöhnt:

»Der Rechtsstaat zeigt Zähne. Das möchte sich der Mob hinter die Ohren schreiben, dass Randale und Gewalt bei uns kein Spaß sind«,

hält sich sonst mit Analysen allfälliger Urteile eher zurück. Möglicherweise hat ihm einmal jemand beigebracht, dass es einen ausgesprochen unangemessenen Eindruck macht, wenn Spitzen der Exekutive sich in gönnerhafter Weise über die Arbeitsergebnisse der Judikative äußern. Aber die Grenzen verschwimmen ja, unter lebhafter Zustimmung der ordnungsliebenden Bürger, allenthalben zusehends, und von daher wäre innenministeriell zu überlegen, ob nicht die Polizei stets zu allen Strafurteilen jeweils kurze Einschätzungen veröffentlichen und uns sagen sollte, ob sie halbwegs zufrieden ist oder nicht. Für die Richterinnen und Richter, die es mögen, wäre das ein schöner Anreiz, ihre unabhängige Tätigkeit noch fleißiger auszuüben als bisher. Man könnte vielleicht sogar ventilieren, ob nicht ein polizeilicher Strafvorschlag – natürlich völlig unverbindlich wegen Artikel 97 Absatz 1 Grundgesetz – schon *vor* der Hauptverhandlung eingespeist werden könnte, vielleicht als kurzer Aktenvermerk am Ende des sogenannten Schlussberichts. In der DDR ging das ohne Weiteres, und es findet sich sicher ein Staatsrechtsprofessor für ein schönes Gutachten über den Nutzen für das allgemeine Wohl. Und wenn es nur eine Gewerkschaft ist, die den Strafvorschlag macht, kann ja keiner was dagegen haben, wenn das Innenministerium mitteilt, dass es den Vorschlag ganz ausgezeichnet findet; schließlich haben ja auch Innenminister eine Meinungsfreiheit! Wenn der Erste Bürgermeister von Hamburg seinen lieben Richtern und Richterinnen empfehlen darf, halbstarke Randalierer sehr hart zu bestrafen, kann sich ja auch der Innenminister von Stuttgart freuen, wenn es einmal so gekommen ist. Irgendwelche Bedenken?

Die Polizei hat es ja schließlich auch nicht leicht, einschließlich der tapferen Vorsitzenden ihrer Gewerkschaften. Die Halbstarken werden seit Jahrhunderten in jeder Generation frecher: »Ein Kind in Essen« hat, wie man am 10. November lesen musste, mit einem Pkw eine Fußgängerin verletzt und mehrere geparkte Fahrzeuge beschädigt. Erst eine große Fahndung zwischen Essen und Bochum brachte den neunjährigen Krawallisten zur Strecke. Wir warten darauf, ob die deutsche Polizeigewerkschaft den erschütternden Fall zum Anlass nimmt, endlich einmal wieder die Absenkung der Strafmündigkeitsgrenze oder wenigstens die Heraufsetzung der Fahrerlaubnisgrenze zu fordern. Man kann gar nicht früh genug anfangen mit dem Zeichensetzen! Ob das Kind oder wenigstens die verletzte Fußgängerin Migrationswurzeln haben, ließ sich leider von hier aus nicht ermitteln; insoweit bedauerliche Informationslücke. Umso vollständiger sind wir am 6. November informiert worden über die Marke eines Personenkraftwagens, dessen Fahrer in seiner Eigenschaft als »Porschefahrer« in Berlin einer Polizistin mit einem Porsche über den Fuß gefahren ist, während er in einem Porsche saß. Er war 67 Jahre alt. Das Alter der Polizistin ist nicht bekannt; sie könnte jünger gewesen sein. Auch die Reifenmarke ist nicht mitgeteilt worden, es spricht aber nach den Umständen viel für ein ausländisches Fabrikat. Ob es sich bei dem Porsche um das bei Rasern besonders verbreitete *Modell 914* gehandelt hat, wissen wir nicht.

Die Polizistin setzte, leicht verletzt, »ihren Dienst fort«, was man nach aller Erfahrung mit Polizeiberichten als eine vorsichtige Umschreibung des Umstands verstehen kann, dass nichts, aber auch wirklich gar nichts passiert ist. Natürlich ist es auf keinen Fall nett und vorschriftsmäßig, einer Polizistin, die einem nach ein bisschen Warten an einer Kontrollstelle die Fahrzeugpapiere wieder hineinreicht, über den Fuß zu fahren. Deshalb ermittelt die Polizei gegen den Porschefahrer, der in einem Porsche saß, wegen »gefährlichen Eingriffs in den Straßenverkehr« (Paragraf 315b Strafgesetzbuch), was angesichts der Rechtsprechung des 4. Strafsenats des BGH bestimmt extrem Erfolg versprechend ist. Überhaupt ist der Porschefahrer als solcher, meist übrigens aus Stuttgart, ein problematischer Geselle. Erst am 13. September mussten »schwäbische Polizeibeamte« feststellen, dass ein Porschefahrer mit einem unverzollten schweizerischen Porsche auf der schwäbischen Porscheautobahn unterwegs war. Gut, dass wir über den Fahndungserfolg bundesweit informiert wurden. Der Porschefahrer hatte in seinem Porsche nämlich 38 500 Euro in bar dabei, was dem nicht Porsche-gesegneten schwäbischen Polizisten schon mal eine Eilmeldung wert sein darf.

Leipzig und Zuffenhausen

Wie bringt man jetzt zum Abschluss die Halbstarken und die Porschefahrer zusammen? Stuttgart ist eine schöne Gemeinsamkeit, Polizeigewerkschaft und Dienstfußbekleidung ebenfalls. Keine unangemessenen Scherze! Die Sache ist bitterernst. Deutschlands Polizei reibt sich auf im Kampf gegen Porschefahrer mit Wurzeln in der Schweiz und 17-jährige besoffene Schwerverbrecher aus Zuffenhausen. Kein Wunder, dass da keine Kraft mehr übrigbleibt, um den Augustusplatz vor dem Gewandhaus aufzuräumen! Außerdem bevorzugt der Innenminister von Sachsen bei pubertierenden Gewalttätern jeden Alters bekanntlich eher die Strategie deeskalierenden Streetworkings.

Verbrechen und Strafe

Sterben und sterben lassen

(09.11.2018)

Das Bundeskabinett hat den Entwurf eines Reformgesetzes zur Organspende auf den Weg gebracht (»Gesetz für bessere Zusammenarbeit und bessere Strukturen bei der Organspende – GZSO«). Es soll dazu dienen, die Zahl der Spender zu erhöhen, die infolge des »Transplantationsskandals« (2011/12) stark zurückgegangen ist, weil die meisten Bürger wenig Vertrauen in das System haben.

Das Gesetz setzt auf eine wesentlich intensivierte Erfassung von »Spenderpotenzial« in den Kliniken: Für jede Intensivstation muss es zukünftig einen eigenen »Transplantationsbeauftragten« geben, diese Beauftragten müssen »jederzeit Zutritt« zu den Intensivstationen und Zugriff auf alle Daten erhalten, um das »Potenzial« (gemeint: das potenzielle Biomaterial = todesnahe Patienten) früher und effektiver zu erfassen. Sensible Menschen mögen das für irritierend halten. Unter der Prämisse, dass es richtig und wichtig ist, gebrauchte, aber nicht mehr benötigte Körperorgane für kranke Menschen zu verwenden, ist es jedenfalls plausibel.

Weggelassen im jetzigen Referentenentwurf ist dagegen ein zentrales Thema, das sozusagen im Vorfeld liegt: Wie gewinnt man möglichst viele potenzielle Spender möglichst früh, also ohne darauf hoffen zu müssen, erst nach Aufnahme in eine Intensivstation motivierend auf Patienten und insbesondere Angehörige einwirken zu können?

Kandidat

Der voluntative Vorsitzende der CDU, Herr Spahn, wurde im Jahr 1980 in Ottenstein (nicht: Oggersheim) geboren und ist seither schon ordentlich vorangekommen. Bekanntlich ist die Grundlage jedes höheren politischen Erfolgs die Markenbildung in Form einer trennungsresistenten Verbindung von Vorname, Familienname und Amt. Ich erlaube mir trotzdem, Bundesgesundheitsministerjensspahn im Folgenden »JS« abzukürzen.

Es kursiert das Gerücht, JS habe das Zeug zum Allerhöchsten, da er schon seit dem 15. Lebensjahr in der Jungen Union von Bocholt ein Höchstmaß an »Durchsetzungsvermögen« bewiesen und den »Draht zur Jugend« eingebaut habe. Beides sind gute Voraussetzungen, alle zehn Tage einen Gesetzesvorschlag im Zuständigkeitsbereich eines anderen Ressorts zu machen (sog. »Allrounder«) und sich bei jeder Gelegenheit für das Amt des Klassensprechers vorzuschlagen. Darob wurde, so teilten *SPIEGEL* und *FAZ* mit, am Abend der Mütterdämmerung im Präsidium geklopft, nicht geklatscht. Wieder ein faszinierender Blick in die Werkstätten der Demokratie!

Sterben

JS ist die politische Spitze des Bundesministeriums für Gesundheit (BMG). Dessen Ausstoß ist hoch, auch wenn Fortschritte bei der Erleuchtung der Wege, auf denen von den über 350 000 Millionen Euro, die in jedem Jahr in Deutschland für Gesundheits- und Pharmaindustrie ausgegeben werden, fünf bis zehn Prozent aus undichten Versorgungsschläuchen tröpfeln, nicht bekannt wurden: Im Jahr 2016 wurden drei Paragrafen zu »Bestechlichkeit und Bestechung im Gesundheitswesen« ins Strafgesetzbuch eingefügt; seither hört man davon nichts mehr. Ein neues, übersichtlicheres Projekt muss her!

»Alle acht Stunden stirbt ein Mensch, *weil* kein passendes Organ zur Verfügung steht«, lautet der Überschriften-Text auf der Homepage des BMG. Wir rechnen: Das sind drei am Tag, 1000 pro Jahr. Genauso viele Menschen töten sich jährlich selbst durch Sich-Überfahrenlassen von Zügen. Sich Erhängen ist viermal häufiger, Springen aus großen Höhen vielleicht halb so häufig. Insgesamt sterben in Deutschland in jedem Jahr 800 000 Menschen, also »alle 40 Sekunden« einer. Etwas mehr als ein Prozent davon – 10 000 Menschen – töten sich selbst, mindestens 110 000 versuchen es (Dunkelziffer vermutlich hoch).

Die Kausalitätsvokabel »*weil*« kommt in der zitierten Headline arglos daher, hat es aber in sich. Fragen wir so: Warum sterben die 798 000 Menschen pro Jahr, die von den genannten Zahlen *nicht* erfasst sind? War ihre Zeit abgelaufen, ihre Arbeit getan, ihr Rückenmark ausgelaugt, ihr Blut vertrocknet, ihr Geist ermüdet? Könnte man, zu Ende gedacht, sagen: Es sterben jährlich 798 000 Menschen in Deutschland, weil kein passender Ersatzkörper für ihre Seele zur Verfügung steht?

Seit Anbeginn des biologischen Lebens auf dem Planeten sind etwa 100 Milliarden »Menschen« gestorben (derzeit leben immerhin 8 Mrd.). Ausnahmslos alle starben, weil ihre Körper so vergänglich waren wie die der 745 Millionen Tiere, die im Jahr 2017 in Deutschland »geschlachtet« und anschließend gegessen und anderweitig verarbeitet wurden. Die Spanne des durchschnittlichen Menschenlebens hat sich in den letzten 200 Jahren in den gemäßigten Klimazonen und reichen Ländern verdoppelt. Hätten Ersatzkörper, Ersatzorgane und Ersatzgewebe zur Verfügung gestanden, hätte man die Zahl der Menschen also nicht wesentlich erhöhen können.

Umgekehrt und leider etwas störend: Könnte man nicht sagen, dass von den 1000 versterbenden Personen pro Jahr, die eine Ersatzlunge, -leber oder eine -niere benötigen, fast alle *deshalb* sterben, weil sie chronische Raucher, chronische Alkoholiker, fettleibige Zuckerkranke oder alles zugleich waren? Anders gesagt: An irgendetwas *muss* man ja nun einmal leider sterben. Ob Herr X stirbt, weil seine Leberzirrhose dazu drängt oder weil kein Unfallopfer mit jungfräulicher Leber zur Verfügung steht, ist eine Frage der Perspektive. Aber selbstverständlich hängen die Fragen zusammen.

Organspende

»Organspende« ist ein sympathisches Kompositum. Das kalt-funktionale Wort »Organ« verbindet es mit dem warm-mitfühlenden Wort »Spende«; das Ergebnis liegt intuitiv weit jenseits der Maschinenwelt, in der wir leben. Spenden, so behauptet die Moral jenseits der steuerrechtlichen Sonderausgaben-Kategorie, ist Weggeben ohne Berechnung, mitfühlende Zuwendung, »echtes« Menschsein. Krokodile spenden nichts, Affen allenfalls Überschüssiges; kein Tier spendet sich selbst. Oder? Unklar schon bei Ameisen, Spinnen, Lachsen.

»Organspende« unserer Zeit ist ein begriffliches Monster, eingebettet in ein planmäßiges Konzept euphemistischer Verharmlosung. Der Begriff verschweigt und verdreht letzten Endes, um was es geht. Er steht in einer Lügenreihe mit »Schwangerschaftsabbruch« und »Sterbehilfe« – verdrehten Euphemismen purer Angst, zitternder Machtlosigkeit und kleinrahmiger Allmachtsträume. Das gilt allerdings nur eingeschränkt für die sogenannte »Lebendspende«: Wer eine Niere oder Knochenmark »verschenken« und weiterleben will, weiß, was er oder sie tut.

Zustimmung und Widerspruch

JS hat die »Widerspruchslösung« auf die JS-Fahne geschrieben. Das hätte ich vielleicht auch erwogen, wenn ich im Alter von 38 darüber nachgedacht hätte. Heute denke ich anders darüber.

Was soll die Vokabel der »Lösung« überhaupt bedeuten? Eine »Lösung« setzt voraus, dass es ein Rätsel, ein Problem, einen Widerspruch, eine Frage gibt, welche ihrer bedarf. Welche? Aus der Perspektive der im Takt von 40 Sekunden versterbenden Deutschen gibt es kein Problem, das gegenüber dem des eigenen Versterbens von Belang sein könnte. Ein »Problem« gibt es also allenfalls (!) aus der Perspektive der noch nicht Sterbenden. Es lautet, etwas überraschend vielleicht: Wie könnte man das (unvermeidliche) Sterben der einen bestmöglich für das Leben der anderen nutzen? Etwas weniger sphärisch: Was könnte man aus den Sterbenden für die noch Lebenden herausholen? Schon im Begriff der »Lösung« liegt also eine vorweggenommene Zurichtung von Sinn, Definition, Wertung: »Lösung« ist tendenziell gut (gemeint), weil die Voraussetzung von Lösung etwas tendenziell Schlechtes ist: Probleme, so weiß der Hardware-Spezialist, sind dazu da, gelöst zu werden.

Es gibt unter uns reichen, bis ins hohe Alter jungen, nach Auskunft ihres Anlagekontos unsterblichen Personen massenhaft solche, die gern Teile der nutzlos gewordenen Körper anderer Personen nutzen möchten. Das sind diejenigen, von denen berichtet wird, dass sie »auf ein Spenderorgan warten«. Das ist gewiss verständlich und keineswegs verwerflich; aber man muss auch da erst einmal drauf kommen. Die weitaus meiste Zeit der menschlichen Zivilisation haben die Menschen entweder auf ein Wunder oder auf das Paradies gewartet; da ist das Warten auf eine gebrauchte Niere ein qualitativer Schritt mit einigen Voraussetzungen.

Zugleich gibt es wenige Personen, die bereit sind, Teile ihres eigenen Körpers prä- oder postmortal hierzu zur Verfügung zu stellen und dadurch Geld (erstaunlicherweise: sehr verwerflich!) oder einen sozialnützlichen Abgang (angeblich: sehr verdienstvoll!) zu erlangen. Recht lange Zeit (ca. 40 000 Jahre) dachte man, es sei wichtig, den Nachfahren Teile seines Geistes, der Seele, des Wissens, des Gefühls oder der Erfahrung zu übergeben. Heutzutage ist die sogenannte »älterwerdende Gesellschaft« sicher, dass es guten Menschen darauf ankommen sollte, Teile ihrer Hirnhäute, ihrer Augen oder ihres urogenitalen Apparats so rechtzeitig dem Markt zur Verfügung zu stellen, dass sich eine Verwertung »lohnt«.

Allein diese Verdrehung des Lebens in einen verwertbaren Tod gibt Anlass zum Alarm. Dazu gehört übrigens auch eine moralisierende und bigotte Verteufelung der »Kommerzialisierung«. Damit will ich nicht die brutal menschenverachtende globale Ausweidungsindustrie exkulpieren, die wie alle Ausbeutung funktioniert. Ich habe aber gewisse Zweifel an den Moral-Mantren der Transplantationsmediziner, Krankenversicherungen und Start-up-Unternehmen für Leber-Allokation und tiefgekühltem Organ-Versand.

Widerspruch und Zustimmung

JS will »Widerspruch«, Stand der Dinge ist »Zustimmung«. Das Geheimnis hinter den Konzepten ist einfach. Man kann es – probeweise – vielleicht einmal auf das Erbrecht übertragen: Wer kein Testament macht und beim Testamentsregister hinterlegt, dessen Nachlass erbt der Staat, wäre dann die »Lösung« für ein bislang unentdecktes »Problem«. Auch im Unternehmensrecht, Familienrecht und allgemeinen Vertragsrecht böte die »Widerspruchslösung« ungeahnte Möglichkeiten.

Die sogenannte »Widerspruchslösung« ist eine – nach meiner Ansicht – tatsächlich und normativ absurde, illiberale und totalitär-paternalistische Konzeption: Wer nicht widerspricht, über dessen höchstpersönliche, unvertretbare Lebensfragen entscheidet eine »Verordnung zur Entnahme und Verwendung brauchbarer Organe« in ihrer jeweils geltenden Fassung – also der Staat.

Das setzt Verschiedenes voraus: Zum Ersten, dass es einen irgendwie begründbaren (moralischen) »Anspruch« von Menschen gibt, dass andere Menschen ihnen Teile ihres Körpers zur Verfügung stellen. Zum Zweiten, dass Menschen verpflichtet sind, sich zu diesem Anspruch gegen sie sofort und unmissverständlich zu äußern. Drittens, dass der Staat das Recht hat, eine nicht vorgenommene

Erklärung nach Maßgabe öffentlicher Interessen zu ersetzen.

Konzeptionell und systematisch ist die JS-Position also grob unehrlich: Sie suggeriert, dass es nur zwei Varianten der »Lösung« gebe: Sich-Abfinden mit einer (zu) geringen Zustimmungsrate oder abstrakte Vorentscheidung des Staats. Das ist genauso falsch wie die Behauptung, es stünden dem Einzelnen nur entweder die Zustimmung oder die Ablehnung der Zustimmung als Varianten zur Verfügung. Tatsächlich gibt es aber die dritte Variante: sich noch nicht entschieden zu haben. Das kann unterschiedliche Gründe haben: Angst vor dem Thema, fehlende Information, religiöse oder weltanschauliche, philosophische oder soziologische Gründe. Es handelt sich um eine höchstpersönliche Entscheidung. Der Mensch wird, nach bisheriger Auffassung, mit dem Eintritt des sogenannten »Hirntods« noch nicht zu einer Sache, die dem Warenverkehr, dem Eigentumsrecht und gegebenenfalls dem Sachbeschädigungsschutz unterliegt.

Die Unvertretbarkeit der Personenwürde und der personalen Selbstbestimmung wird durch die »Widerspruchslösung« ignoriert, marginalisiert und entwertet. Den Bürgern wird zugemutet, gegen eine obrigkeitliche Vorabverfügung über den innersten Kern seines Selbst, die als »Ich« empfundene Einheit von Körper und Bewusstsein, aktiv vorzugehen, wenn sie eine Inbesitznahme ihres sterbenden Körpers durch eine staatliche Verwertungsindustrie verhindern wollen. Das verdreht das Verhältnis von personaler Selbstbestimmung und staatlichem Eingriffsrecht und erniedrigt das (persönliche) »Problem« auf das Niveau der angeblichen (staatlichen) »Lösung«.

Kaum jemand würde einen Gesetzesvorschlag des Finanzministers zur »Lösung« des Problems der öffentlichen Verschuldung ernst nehmen, wonach die Erbschaftsteuer abgeschafft wird und eine automatische 100-Prozent-Alleinerbenstellung des Fiskus eintritt, falls der Erblasser dem nicht vorab durch notarielles Testament »widersprochen« hat.

Organspende ist eine Frage der Moral, der Ethik und der personalen Selbstbestimmung. Wer sie fördern will, muss und sollte die Menschen veranlassen, sich mit dem »Problem« selbst aktiv zu beschäftigen: also etwa eine (Willens-)Erklärung abzugeben. Das wäre immer noch aufdringlich, böte aber immerhin Chance und Anreiz zur menschenwürdigen, grundrechtsgestützten Selbstbestimmung. Was JS will, ist das gerade Gegenteil: größtmögliche Fremdbestimmung über Körperteile von vorgeblich Fremden, die von Staats wegen als »verfügbar« angesehen werden. Vater Staat als Nieren-, Herz- und Leberverwalter seiner Bürger: Das sind christlich-jüdisches Abendland, Leitkultur und »Aktion Generationengerechtigkeit« in einer ganz »lighten« JS-Variante.

Die Gefahr geht von den Menschen aus

(09.11.2018)

Deutschland, am Abgrund

Die Gefahr ist das bisherige Thema des 21. Jahrhunderts. Das gilt jedenfalls in Deutschland, das sich doch vor gerade einmal 30 Jahren auf den Mauerkronen von Berlin und Helmstedt geschworen hatte, sich nimmermehr und vor nichts zu fürchten außer vor der Zweiten Liga. Helmut, Gorbi und Willy, Walter Momper, Günther Krause und Wolfgang Schnur schworen der Welt ewige Zuversicht.

Auf dem Balkon aber lauerten schon damals die Geister der Herren Waldorf & Statler, getarnt als Schäuble & Bräuel, und flüsterten: »Bald isch over.« Und schon 1992 war in Grünau, Lichtenhagen und anderswo die Volksfreude über den Sieg der naturgegebenen Wirtschaftsordnung einer noch größeren Furcht vor den Gefahren der weiten Welt gewichen. Seither werden diese hierzulande wieder bekämpft, wo immer sie ihr Haupt erheben.

Vielleicht nicht der bedeutendste, aber doch jedenfalls der populärste aller Kämpfe ist derjenige gegen das allgegenwärtige Verbrechen. Kaum ist hier eine Schlacht geschlagen, werden von den Kriegsberichterstattern aus Talkshows, Chefredaktionen, Verbänden und Parteigremien schwere Lücken in der Front entdeckt, woraufhin von eilfertigen Generälen aller Waffengattungen unweigerlich die Bekämpfung im ersten Jahr intensiviert, im zweiten verstärkt und im dritten konsequent durchgeführt wird, bevor im vierten Jahr die ganze Härte des Rechtsstaats in Aussicht gestellt wird. Wenn auch das versagt, hilft nur noch die kurzfristige Entdeckung einer neuen, noch größeren Gefahr.

Inzwischen hat sich gezeigt, dass kriminelle Gefahren für Leben, Leib, Gesundheit, Wohlstand und Zufriedenheit mit dem Maß ihrer Bekämpfung nicht nur locker mithalten, sondern allenthalben zu wachsen pflegen. Erschwerend hinzu kommt die übliche kommunikative Unübersichtlichkeit: Diejenigen, die die Bekämpfung *intensivieren* wollen, werden von anderen, welche sie *ausweiten* wollen, als Gefahr angesehen, und umgekehrt. Sogenannte »Kritiker« betrachten beide Gruppen gleichermaßen als Gefahr und rufen deshalb zum Kampf gegen die überhandnehmende Gefahrbekämpfung auf, was wiederum ihre Gegner dazu veranlasst, der Gefahr der Verharmlosung den Kampf anzusagen. Zu all dem äußern sich Menschen, die allwöchentlich neueste Sachbücher über die Gefahrenlage in die Bestsellerlisten werfen, in metatheoretischen Talkrunden über die Gefahr einer »Spaltung der Gesellschaft«, die regelmäßig »tief« und stets »zunehmend« zu sein hat.

Man könnte also auf die Idee kommen, dass das deutsche Gefahrerkennungs- und -bekämpfungswesen, unbeeindruckt von allen Bemühungen der Experten, eine ordentliche Suchtcharakteristik zeigt, die neben individualpsychologischen Komponenten vertrackt-objektive Bedingungen aufweist, von denen die reale Bedrohung nicht zwingend die wichtigste ist.

Gefahr, beispielhaft

An täglichen Beispielen für die Produktion des notwendigen Nachschubs an Gefahr, Bedrohung, Angst und Unwägbarkeit mangelt es nicht. Vorbildliches leistet hier seit jeher die Zeitung *Bild* in jenem fiebrigen Zustand der Dauererregung, der uns aus Filmen von David Lynch vertraut und inhaltlich zwischen Horrortrips der Gemütlichkeit und exzessiver Gewaltgeilheit angesiedelt ist.

Auch in der vergangenen Woche hielt *Bild* eine Botschaft bereit: »Gefährlicher Häftling bei Eltern-Hausbesuch abgehauen«, lautete die Schlagzeile am 21. März. Die Geschichte handelte von einem in der Sicherungsverwahrung in der JVA Werl untergebrachten Gefangenen – von Geblüt ein »Deutsch-Serbe« –, der bei einer Ausführung am 20. März geflohen war. Er war – nach mehreren Vorverurteilungen – zunächst wegen gefährlicher Körperverletzung zu einer Freiheitsstrafe von knapp vier Jahren verurteilt worden; zugleich wurde im Urteil die Anordnung der Sicherungsverwahrung vorbehalten. Am Ende der Strafhaft wurde im Jahr 2017 die Sicherungsverwahrung angeordnet, weil nach Ansicht des Landgerichts die Gefahr bestand, dass der Gefangene zukünftig schwere Straftaten begehen werde (siehe § 66a Abs. 3 StGB, § 275a StPO).

Im Beschluss des Gerichts wurde (unter anderem) eine fortbestehende Bereitschaft des Betroffenen zu Gewalt – die gegebenenfalls bis zur Tötung gehen könne – berücksichtigt.

Diese Information könnte, so sollte man meinen, zur Erregung angemessener öffentlicher Furcht ausreichen, und auch für die absolut zwingenden, binnen drei Tagen zu beantwortenden Fragen sind mit ihr alle Grundlagen gegeben:

- Wer ist schuld?
- Hätte man es verhindern können?
- Welches Gesetz muss verschärft werden?

Aber so einfach lässt *Bild* den Deutsch-Serben nicht in den Suspense entkommen. Am 24. März wird nachgelegt: »Will dieser Mann seine Todesliste abarbeiten?« Die Polizei hatte es nämlich – warum auch immer – für sinnvoll gehalten, der Presse mitzuteilen, dass Maßnahmen zum Schutz von »rund zehn Personen« getroffen worden seien, denen möglicherweise Racheaktionen des Geflohenen drohen könnten. *Bild:* »Hintergrund dieser Maßnahme: Im Knast soll V. einer Therapeutin mehrere Namen von Personen genannt haben, mit denen er noch abrechnen müsse… Daher stehen rund zehn Personen unter Polizeischutz. Darunter sollen die Ex-Freundin des Flüchtigen, ein Rocker, einige Bekannte und auch ein Richter sein.« Gern wüsste man, was es mit dem zweifachen »Sollen« in dieser Meldung auf sich hat: Hat er nun, oder hat er nicht der »Therapeutin im Knast« Namen genannt? Die Aufklärung dieser Frage scheint mir nicht allzu schwierig.

- Wenn ja: Was bezweckte man mit der Mitteilung an die Öffentlichkeit (außer vielleicht einem Hinweis an den Flüchtigen)?
- Wenn nein: Was soll dann die Panik?

Am 25. März legte *Bild* nochmal nach: »Arbeitet der 31-Jährige eine Todesliste ab?«. Dieser Schlagzeile folgen irritierende Einzelheiten: »Man habe keinerlei Erkenntnisse über eine Todesliste, betonte Jörg-Uwe Schäfer von der JVA-Leitung. Therapeuten und Bedienstete seien befragt, die Zelle des Flüchtigen und weitere Räume auf den Kopf gestellt, Personalakten und Dokumentationen durchforstet worden. Hinweise auf eine Adressliste, Flucht- oder Tötungsabsichten gebe es nicht.« Aber *Bild* weiß es besser: »Die Polizei nimmt diese Todesliste sehr ernst. Der Deutsch-Serbe habe sich seit seiner Jugend in kriminellen Kreisen bewegt; er kenne Wege, wie er an Waffen komme ... Es gebe Schutzmaßnahmen für bestimmte Personen ..., die als möglicherweise gefährdet einzustufen seien. Genauere Angaben wollte der Sprecher dazu nicht machen.«

Die Überschrift: »Polizei und Justiz fürchten, dass er Menschen töten könnte« (25. 3.), war also, wörtlich genommen, nicht wirklich falsch. Sie war allerdings auch nicht richtig: Denn die Befürchtung »der Justiz« stammte nicht, wie suggeriert wurde, aus dem Fluchtzusammenhang, sondern aus dem Jahr 2017, und die Befürchtung der Polizei betraf eine »möglicherweise« bestehende Gefahr, die auf allgemeine Erwägungen (»kriminelle Kreise«, Waffen) gestützt war. Ob es die »Todesliste«, für die es »keine Anhaltspunkte« gibt, die aber »sehr ernst genommen« wird, überhaupt gibt, bleibt im Ungewissen. Dies ist ein Zustand, der für eine *Bild*-gemäße Gefahrbekämpfung geradezu als ideal bezeichnet werden kann: Je mehr Unklarheit, desto schöner ist die Angst.

Bild stellt, auf der Grundlage dieser Informationen, am 24. März die Frage: »Arbeitet er seine Todesliste ab?«. Die Frage enthält gleich zwei Booster: Das Possessivpronomen »seine« hebt die Todesliste des V. aus allen anderen Todeslisten als ganz spezielle, eigene hervor; aus einer vagen

Idee wird sie vor dem Auge des Lesers zu einem mit Blut besprisstem Zettel. Mit der Frage, was der »Deutsch-Serbe« mit seiner Liste mache, erübrigt sich also die Frage, ob es sie überhaupt gibt. Auch das »Abarbeiten« ist ein mit Bedacht gesetztes Wort. Jemand, der sich (»nur«) rächen will, ist von Erregung und Emotion getrieben. Man geht zur Rache nicht wie zur »Arbeit«. Und selbst der ordnungsliebendste Bürger kann, wenn er genügend Filme mit Charles Bronson oder Bruce Willis gesehen hat, mit Rächern Verständnis haben. Einer Todesliste zum »Abarbeiten« hingegen bedienen sich Personen, die dem Medienkonsumenten aus »Serienkiller«-Filmen bekannt sind: Monster gefühllos-bürokratischen Abschlachtens zwischen SS und »Schweigen der Lämmer«. Bevor mit Leon, dem Profi, Sympathie aufkommt, muss er schon ein verlassenes Kind beschützen.

Bild inszeniert die Flucht des »Deutsch-Serben« also etwas anders als einst Eastwood die »Perfect World«. Denn *Bild*-Leser neigen erfahrungsgemäß zu unerwünschten emotionalen Solidarisierungen mit flüchtigen Schwerverbrechern, jedenfalls wenn sie aussehen wie Kevin Costner und nicht einen Bart haben wie V. aus Werl. Schon hieraus ergibt sich für Europas auflagenstärkste Zeitung zwanglos der Aufruf: »*Den flüchtigen Knacki mit der Todesliste endlich finden!*«

Bekämpfung, beispielhaft

Deutschland lässt sich in Wille, Entschlossenheit und Maß der Bekämpfung von Gefahren jeder Art, insbesondere aber des Verbrechens, von nichts und niemand übertreffen. Deshalb war die Schlagzeile »Scholz verschärft Kampf gegen Mindestlohnverstöße«, welche die *FAZ* am 26. März über Deutschland warf, keine peinliche Fehlleistung erregter Verschärfungs-Redakteure, sondern die Wahrheit und nichts als sie. Am 25. März nämlich hatte »Scholz« eine Pressemitteilung gemacht. *Scholz* ist natürlich die übliche Umschreibung einer obersten Bundesbehörde, nämlich des Bundesministeriums der Finanzen (BMF) samt der ihm zugeordneten Generalzolldirektion. Wenn *Scholz* im Wirtschaftsteil der *FAZ* einen »Kampf verschärft«, ist das also etwa so realistisch wie wenn der Bärenmarkenbär die EU-Milchquote erhöht.

Der vieltausendfach absichtliche Mindestlohnverstoß ist, da sind sich *Scholz* und Deutschland sicher, keineswegs dasselbe wie eine mögliche Todesliste aus Werl. Obwohl man ja auch dies wieder anders sehen könnte:

- Was etwa, liebe Leser, ist nach Ihrer Kenntnis der Unterschied zwischen Lohnsklaverei (§§ 232, 232b, 233 StGB) und potenzieller Lebensbedrohung?
- Wie viele Task Forces, Statistiken, Bekämpfungserfolge gegen »Ausbeutung der Arbeitskraft« (§ 233 StGB) oder »Schuldknechtschaft« (§ 232 StGB) kennen Sie?
- Wann zuletzt haben Sie von einem Schlag der Kriminalämter oder Forderungen sogenannter Polizei-Gewerkschaften gegen die »Internationalen Netzwerke« organisierter Ausbeutungskriminalität gehört?
- Oder ganz schlicht: Haben Sie überhaupt jemals von den genannten Strafvorschriften gehört?

Hat das Bundeskriminalamt »sich eingeschaltet«, um die Verbindungen krimineller Gangs von Tagelöhnervermarktern mit ausländischen Banden von Sklavenhaltern aufzudecken? Ich frage das aus Anlass der jüngsten Pressemeldungen, wonach das BKA ab sofort die »Vernetzung« von »kriminellen türkisch-arabischen Clans« mit dem Ausland untersuchen will.

Wie auch immer: Auch vielfach wiederholter und drohender »Mindestlohnverstoß« führt, wie sich aus § 21 des sog. Mindestlohngesetzes ergibt, nicht zu Sicherungsverwahrung. Entgegen Presseberichten aus Anlass des am 25. März veröffentlichten Jahresberichts 2018 des BMF (Generalzolldirektion) führt er auch nicht zu »hohen Strafen«, sondern – wenn er denn einmal herauskommt – zu Geldbußen. Diese Unterscheidung mag dem Leser nebensächlich klingen, ist es aber nicht. Wenn Sie mir nicht glauben, könnten Sie einstweilen jeden Freitag für die Zusammenlegung von »Verkehrszentralregister« und »Bundeszentralregister« streiken oder Ihre öffentliche Registrierung als »vorbestrafter Krimineller« wegen Ihrer letzten drei Geschwindigkeitsüberschreitungen fordern.

Am Jahresbericht 2018 des kämpfenden *Scholz* fasziniert, dass der von der Bundesregierung verantwortete Bericht zur Straf-Verfolgung völlig unkritisch eine rein polizeiliche »Bekämpfungs«-Terminologie übernimmt. So sind die Statistiken zur Straftaten-Ermittlung unter der Überschrift »Schutz von Sicherheit und Ordnung« gelistet und durchweg als »Bekämpfung« bezeichnet. Auffällig ist auch die mindestens missverständliche Aufnahme inhaltsloser Botschaften, die auf quantitative Aussagen am Rande des Nonsens gestützt sind: So viele Kilogramm von irgendwas wurden beschlagnahmt, und so viele Pillen mit Amphetaminderivaten – als ob der Erfolg der Borkenkäfer-Bekämpfung an der Zahl der umgehauenen Bäume gemessen werden könnte. Selbstverständlich müssen auch solche Statistiken erhoben werden und sind für die Aufgabenerfüllung von Behörden (oder Unternehmen) nützlich. Sie haben aber für die Bürger ohne Erklärungen keinen inhaltlichen Sinn: Es ist, als veröffentliche man als »Pisa-Studie« jährlich die Anzahl der Schulverweise und der neu angeschafften Tische. Solche Zahlen nach (partei-)politisch-propagandistischen Bedürfnissen als »Erfolgs«-Meldungen unters Volk zu streuen, ist grober Unfug.

Kleines Beispiel: In Deutschland gibt es ungefähr 120 000 Heroinsüchtige (Quelle: Drogenbeauftragter der Bundesregierung). Wenn jeder pro Tag ein Gramm verbraucht, sind das im Jahr 43 800 kg, die ausnahmslos aus dem Ausland nach Deutschland gebracht werden müssen. Der Zoll hat im Jahr 2018 sichergestellt: 163 kg. Hieraus eine »Erfolgs«-Meldung zu quetschen, muss schon als höhere Propagandakunst bezeichnet werden.

Ärgerlich ist auch die Mitteilung, es seien von 111 000 eingeleiteten Strafverfahren »108 000 erfolgreich abgeschlossen« worden. Auch hier werden Kampf-Erfolge suggeriert, die weder nachvollziehbar sind noch überhaupt als solche inhaltliches Gewicht hätten. Wenn man im Bericht der Generalzolldirektion nachliest, ergibt sich, dass es als »Erfolg« gezählt wird, wenn ein Verfahren *erledigt* wurde – was dabei herausgekommen ist, ist gleichgültig. Das könnte als statistische Aussage über den Papierbedarf sinnvoll sein, gewiss aber nicht als Grundlage kriminalpolitischen Selbstlobs.

Der Tiefpunkt ist folgende Mitteilung: »Im Jahr 2018 (wurden) über 108 000 Strafverfahren erfolgreich abgeschlossen. Die Gerichte verhängten dabei empfindliche Strafen. Allein in 2018 wurden aufgrund von Ermittlungen der Finanzkontrolle insgesamt Freiheitsstrafen von über 1700 Jahren verhängt.« Das ist schon deshalb Unsinn, weil die gerichtlichen Entscheidungen von 2018 mit den Ermittlungsverfahren desselben Jahres gar nicht identisch sein können. Vor allem aber überschreitet es die Grenze zur Albernheit, die (angeblich) »verhängten Jahre« zu addieren und die *Summe von Jahren* als Beleg für erfolgreiche Arbeit an 111 000 Ermittlungsverfahren zu verkünden. Die kindliche Freude einer derart sinnfreien Meldung von *Scholz* verschlägt einem die Sprache. Stellen Sie sich als Entsprechung die Meldung vor: »Spahn verschärft Kampf gegen Karies. Die 2018 gezogenen Backenzähne ergeben aneinandergelegt die Strecke von Königswinter nach Bonn«.

Gefährlichkeit

Das Vorstehende ist nur beispielhaft erwähnt und betrifft unterschiedliche Sphären der öffentlichen Wahrnehmung. Dennoch hängt es zusammen. Beide Beispiele zeigen, dass es sich lohnt und wichtig ist, über die Gefahren, die in einer Gesellschaft bestehen, differenzierter nachzudenken, als es die auf suchtartige Übererregung programmierte Kommunikation zulassen will. Das gilt gleichermaßen für die Versprechen, Strategien und Bewertungen ihrer sogenannten Bekämpfung, also der Schadensverhinderung.

Dramatisierung und Personalisierung von Gefahren gelten heute als Voraussetzung ihrer Wahrnehmung; Beruhigung gilt als Verrat an der Sicherheit, Vortäuschung von »Bekämpfungs«-Eifer vielfach als Schlüssel zum persönlichen Karriereerfolg. Für fachlich Kundige, institutionell und politisch Verantwortliche ist es hochrisikoreich, Gefahren als nicht abwendbar, Schäden als unvermeidlich, vollständige Sicherheit als nicht erreichbar zu bezeichnen, also schlicht die Wahrheit zu sagen.

Denn die auf Höchstdrehzahl laufende massenkommunikative Gefahrmaschine diffamiert jegliche Beruhigung und Differenzierung als unverantwortliches »Verharmlosen« und unverzeihliches Versagen, als sei es ein Grundrecht des Bürgers, in Angst und Schrecken versetzt zu sein. In Bundes- und Landesparlamenten sitzt eine Partei, deren Programm letztlich allein auf die absurde Behauptung gestützt ist, Deutschland versinke in krimineller Unsicherheit, und die Eliten der Gesellschaft und des Staats verfolgten den Plan, die Bürger über das wahre Ausmaß dieser Gefahr zu täuschen. Das ist in hohem Maß irrational und erinnert gelegentlich an historische Massenpsychosen. In seiner Struktur ist es verständlich. Und verglichen mit den im 16. und 17. Jahrhundert hierzulande imaginierten Apokalypsen bewegen wir uns noch im grünen Bereich. Wir kommen darauf gelegentlich gern zurück.

Kinder als Opfer, Kinder als Täter

(18.07.2019)

In der vergangenen Woche erregten zwei Themen aus dem Bereich des Strafrechts Aufmerksamkeit: die Verurteilung des Angeklagten im »Fall Susanna« durch das Landgericht Wiesbaden sowie die Meldungen über zwei mutmaßliche Sexualstraftaten in Mülheim an der Ruhr. Beide Themen haben erregte kriminalpolitische Diskussionen veranlasst. Trotz des ganz unterschiedlichen Verfahrensstandes erscheinen an dieser Stelle zu beiden Themen ein paar Bemerkungen angebracht.

Empathie

Am 10. Juli wurde ich Ohrenzeuge eines Radioberichts über die Urteilsverkündung im »Fall Susanna«. Höhepunkt der Darbietung war ein Einspieler mit dem Originalton der Mutter des getöteten Mädchens. Weinend stammelte diese, sie sei zwar zufrieden, dass der Täter nun anderen Mädchen nichts mehr antun könne, andererseits mache das ihre Tochter nicht wieder lebendig. Was dem Zuhörer damit gesagt werden sollte, bleibt im Unklaren. Aufzeichnung und Ausstrahlung dieses O-Tons gelten vermutlich als gelungener Reportereinsatz, und das bloße Anhören ebenso wie das Betrachten von Fotos der weinenden Diana F. erscheinen Voyeuren gewiss als erneuter

Beleg für ihren Willen zur mitfühlenden Teilnahme. Ich frage mich allerdings, wie verkommen und verroht man sein muss, um diese Bewertungen zu teilen.

Über die Tat und ihre Vorgeschichte sowie über den Prozess ist das, was Außenstehenden das Gefühl des Dabeiseins vermitteln sollte, vielfach berichtet worden, einschließlich aller verfügbaren Einzelheiten aus dem Leben des Tatopfers. Auch soziale Position, Kompetenz und Biografie der Mutter wurden umfassend öffentlich vermessen.

Nun hat das Landgericht – Schwurgerichtskammer – ein Urteil gesprochen. Der 22-jährige Angeklagte wurde wegen Vergewaltigung in Tatmehrheit mit Mord (Tötung in der Absicht, die vorausgegangene Straftat zu verdecken) sowie wegen weiterer Straftaten zu einer lebenslangen (Gesamt-)Freiheitsstrafe verurteilt. Das Gericht stellte außerdem fest, »dass die Schuld besonders schwer wiegt«. Überdies wurde entschieden, dass die nachträgliche Anordnung von Sicherungsverwahrung vorbehalten bleibt. In einer zivilrechtlichen »Anhangsentscheidung« wurde dem Angeklagten auferlegt, ein Schmerzensgeld in Höhe von 50000 Euro an die beiden Nebenklägerinnen zu zahlen (ob er das jemals kann, ist eine andere Frage).

In der Presse, die wahrlich Zeit genug hatte, sich minimale Sachkunde zum Verfahren anzueignen, konnte man zu diesem prozessualen Sachverhalt wieder allerlei dummes Zeug lesen: So etwa, der Vorbehalt der Sicherungsverwahrung (SV) sei angeordnet worden, »weil« die Schuld besonders schwer wiege (Hessenschau.de, 10. Juli), ein Verteidiger habe »angekündigt, Berufung einzulegen« (*FAZ*, 11. Juli), und so weiter. Mit der Schuldschwere hat die SV aber schon im Ansatz nichts zu tun; und »Berufung« gegen ein Urteil einer großen Strafkammer ist gar nicht statthaft. Egal – Hauptsache, der Sound stimmt. Gut zu wissen, dass die Mutter des Tatopfers der Urteilsverkündung »in schwarzer Kleidung« beiwohnte, »weinte und gelegentlich nach Luft ringen musste« (*SZ*, 11. Juli). Wichtiger ist aber, was zum Inhalt der Urteilsbegründung berichtet wurde. Es spiegelt sich in den Überschriften der Presseberichte: »Ein Mann ohne jedes Mitgefühl« oder »Keine Spur von Mitgefühl«. Darauf muss man kurz eingehen.

Die vorsätzliche Tötung eines Menschen durch unmittelbare körperliche Gewalteinwirkung ist ein seiner Natur nach brutaler, gewalttätiger, erschreckender, tabuverletzender Akt. Die meisten Menschen hierzulande sind einem solchen Geschehen noch nie näher gekommen als durch Medienberichte oder Filme, also praktisch gar nicht. Kaum jemand hat jemals eine Gerichtsverhandlung wegen eines Tötungsverbrechens miterlebt, eine Leiche mit schweren Verletzungen gesehen oder einer Obduktion beigewohnt. Für die große Mehrzahl spielt sich das alles nur in der Fantasie ab, die von Medien gestaltet und gesteuert wird. Viele Beschreibungen, die in öffentlichen Medien zu solchen Verfahren verbreitet werden, sind auf Emotionalisierung ausgerichtet, bedienen ein Bedürfnis nach Miterleben, heizen es zugleich an und steuern die Bewertung. Eine häufige Methode ist es, Zwangsläufigkeiten oder Selbstverständlichkeiten eines Geschehens als herausragende Besonderheiten darzustellen. Man muss ein paar Schritte zurücktreten und versuchen, den Überblick zu behalten.

In § 46 Abs. 3 StGB ist geregelt, dass ein Umstand, der zum gesetzlichen Tatbestand einer Straftat gehört, nicht zusätzlich als besonders schuldsteigernd und straferhöhend gewertet werden darf: »Verbot der Doppelverwertung« nennt man das. Man darf also nicht einen Dieb deshalb *höher* bestrafen, weil er »das Eigentum missachtet« hat – denn das ist ja Voraussetzung *jedes* Diebstahls. Die Strafe wegen Tötung eines Menschen darf nicht verschärft werden, weil der Täter »ein Menschenleben vernichtet hat«, die Strafe wegen Straßenverkehrsgefährdung nicht deshalb, weil der Täter »rücksichtslos« war; und wegen Vergewaltigung wird man nicht *härter* bestraft, weil man »seine Interessen über die des Opfers gestellt« hat; und so weiter. All das ist – für den jeweiligen Straftatbestand – nämlich »normal«.

Bis heute kommt kaum ein Bericht über den Mord an dem Mädchen Susanna ohne den Hinweis aus, der Hals des Opfers sei beim Erdrosseln stark komprimiert und die Leiche sei »verscharrt« worden. Beides ist aber keineswegs per se schulderhöhend. Man kann einen Menschen nämlich nicht erdrosseln, *ohne* die Atmung mit großer Kraft zu verhindern. Und ein Raub oder ein Totschlag werden nicht automatisch deshalb schlimmer, weil der Täter das Tatwerkzeug wegwirft oder die Leiche versteckt, um nicht überführt zu werden.

Ähnliches gilt auch für die emotionale Verarbeitung durch einen Täter. Schuldgefühl, Reue, Entschuldigung, Verzweiflung über die eigene Tat machen eine Tat nicht zwangsläufig »besser« oder mindern stets die Schuld; umgekehrt ist ihr Fehlen – oder auch nur: ihr Nichtzeigen – nicht automatisch »schulderhöhend«. »Er nahm das Urteil ohne erkennbare Gefühlsregung entgegen« – dieser gern benutzte Vernichtungssatz der Stil-Richter unter den Gerichtsreportern signalisiert eine schlechte B-Note und führt den jeweiligen Angeklagten als gewissenlosen Menschen vor, der die Frechheit besitzt, sich vor der *Bild*-Gemeinde nicht auf die Knie zu werfen. Der Leser ist dann angemessen empört und freut sich auf die nächste Folge der Dokureihe »Die härtesten Gefängnisse der Welt« (Werbung: »gewährt spannende Einblicke in den harten Alltag des Wachpersonals«). Jeder Leser mag sich an dieser Stelle einmal probeweise vorstellen, wie er selbst sich im Moment einer Urteilsverkündung gern präsentieren würde.

Ali B., der Angeklagte von Wiesbaden, in einer stillschweigend zu den Akten gelegten »Sonderaktion« *(SZ)* aus dem wilden Kurdistan herbeigeschafft, hat, wie wir lasen, nach Ansicht einer Gutachterin und des Landgerichts eine schwere Persönlichkeitsstörung, die ihn »unfähig« macht, Mitgefühl, Empathie, eigene Verantwortung zu empfinden. Nun ist in zivilisierten Rechtsordnungen die ärztlich festgestellte »Unfähigkeit«, etwas zu leisten, in der Regel kein Anlass, das Ausbleiben der erwünschten Leistung als besonders verächtlich und verwerflich anzusehen: Wer unfähig ist zu sehen, wird nicht wegen Blindheit bestraft; wer unfähig ist zur Intelligenz, gilt nicht als Schwerverbrecher, sondern als Kranker.

Beim »Mangel an Mitgefühl«, bei der »dissozialen Persönlichkeitsstörung«, beim »geborenen Verbrecher« ist das irgendwie anders: Die »Unfähigkeit zum Mitgefühl« gilt zwar als therapiebedürftige psychische Störung, die zu einer krankheitsartigen »Gefährlichkeit« führt, hat aber mit der »Schuld« angeblich nichts zu tun – ja soll sie noch steigern, bis ins Unermessliche, Absolute, Lebenslange. Ali B., so lesen wir, hatte keine schwere Kindheit, sondern wurde »verhätschelt« (Ganz schlimm! Könnte anständigen deutschen Gerichtsreportern nie passieren!). Also ist alles, was aus ihm wurde (Frauenverachtung! Gefühlskälte! Anspruchsdenken!) keinesfalls Schicksal, sondern pure »Schuld«, und zwar »besonders schwere«. Diejenigen, die seinen Mangel an Empathie besonders laut beklagen, fordern am lautesten, dass Ali B. ohne Gnade und Mitleid vernichtet werden solle für diese Schuld.

Das ist eines der sehr komplizierten Rätsel der Strafrechtswissenschaft. »Schuld« ist die persönliche Verantwortung für Unrecht. Dann kann aber eine *Einschränkung* der Fähigkeit zu dieser Verantwortung eigentlich nie »unerheblich« für die Schuld sein. Selbst wenn die (ziemlich fiktive!) Grenze der im Gesetz genannten »erheblichen Verminderung« von Verantwortungsfähigkeit (§ 21 StGB) nicht überschritten wird, kann eine Verminderung, die knapp *unter* dieser Grenze bleibt, die Schuld, wenn es logisch zugeht, nicht *steigern*.

So einfach, wie es scheint, ist es also nicht mit der »besonderen Schuldschwere«. Das Merkmal ist ja sowieso nur über einen Umweg in das Gesetz und in die Urteile der Schwurgerichtskammern gekommen. Eigentlich gehört der Begriff zur Prüfung einer Aussetzung der Reststrafe zur Bewährung, vor dem Ende des Strafvollzugs. Diese Prüfung wird von der sogenannten Strafvollstreckungskammer durchgeführt und kann bei lebenslangen Freiheitsstrafen frühestens nach 15 Jahren erfolgen (§ 57a StGB). Aufgrund einer Entscheidung des Bundesverfassungsgerichts muss seit 1992 aber schon das Erstgericht ausdrücklich entscheiden, ob die Schuld »besonders schwer« ist und (deshalb) einer Reststrafenaussetzung entgegensteht. An diese Feststellung ist die Strafvollstreckungskammer dann noch 15 oder 20 Jahre später gebunden. Ob diese Konstruktion überzeugend ist, ist streitig, kann aber hier dahinstehen. In der Praxis werden lebenslange Freiheitsstrafen, wenn überhaupt, *ohne* »Schuldschwere«-Feststellung nach durchschnittlich 18 Jahren, *mit* Feststellung nach durchschnittlich 24 Jahren auf Bewährung ausgesetzt.

Wenn so viel Zeit vergangen ist (Ali B. wird dann knapp 50 sein), ist regelmäßig von »Aufarbeitung«, »Therapie«, »Auseinandersetzung mit der Tat« nichts mehr übrig. Meist nach spätestens zehn Jahren JVA sind die »lebenslang« Gefangenen stumpf, formal angepasst, defensiv, reduziert. Die meisten haben dann keinen Kontakt mehr nach »draußen«. Viele werden in der Haft schwer krank oder dement, nicht wenige sterben dort; andere stellen gar keinen Aussetzungsantrag mehr. Die Rückfallquote bei »Lebenslänglichen« ist sehr gering.

Eine Aussetzung der Reststrafe ist nur zulässig, wenn der Verurteilte nicht »gefährlich« ist, also nicht die Gefahr besteht, dass er in Freiheit weitere erhebliche Straftaten begehen wird. Deshalb ist die Anordnung der »Sicherungsverwahrung« (nach § 66 oder als »Vorbehalt«, § 66a StGB) *zusätzlich* zur lebenslangen Freiheitsstrafe insoweit zweifelhaft, als SV und Aussetzung zur Bewährung sich gegenseitig ausschließen: Zur Anordnung der SV (die Gefährlichkeit voraussetzt) kommt es gar nicht, wenn Gefährlichkeit gegeben ist; umgekehrt kann bei fortbestehender Gefährlichkeit keine Reststrafenaussetzung erfolgen. Faktisch hat das Ganze also einen hohen »Symbol«-Charakter. Der Gesellschaft, die sich angeblich über die Maßen für Schuld, Verantwortung, Gefahr und Traumatisierung interessiert, ist das alles weitgehend gleichgültig. Trotzdem muss man daran erinnern, dass SV nicht eine »Zusatzstrafe« ist, sondern ein »Sonderopfer«. Sie hat mit »Schuld« nichts zu tun – wie eine Geisteskrankheit, die in zivilisierten Gesellschaften bekanntlich zur Unterbringung in einem Krankenhaus und nicht zu harter »Strafe« führt.

Auch für die Wirklichkeit und die Probleme des Strafvollzugs interessiert sich fast niemand. Darüber nachzudenken, gilt als »täterfreundlich« oder »unempathisch«. In Wirklichkeit ist es den meisten einfach nur zu anstrengend, sich näher mit den schwierigen Einzelheiten zu befassen. Aus den Augen, aus dem Sinn: Der nächste Aufregerfall wartet schon.

Kinder

Die Lage in den beiden Mülheimer Fällen ist anders. Hier fehlt es (noch) an Detailinformationen über mögliche Tathergänge, Beschuldigte und Tatopfer. Zu einem 14-jährigen Beschuldigten der ersten Tat ist bekannt geworden, gegen ihn sei Untersuchungshaft angeordnet worden, weil er in der Vergangenheit – als Kind – zweimal »wegen sexueller Belästigung aufgefallen« sei. Dies, in Verbindung mit dem Umstand, dass alle fünf Verdächtigen dieser Tat – 12 und 14 Jahre alt – bulgarische Staatsangehörige (also EU-Bürger) sind, hat gereicht, um zwei Erregungszüge abfahren zu lassen: Straftaten durch Kinder und (junge) Jugendliche zum einen, Kriminalität von jungen Ausländern zum anderen. Die Kopplung beider Züge ist da quasi ein Selbstläufer.

Das Geschehen selbst hatte bis zum 11. Juli schon jede »Mutmaßlichkeit« abgelegt und firmierte unter der Bezeichnung »grausame Gruppenvergewaltigung«. Elmar Brok aus Bielefeld, Fachmann für Außenpolitik, wusste auch gleich, wer schuld ist, und konnte *Bild* daher »eine erste kriminologische Analyse« liefern (»CDU-Mann Brok liest Kommunen die Leviten«): Erforderlich sei »eine härtere Gangart gegen kriminelle Familien und Clans«; auch dürften Sozialhilfebetrüger unter Sinti und Roma nicht so nachsichtig behandelt werden. Einen weiteren sachkundigen Gewährsmann hat *Bild* in MdB Jan-Marco Luczak aus Berlin gefunden und unter dem Titel »Steckt Brutalo-Kids in geschlossene Heime!« vermarktet (10. Juli). Dr. Luczak, Rechtsanwalt in einer Wirtschaftsgroßkanzlei, rief den Verharmlosern von Mülheim mit erhobenem Berliner Zeigefinger zu: »Ein erhobener Zeigefinger und eine Woche Schulentzug reichen als Antwort nicht aus.« Da wäre man nicht drauf gekommen. Zum geschlossenen sogenannten »Heim«, das für »Intensivtäter« zwischen 9 und 13 Jahren gefordert wird, darf auf vielfältige Erfahrungen mit Einrichtungen für »schwer Erziehbare« verwiesen werden. Sie waren zu jeder Zeit Brutstätten auch für Entfremdung, Traumatisierung, Missbrauch und Kriminalität.

Wo so viel kriminologische Sachkunde und Empathie walten, kann Kommissar Wendt nicht weit sein, der »Chef« der »Deutschen Polizeigewerkschaft«. *Bild* fragte blöd: »Ist man mit 12 Jahren alt genug, um zu vergewaltigen, aber zu jung, um dafür bestraft zu werden?« (10. Juli), und bekam von Herrn Wendt die erwünschte Antwort. Fehlt noch ein bisschen Psycho-Wissenschaft: »Sind diese Kinder überhaupt therapierbar?« Kinderpsychiater Dr. Lüdtke gab Auskunft: »Kinder und Jugendliche mit einer starken antisozialen Störung halte ich für schwer bis nicht therapierbar. Resozialisierung funktioniert nur bei Menschen, die vorher sozialisiert waren. Und das ist bei manchen Kindern nicht der Fall.« So hält, gerade für Mediziner, die lateinische Sprache auch heute noch so manches feine Argument bereit. Auf welche Weise Dr. Lüdtke zu Sachkunde hinsichtlich der Kinder von Mülheim gekommen sein könnte, erfährt man allerdings nicht. Inzwischen wird darüber berichtet, er sei übel beschimpft worden, weil er nicht *genügend* Empathie mit dem Tatopfer gezeigt habe.

Geradezu gespenstisch mutet an, dass tagelang in den Medien erörtert wurde, ob, warum oder warum nicht man »die Familien der mutmaßlichen Täter« ausweisen (»zurückführen«) könne; am Ende ergab sich, dass dies leider am EU-Recht und am Freizügigkeitsgesetz scheitern würde. Wohlgemerkt: Die Rede ist von den *Familien* von Kindern oder sehr jungen Jugendlichen, die *verdächtig* sind, eine erhebliche Straftat begangen zu haben. Weder weiß die Öffentlichkeit, was genau geschehen ist, noch welcher Beteiligte was getan hat, noch welche Folgen die Tat hat. Dass vorab öffentlich geprüft wird, ob man nicht auf die Schnelle Mütter, Väter, Geschwister oder Großeltern von *mutmaßlichen* Tätern im Kindesalter in die Roma-Slums nach Bulgarien »zurückführen« kann, ist bemerkenswert.

Ach ja, überhaupt unsere Kinder! Seit ungefähr 25 Jahren sind sie, vor allem in den USA und Deutschland, so bedroht wie noch nie zuvor in der Menschheitsgeschichte. Sie sind einer praktisch allgegenwärtigen Gefahr ausgesetzt, verletzt, behelligt, verstört, missbraucht, traumatisiert zu werden. Sie müssen nicht nur rund um die Uhr vor katholischen Priestern und den Lebensgefährten ihrer multigetrennten Mütter beschützt werden, sondern auch vor der Lektüre von »Hänsel und Gretel«, dem König von Taka-Tuka-Land oder homophoben Geschichten über Sindbad. Sie sind Opfer grausamen Mobbings in allen Klassen- und Vorschulstufen, unschuldiges Mastvieh von Palmölkonzernen, überfordert von der Play-Station, schlaflos wegen des Schicksals der kleinen schwarzen Meerjungfrau, überbehütet oder verwahrlost, emotional unterversorgt oder unverstanden, zur Leistung verdammt und jedes Jahr immer dümmer. Ihre Rente ist unsicher, ihr Erbe wird verprasst, ihre Zukunft vernichtet von den moralisch fehlerfreiesten Eltern, die dieser Planet jemals gesehen hat.

Aber unter der Oberfläche lauert das Grauen. Die körperoptimierten SUV-Mütter aus den Villen und die fehlernährten Weiber aus den »Brennpunkten«, die Models und die Messies, die abwesenden Väter und die anwesenden Erzeuger legen uns eine Brut von Monstern in die Nester: verantwortungslose, empathiegestörte, egozentrische Wesen, immer mit einem Bein in der Täterschaft statt in der vorschriftsmäßigen Opferbetreuung.

Die Grenzen sind fließend. Wie üblich werden die Schlimmen, die Schrecklichen, die Verworfenen und Gefährlichen umso häufiger und bedrohlicher, je weiter entfernt und je fremder sie sind. »Bulgarische Roma« aus »verwahrlosten Wohnungen« von Sozialhilfe erschleichenden Großfamilien sind definitiv das Schlimmste, was Kinder sein können. Die Deutschen spenden gern ein paar Altkleider für die Müll sammelnden Kinder aus Pakistan und geben fast unbeschränkt viele Likes dafür ab, dass die Kinderarbeit in Mexiko endlich gestoppt werden möge. Sie sind auch sehr traurig darüber, dass Donald Trump nicht genügend analphabetische Großfamilien und verwahrloste Kinder in die USA hineinlassen will. Es ist also alles gut. Nur die bulgarischen Roma-Clans mit ihren Horden von nicht sozialisierbaren Bälgern müssen weg.

»Kinder statt Inder!«, rief einst der König von Mülheim an der Ruhr. Da hatte er die Rechnung ohne die indischen Kinder gemacht. *Bild* hat ein paar Fotoreporter nach Mülheim geschickt, um die Monster vor Schulen, Ämtern und Gerichten abzulichten und uns unter Beachtung ihres Persönlichkeitsschutzes zu zeigen.

Fast niemand, der heute Strafmündigkeit ab zwölf fordert, hat vertiefte Ahnung davon, über was er spricht. Die meisten Medienkonsumenten stellen sich, ganz schlicht, eine Ausweitung von »harter« Strafe nach unten vor: damit einmal eine Grenze gesetzt wird, damit die Kerle endlich mal lernen, wo der Hammer hängt; weil Nachsicht nichts bewirkt, Freundlichkeit nichts nützt und Nachgiebigkeit weiteren Kontrollverlust bewirkt.

Nicht alle diese Argumente sind rundum falsch! Sie werden allerdings vielfach völlig überzogen, verzerrt und überdies einseitig verdreht. Die meisten, die heute »hartes Durchgreifen« und »konsequente Kontrollen« der Jugendämter fordern, würden sich morgen zu Demonstrationen und Entrüstungsstürmen zusammenrotten, wenn das Jugendamt einmal wöchentlich bei ihnen selbst vor der Tür stehen und die Kinderzimmer, die Computer und die familiäre Kommunikation kontrollieren würde. Auch die Väter und Mütter der Schulschwänzer von Mainz bekämen gewiss Sendezeit bei *RTL* oder sonst wo, um die schreckliche Diskriminierung durch »das Amt« anzuprangern, die ihnen widerfährt.

So ist, wie meistens in der Wirklichkeit, mal wieder alles nicht so einfach. Wenn man einfach nur mal zehn Minuten mit »gesundem Menschenverstand« nachdenken müsste, um die Probleme der Jugendkriminalität zu lösen, gäbe es sie ja nicht. Entgegen verbreiteter Ansicht arbeiten bei Jugendämtern, Staatsanwaltschaften, Gerichten, Beratungsstellen und vielen anderen Stellen einschließlich der Polizei keineswegs nur Dummköpfe oder Menschen, die selbst auf das Nächstliegende nicht kommen (wollen). »Strafrecht« für Zwölfjährige (warum dann eigentlich nicht für Zehn- oder Achtjährige?) und »geschlossene Heime« (also Kinder-JVA) könnten ohne Zweifel manche Probleme lösen oder mindern. Andere Probleme würden sie allerdings verstärken oder erst schaffen.

Ein jeder mag einmal kurz darüber nachdenken, wie er oder sie selbst mit 11, 12 oder 13 Jahren »drauf« war, was er oder sie gedacht, gefühlt, gemacht hat. Jeder, der vor 30 oder 50 Jahren auf dem Klo oder hinterm Sportplatz sein Schwänzchen vorgezeigt, auf dem Pausenhof ein Mädchen an die Brust gefasst oder jemals einem anderen Kind etwas mit Gewalt weggenommen hat, sollte wissen, dass das teilweise schon damals, jedenfalls aber heute mit Freiheitsstrafe bis zu fünf oder gar bis zu zehn Jahren bedroht ist und ihn oder sie für lange Zeit in Dateien für »gefährliche Täter« hätte bringen können. Die Eltern aller Klassenkameraden hätten heute ein Recht darauf, sofort informiert zu werden, und ein Wechsel der Schule wäre im Interesse aller Beteiligten sicher angemessen. Der Vater sollte dann schon aus Rücksicht auf die Eltern seiner kleinen Patienten nicht weiter als Kinderarzt im städtischen Krankenhaus arbeiten, und die Mutter hätte im örtlichen Gymnasialkollegium auch nicht mehr viele Freunde. Das Leben so mancher Menschen, die sich heute über die Verrohung der Jugend erregen, wäre ganz anders verlaufen, wenn man sie – zu Recht! – mit zwölf Jahren als »Intensivtäter« identifiziert hätte.

Gegen »den mutmaßlichen Haupttäter« der Tat von

Mülheim (deren Umstände allerdings überhaupt noch nicht bekannt sind), wurde Untersuchungshaft »wegen Wiederholungsgefahr« angeordnet; in der Presse wurde darüber mit Freude berichtet. Das ist eine jedenfalls ungewöhnliche Begründung für eine U-Haft-Anordnung gegen einen so jungen Beschuldigten. Sie muss deshalb nicht falsch sein. Aber die öffentliche Freude dürfte nicht ein Verständnis des Haftrechts spiegeln, sondern das Bedürfnis nach schneller Rache. Wollen wir hoffen, dass der »Symbol«-Gehalt der Anordnung möglichst gering ist und dass der kriminogene Effekt der Effekt der Heroisierung als »Outlaw« nicht überwiegt.

Gesetz und Gesellschaft

Entscheidend ist aufm Podium

(01.08.2019)

Der Profi

Herr Bernal aus Kolumbien hat die Tour de France gewonnen. Man muss, um das zu schaffen, unter anderem an drei Tagen hintereinander Etappen zwischen 120 und 210 Kilometern und etwa 4000 bis 5500 Höhenmetern (davon ein Drittel oberhalb von 2000 Metern über NN) mit einem Geschwindigkeitsdurchschnitt von ungefähr 38 km/h fahren. So etwas hat der Kolumbianer in den Genen, wie der Kenianer eine Durchschnittsgeschwindigkeit von 21 km/h auf 42 Kilometern zu Fuß. Kolumbianisches Blut enthält nämlich mehr rote Blutkörperchen als, sagen wir, US-amerikanisches oder deutsches. Das kommt von der dünnen Luft in der Höhe und hält ein ganzes Radsportleben lang, auch wenn man in England oder Italien lebt. Unter einer VO2max von 90 ml/min geht da gar nichts.

Das soll jetzt aber wirklich nicht etwa ein dezenter Hinweis auf das schreckliche D-Wort sein, das ja im Radsport gar nicht mehr vorkommen kann, seit der betrügerische Hodenkrebsbezwinger Armstrong mit seiner unvergleichlich guten Technik des schnellen Tretens kleiner Gänge nicht mehr dabei ist. Wir hatten es immer schon gewusst, dass eigentlich unser Jan aus *Merdingen* mit der unvergleichlich guten Technik des langsamen Tretens von großen Gängen der legitime Erbe von Eugène Christophe war, dessen 106 Jahre alte Heldentat am Schmiedefeuer des Col du Tourmalet alljährlich so sicher in Deutschlands Feuilletons wiederkehrt wie der kleine Lord in die *ARD*.

Jetzt hatten wir, synchron mit zwei Welthitzerekorden im Rhein- und im Emsland, gleich mehrere Weltspitzenleistungen auf einmal live: zwei kleine Kolumbianer auf Platz acht und Platz eins; den jüngsten Sieger aller Zeiten, was selbstverständlich nur als größtes Jahrhunderttalent des Jahrtausends geht; den besten deutschen Ravensburger nach Andreas Klöden aus der Lausitz. Und als Sahnehäubchen ein großes Weinen: Thibaut Pinot, schmerzverzerrt, tränenüberströmt: »Schon auf dem Rad begann er zu weinen« *(ARD),* »weint bittere Tränen« *(Kurier),* »bricht auf dem Rad in Tränen aus« *(SPIEGEL),* »ganz Frankreich weint« *(Eurosport).* Die *FAZ* druckte am 30. Juli ein Wortprotokoll der nächtlich weinenden Verzweiflung. Ecce homo!

»Wir sind keine Sportler, wir sind Profis«, sagte einst Rudi Altig. Das war damals, vor der Erfindung des D-Worts, als man mit Rotwein und Ephedrin über die Berge rutschte und der Tour-Reporter sein Klagelied vom Leiden des Profimenschen vor Troja noch in Schwarz-Weiß sang. Und noch ein paar Jahre früher hätte sich Herr Pinot unterwegs ein wenig Morphium in den Oberschenkel gespritzt, gegen das Weinen ein Schlückchen aus dem Pervitinfläschchen gegönnt und die Kraft für die Attacke aus der Panzerschokolade gelutscht. Danach kamen Rolf Wolfshohl aus Köln und Didi Thurau aus Frankfurt, dann Jan Ullrich aus Merdingen und Andreas Klöden aus Forst. Zwischendurch wurde es richtig streng: Hennes Junkermann kriegte bei der Tour 1972 zehn Minuten Zeitstrafe für das Ephedrin in seinem Profiblut.

Heute wird Ephedrin nicht mehr benötigt, um die tragische Häufung von Asthmaerkrankungen unter Berufsradfahrern zu bekämpfen. Das Beste daran war sowieso das *Desoxyephedrin,* das man mit wenig Aufwand weiter und immer weiter entwickeln kann und das derzeit in der Ausbaustufe des *Crystal Meth* so manchen Sportler durch die Nacht des Hip-Hop bringt.

Das ist aus Sicht der sportproduzierenden Industrie natürlich etwas laienhaft beschrieben, aber für unsere Zwecke reicht es vermutlich. Tatsächlich haben sich unter dem segensreichen Regime des für seine Gewissenhaftigkeit berühmten Weltradsportverbands UCI und der tapferen Welt-Anti-D-Wort-Agentur Wada die Kunst der Masseure und der Ergometerbauer, die Sensibilität der Motivationstrainer und Depressionstherapeuten, die Fachkunde der Professoren für kurz-, mittel- und langfaserige Muskelkunde sowie überhaupt die Leistungsdiagnostik ins Unermessliche gesteigert, sodass man durch bloße Veränderung der Haferflockenmischung in jedem neuen Jahr genau dieselben Leistungen aus den Körpern generieren kann wie in den jeweils vergangenen Jahren aus den damals verbotenen D-Methoden. Alles in Ordnung, sagt der Kontrolleur: So was wie bei Festina, Astana, Telekom oder US Postal wäre heute gar nicht mehr möglich.

Das Dopinglied funktioniert, wie man weiß, nach immer demselben Schema und ist in seinem Verlauf daher ungefähr so überraschend wie der Wetterbericht übers Jahr. Diese Analogie gilt leider auch für die Niveauhöhe der Diskussion. Man kann die Texte der Schlagzeilen, »Hintergrund«-Berichte, Geständnisse, Stellungnahmen und Absichtserklärungen aus einem ziemlich übersichtlichen Baukasten zusammensetzen: Der gute Glaube kommt und geht wie Flut und Ebbe. In die immer wieder ehrliche

Freude über die jeweils neuesten Heldentaten wird, von sogenannten Kritikern, begleitet von »Experten« und »Insidern«, zunächst die finstere Saat des Zweifels gestreut, der – leider, leider – »immer mitfährt«. Aber, liebe Zuschauer, wir wollen mal das Beste hoffen und uns die Freude am Sport nicht verderben lassen. Denn sonst könnte man am Ende ja gar nichts mehr glauben. Außerdem stehen zum Beispiel die gesunden Keton-Präparate ja gar nicht auf der »Dopingliste«, und was nicht verboten ist, ist eben erlaubt, und Eigenblut kann man sowieso nur mit Glück nachweisen.

In therapeutischen Abständen folgt auf die Phase, in der unsere Moderatorenteams den jeweils jungen *Ravensburger* auf keinen Fall »überfordern« oder gar »hypen« wollen, aber pro Minute dreimal mitteilen, an wievielter Stelle der Herr Emanuel Buchmann gerade fährt, ein schrecklicher »Skandal«, bei dem sich – wir hatten es geahnt, sind aber dennoch total überrascht – herausstellt, dass das organisierte Sportverbrechen sich einmal mehr in den Schlafkabinen der Abgemagerten und den Exzellenzabteilungen der Sportkliniken eingenistet hat. Verzweifelt beklagt dann die Presse den Verlust der Moral, dieweil die Millionen der sogenannten Fans einmal mehr zwischen den zwei Menschheitsfragen pendeln: Ist es noch egal oder schon scheißegal? Dies lässt am Horizont eine andere Frage aufscheinen: Ist möglicherweise die D-Frage nicht ein schwer vermeidbarer Ausrutscher, sondern ein notwendiger Teil der Freude am Leben?

Der Sportler

1972 schwamm Mark Spitz Weltrekord über 100 Meter Schmetterling in 54,27 Sekunden. 1984 schaffte das der deutsche Albatros in 53,08 Sekunden. Am 26. Juli 2019 benötigte Caeleb Dressel noch 49,50 Sekunden. Wer das nicht glaubt, ist selbst schuld. Er hat den Unterschied zwischen Sportlern und Profis nicht verstanden. Das führt uns zu der Frage, wie sich der Sportler zum Profi und der Mensch zum Sportler verhält. Bekanntlich kann der Mensch, wenn er lang genug übt, erstaunliche Leistungen vollbringen, die im Goldenen Buch der Geschichte getreulich verzeichnet werden: In einer Minute 52 hart gekochte Eier essen, ein aufrecht stehendes Streichholz 50 Meter weit auf der Nase balancieren oder eine Alkoholvergiftung von sieben Promille überleben. Dies ebenso wie das Zersägen von Baumstämmen, das Fressen von Regenwürmern oder das Luftanhalten unter Wasser gilt den meisten noch nicht wirklich als »Sport«, kann aber unter günstigen Bedingungen dazu werden.

Daneben gibt es den sogenannten Hobbysport, also die Ertüchtigung von Körper und Seele durch eine Simulation körperlicher Arbeit, bei der das Ergebnis des Mühens möglichst vollständig durch die Anstrengung selbst ersetzt wird. Allen Bemühungen von Karikaturisten zum Trotz wird der sogenannte Hobbyradsportler niemals mithilfe eines Ergometers die hauseigene Stromversorgung unterstützen oder die Batterie seines Elektroautos aufladen, denn dies würde das schönste Hobby der Welt zur Arbeit machen und so zur Qual entwerten.

Am 8. Juli fand die »Operation Viribus« statt. Bestimmt waren Sie, verehrte Leser, total froh darüber, dass in 33

Ländern mit allen vereinten Kräften ein Schlag gegen das organisierte Verbrechen geführt wurde, welcher – unnötig zu erwähnen – selbstverständlich »der größte Antidopingeinsatz in der Geschichte« war. Schon wieder Rekorde: In 33 Staaten wurden insgesamt »24 Tonnen Steroidpulver sichergestellt« und »234 Verdächtige festgenommen«; in Deutschland 463 »Verfahren eingeleitet«.

Nun ja; wenn man ein bisschen weiterliest, beginnt die Sache, etwas zu bröckeln. Bei den 24 Tonnen handelt es ich um vielleicht drei Prozent des (geschätzten) jährlichen Verbrauchs an anabolen Steroiden (also Testosteron-Derivaten), der im Übrigen »seit Jahren stark ansteigt«, allerdings nicht im Profi- und dopingkontrollierten Geschäft, sondern im sogenannten Hobbysport. Was für das Simmertaler Grillrind gut ist, hilft auch dem Versicherungsvertreter und BWL-Studenten bei der Körperoptimierung, und für die Security-Branche liegt ein bisschen *Nandrolon* ja schon fast im Bereich der notwendigen Betriebsausgaben. Die 24 Tonnen Verlust wird die chemische Hobbyindustrie mit ein paar Sonderschichten schnell wieder aufgearbeitet haben.

Deshalb muss beim nächsten Mal auf den größten Schlag unbedingt der allergrößte folgen: »Wir stehen bereit, um diese Art von Rolle in einer jeglichen, andauernden Operation fortzusetzen. Dies ist ein gemeinsamer Kampf gegen Sportbetrug auf dem Kontinent«, soll »Chefermittler« Younger von der Wada in einer Pressemitteilung verkündet haben, und auch das IOC zeigte sich sehr erfreut über »Viribus«. Wobei man sich unter Umständen fragen könnte, was das IOC eigentlich mit dem Anabolika-Doping zu tun hat, seit selbst die Olympia-Gewichtheber aus den zentralasiatischen Staaten doch eher beim

Professor in Freiburg als beim Veterinär des örtlichen Kälbermastbetriebs arbeiten lassen.

Da stellt sich also die Frage, was genau der »Sportbetrug auf dem Kontinent« denn nun eigentlich ist, der in Operationen gegen »Bodybuilder und Hobbysportler« so entschlossen bekämpft werden soll und dennoch von Jahr zu Jahr größer und größer wird. Im Strafgesetzbuch gibt es »Sportbetrug« seit Kurzem auch, aber das Wort meint da eigentlich nur den Wettbetrug und die Bestechung. Und im Arzneimittelgesetz geht's um alles Mögliche, aber nicht um Betrug.

Nicht jeder, der die Schönheit seines Körpers mittels Eiweißpulver, Kohlenhydratmehl, überdosierten Vitaminpräparaten und ein wenig Testosteron aus der Ochsenmast aufarbeitet, möchte ja an den »Sport«-Wettbewerben dieser Disziplin teilnehmen oder Gouverneur von Kalifornien werden. Er »betrügt« daher niemanden. Und wenn er mit 40 einen zünftigen Leberkrebs kriegt, zahlt seine Krankenkasse genauso anstandslos die Transplantation wie bei jedem Säufer.

Das gilt übrigens für die feministische Seite der Körperoptimierung ganz genauso, obwohl es da erstaunlich geräuschlos zugeht und man nichts hört von »größten Schlägen« gegen das organisierte Verbrechen der Implantate-Industrie oder von Razzien in den Operationsfabriken für Gel- und Eigenfetthintern, Plastikbrüste oder Komplettmaskierungen, die ja allesamt gewiss genauso gefährlich und schädlich sind wie die Sixpack- und Trizepskonstruktionen bei den männlichen Sportskameraden. Denn man wird ja nicht ernsthaft behaupten wollen, beim 250-maligen Hochreißen einer 40-kg-Hantel mit dem alleinigen Ziel, nächste Woche 255 Wiederholungen zu schaffen, handle es sich um »Sport«, beim Vorstülpen der Lippenschleimhaut unter gleichzeitigem Herausdrücken des mit fünf Kilogramm Bauchfett aufgespritzten Gesäßes und Entfernung eines Rippenpaars aber um »Schönheit«.

Das Personal des »organisierten Verbrechens« besteht im D-Business, wenn man es etwas genauer anschaut, zwar jedenfalls zum Teil auch aus einschlägig unangenehmen Gestalten. Das ist aber hier wie anderswo nicht unbedingt die Ursache, sondern die Folge des Geschäftsmodells. Als man, vor 40 Jahren, *Pseudoephedrin* noch in beliebiger Menge rezeptfrei als »Schlankheitsmittel« kaufen konnte, war es kein bisschen weniger gefährlich als heute, wurde aber in Werbespots von weißbekittelten, grau melierten Herren als Quell unbeschwerter Lebensfreude gepriesen. Seit man es für den sechsfachen Preis aus »dem Ostblock« kaufen muss, arbeiten auch Menschen ohne Medizin- und Schauspielstudium in den Vertriebsorganisationen. Das ist nicht anders als beim Kokain. Und wenn nächste Woche Vitasprint, der schnelle Fitmacher »für mehr Stunden« Arbeit, oder Aspirin Komplex, das Wohlfühlpräparat aus dem Apothekenregal in Augenhöhe mit belebenden 30 mg Pseudoephedrinhydrochlorid pro Portion, verboten würden, gäbe es nächsten Monat ein »organisiertes Verbrechen« mehr, und die Polizeipräsidenten und Innenminister würden uns im Fernsehen die Eimer mit dem Teufelszeug zeigen, die sie höchstpersönlich in Altenheimen beschlagnahmt haben. Investigative Teams von Spürnasen würden der Spur der »Geldwäsche« folgen, bis sie sich, wie alle Spuren, an den Ufern des Rheins verliert.

Der Mensch

Man muss also gelegentlich die Frage stellen: Was soll's eigentlich? Welchen »Verbrechen« sind wir da auf der Spur? »Ich habe nie jemanden betrogen«, sprach einst Jan Ullrich aus Merdingen, was vielleicht einer seiner analytischen Höhepunkte war. Der Bodybuilder unter synthetischen Testosteron-Derivaten betrügt auch niemanden, und meistens wird er auch nicht betrogen: Er kann halbwegs sicher sein, dass er ungefähr den Dreck verkauft kriegt, den er haben will.

Der Rest ist jede Menge eigenverantwortliche Selbstschädigung und ein bisschen fahrlässige Körperverletzung. Die Verstöße gegen das Arzneimittelrecht, die Steuerhinterziehung und die »Geldwäsche« sind systemimmanente Selbstläufer: Business-Risiko halt.

Wir wollen heute nicht im Einzelnen die große Menschheitsfrage erörtern, ob der Staat dazu da ist, die Bürger mithilfe von Strafrecht und Gefängnissen vor der Selbstschädigung durch Nikotin, Alkohol, Cannabis und Opiaten zu schützen. Vieles spricht dagegen, und viel für die Annahme, dass die abstoßenden Erscheinungen des bandenmäßig organisierten Verbrechens, die wir mit Feuer, Schwert, Hunderttausenden von korrupten Beamten und Hunderten von Milliarden Dollar immerzu »bekämpfen«, ohne diese vergebliche Mühe gar nicht existierten. Wir meinen, wenn wir »Drogenbanden« sagen, ja auch gar nicht die Hopfenbauern aus der lieblichen Hallertau und die Mohnbauern aus der Provinz Badachschan, sondern den schrecklichen Bergspezialisten Al Capone aus Kolumbien. In Deutschland wiederum, sagte Herr Mischa Kläber vom Deutschen Olympischen Sportbund dem DLF, gebe es »ein durch und durch medikamentenfreundliches Bewusstsein in der gesamten Gesellschaft«.

Werfen wir also noch einen Blick auf den Menschen, der all dies weiß und wieder weiß und wieder vergisst. Er vergisst es nämlich nicht wirklich: Er tut nur so. Er ist, aufs Ganze gesehen, genauso schlau wie Europol und Zollfahndungsamt und Bundesgesundheitsminister zusammen. Anders wäre es schwer erklärbar, wie er mit der Fairness und dem Wettbewerb, dem Profi und dem Sportler umgeht. Eine beliebige Tour durch den Horizont der Produktwerbung zeigt uns, dass ein großer Teil der Substanzen, Hilfsmittel, Waren, für welche geworben wird, dem Konsumenten große, exklusive Vorteile im Wettbewerb des Lebens zu verschaffen versprechen: Schneller verstehen und reagieren, erfolgreicher planen, bessere Partner finden, mehr Geld verdienen, andere hinter sich lassen im Rennen um Macht, Sex, Geld – das ist, wenn man einmal die etwas vertrackteren Säuselsprüche der Fernreise-Entspanner, Seelenbeschwörer und Diplom-Achtsamen weglässt, in der wirklichen Welt Botschaft, Religion, Sinn und Hobby in einem. Ob man dann als »Sport« noch den Rasen mäht, japanische Kochmesser schärft, Hanteln hochhebt oder auf ein Super-Record-Tretlager von Campagnolo spart, ist egal. Man kann sich auch eine rote Kappe aufsetzen und als Lieblingssport »Ferrari« angeben.

In ausnahmslos allen Disziplinen des wirklichen Lebens versucht der Mensch, sich mithilfe von Produkten und Hilfsmitteln exklusive Vorteile gegenüber tatsächlichen oder eingebildeten Konkurrenten zu verschaffen. Er findet sich ausgesprochen bewundernswert, wenn ihm dies gelingt, und akzeptiert es zähneknirschend bei anderen. Warum, so ist zu fragen, sollte er ausgerechnet im Hochleistungssport, also dem Bereich, in dem es definitiv nur um eine isolierte, höchst spezialisierte Fähigkeit geht, die er selbst überdies weder besitzt noch jemals erreichen kann, eine komplett andere, gegenläufige Wettbewerbsmoral verfolgen?

Hier stoßen wir auf ein wichtiges Phänomen: Beim Schwergewichtsboxen wird jede erfolgreiche Finte bejubelt und jeder Psychotrick bewundert. Aber wenn einer ein Hufeisen im Handschuh trägt, tief schlägt oder für Geld umfällt, ist er für immer unten durch. Beißen geht bei Schwergewichtsboxern und uruguayischen Fußballspielern vielleicht gerade noch als Temperamentsausbruch durch; einem gegnerischen Stürmer einen Halswirbel brechen und zwei Zähne ausschlagen aber stellt auch große deutsche Torwartkarrieren ins Zwielicht. Dem einen Genie werden Gottes Hände verziehen, dem anderen die wehleidigen Schwalben nicht.

So ähnlich geht's im wahren Leben: Ein Installateur, der damit angibt, dass er einem dummen Bauherrn einen Fantasiepreis aufgeschwätzt hat, gilt als schlauer Bursche. Wer zu erzählen hat, dass er statt des abgerechneten teuren Materials minderwertige Fälschungen eingebaut hat, kann damit am Installateursstammtisch nicht punkten. »Schlitzohren« sind Vorbilder, Betrüger werden verachtet.

Es geht um ein großes Wort: Fairness. Ihre Grenzen sind über weite Strecken durchaus fließend, lösen sich aber nie ganz auf und schlagen an bestimmten, nicht immer vorhersehbaren Stellen heftig zu. In der rührend sinnarmen »Operation«, 15 Millionen Bodybuilder vor dem hirnrissigen, aber eigenverantwortlich gewollten Selbstbetrug zu bewahren, indem die Lieferanten ihrer Drogen zum »organisierten Verbrechen« ernannt werden, spiegelt sich auch eine Simulation jener Sehnsucht nach Aufrichtigkeit und Fairness, die im wirklichen Leben so schrecklich ambivalent bleibt und den heldischen Symbolen mit umso entschiedenerer Hoffnung abverlangt wird.

Der sogenannte faire Kampf um das Abdrängen in der ersten Kurve nach dem Formel-1-Start ist ein Sinnbild, die Alpenetappe auch. Der Mensch und Sportler schaut ganz genau hin und zugleich entschieden weg; er weiß alles und will nichts wissen. Chronisten, Interpreten, Moderatoren, Kommentatoren mit wirklich oder gespielt schlichten Gemütern orchestrieren das Ganze mit dem Singsang von Schicksalshaftigkeit und Kampfmoral. Sein Klang transportiert die Wirklichkeit des Lebens in die Symbole. Wenn die ganze Welt aus Profis besteht, wird es für den Menschen eng. Am Anstieg zum Galibier, während ein weiteres Kirchlein aus dem Jahr 951 vorbeizieht, wird daher das ganze Paket der Wahrheit verhandelt, wie auch sonst: dass alles genau so sein muss, weil es so ist; und dass alles anders sein könnte. Wo die Grenzen sind, was sie bedeuten, und wer sie macht.

Die Macht der Kinder

(26. 09. 2019)

Traumwelt

In Ridley Scotts Film *Blade Runner* (1982) spielt der Genetik-Designer *J. F. Sebastian* mit Spielzeug, das eine seltsame, traumversponnen-grausame Position zwischen Kind und Maschine einnimmt. Wirkliche Kinder kommen nicht vor; vielmehr sind in der Welt der *Tyrell Corp.* die Menschen zu Kindern geworden, die zwischen sich selbst und ihren Puppen nicht mehr unterscheiden können.

Heute scheint es dem aufgeklärten Bürger der Metropolen vertraut, dass jeweils alle anderen lügen, und zwar immerzu und mit Fleiß. Das gilt namentlich für diejenigen Menschen, die Interessen verfolgen, welche nicht die seinen sind, außerdem bevorzugt für Eliten und Politiker, Journalisten und Intellektuelle. Harte Fakten zerfließen unter den Händen zu vagen Annahmen, das Leben erscheint als menschenwürdegefährdende Zumutung angesichts der Verpflichtung des Schicksals, für *Happiness* über den Tod hinaus zu sorgen.

Die Wahrheiten scheinen dahin, seit es keine Hölle mehr gibt und der Tod eine Vorabendserie ist. Der Bundesgesundheitsminister hat einen Plan entwickelt, ihn zumindest für den Fall abzuschaffen, dass nicht ein doppelter Widerspruch in das Recyclingregister eingetragen wird. So viel Ewigkeit soll sein, dass jedenfalls die Facebook-Posts und die Bauchspeicheldrüse drei Generationen überstehen. Was die Welt im Übrigen zu bieten hat, bewegt sich zwar in der Form von Breaking-news-Laufbändern, bleibt aber neblig hinter Milchglas. Zufall ist das nicht. In den Kinderwelten des entfesselten Zinses nimmt man mit Träumen vorlieb. Hierfür will ich zwei aktuelle Beispiele nennen.

Kinderwelt

Am 20. September 2019 habe ich in der *Süddeutschen Zeitung* folgenden Satz gelesen: »Vielleicht wird man von ihrer Reise über den Atlantik dereinst als Beginn einer Zeitenwende sprechen.« Hier war, wie Sie ahnen werden, die Rede von einem Wesen, vor dem derzeit Herr Bundesminister Altmaier in der Sonntagsabends-Show, Frau Bundeskanzlerin sowieso, und überhaupt jedermann den allergrößten Respekt bekunden. Es ist klar: Wenn die deutsche Leitpresse das Wort »dereinst« verwendet und vom eigenen Ernst ganz durchdrungen ist, werden wir Zeuge von etwas wirklich Großem. Ein Messias, ein Moses im Körbchen, eine blinde Seherin, ein Mägdlein im Stall ist der Welt erschienen; das leuchtende Stigma des auf allen Kanälen »milde« genannten Wahnsinns hat sich an die Spitze des Heeres gesetzt.

Die Zeitenwende-Story war mit der Reise an Bord eines fliegenden Teppichs schon fast maximal hochgefahren. Die Gefühlsmaschine suchte anfänglich noch den richtigen Sound. Das Gemäkel am Rückflugs-Spritverbrauch von Herrn Pierre Rainier Casiraghis Formel-Eins-Teppich war eindeutig zu kleinkariert, und die Fotos von der ersten USA-Reise der Beatles lagen schon im Ansatz daneben. Die

Geschichte vom schneeweißen Kinderfuß der Unschuld, vom schwankenden Abgrund des Schicksals auf den Boden einer neuen Welt gesetzt, war um Klassen besser.

Mit der aus Hollywood direkt an den Mund der *Lady Liberty* hingeflogenen Frage »Wie konntet ihr es wagen, meine Träume und meine Kindheit zu stehlen mit euren leeren Worten?« dürfte der Ekstase-Peak jetzt erreicht sein; für noch mehr Punkte auf der internationalen TV-Gänsehautskala müssten schon Drohungen mit Kollektivsuiziden in der Sekundarstufe 1 her. Erste deutsche Politiker, so lasen wir, »gingen auf Distanz« und ließen den guten alten Klaus Töpfer hochleben. Noch ein Weilchen, und Herr Minister Altmaier, ein wirklich großer Zauberer auf jedem Kindergeburtstag, wird die Ruferin, die vom nahen Ende der Welt kündet, nach eigener Beurteilung aber »shouldn't be up here, but back in school on the other side of the ocean«, im Fernsehen nicht mehr »Frau Thunberg« nennen.

Ob das erfreulich ist oder bedauerlich, spielt hier keine Rolle. Es geht mir nicht um dieses spezielle, sondern um das Menschenkind als solches, dessen Reise über den jeweiligen Ozean unter den Top-Ten-Zeitenwenden gelistet werden soll. Es ist ja bekanntlich nicht lange her, dass ein anderes Kind seinen Fuß an ein Gestade setzte, woraufhin ebenfalls von einer Zeitenwende die Rede war. Das Kind hieß Alan Kurdi. Sie werden sich, verehrte Leser, daran erinnern, dass das Bild seiner Ankunft auch in der deutschen Presse als »ikonisch« gefeiert wurde. In einer abgewandelten Pop-Art-Variante können Sie es an einer Brücke am Frankfurter Osthafen betrachten. An der damals ausgerufenen Zeitenwende arbeitet eine interministerielle Arbeitsgruppe.

Mir scheint, beide Kinder haben das nicht verdient. Die Zeitenwenden, von denen die Rede ist, verbinden sich aber auf seltsame Weise. Ihr Aufstieg und Fall beleuchten, neben anderem, die exzessive Infantilisierung der entwickelten Kulturen des sogenannten Westens. Bewegt nehmen die Eliten der reichsten Länder die Kinderbotschaft entgegen, dass die Welt untergehen werde. Das Klimakabinett verhandelt neunzehn Stunden und ist wirklich stolz. Die Bundeskanzlerin, während sich ihre Augen vor Müdigkeit nach hinten verdrehen, spricht: Wir haben den Weckruf der jungen Leute gehört. Die Weltpresse berichtet, dass die Rede des Kindes Thunberg vor der Uno-Versammlung die Erwartungen nicht erfüllt habe. Die Steuer auf Benzin, sagt das Verfassungsorgan Klimakabinett, wird in fünf Jahren um zwölf Cent erhöht. Wenn nicht, werden die Inder schon sehen, was sie davon haben.

Schöne Welt

Eine wundersame Kindervorstellung nahm ihren Ausgang beim Gemeinsamen Bundesausschuss (G-BA), dessen Träger sind: GKV-Spitzenverband, Kassenärztliche Bundesvereinigung, Deutsche Krankenhausgesellschaft und Kassenzahnärztliche Bundesvereinigung. Er beschloss, nicht invasive molekulargenetische Tests (NIPT) auf drei Trisomien bei sog. Risikoschwangerschaften als Leistung der gesetzlichen Krankenkassen zuzulassen. Als Reaktion auf die Veröffentlichung dieses Beschlusses entbrannte abermals die erstaunliche Debatte über die ethische Beurteilung des Tests. Sein Sinn wird, für die Kinderfreunde unter den lieben Mitbürgern, gern so dargestellt, dass

Schwangere und Eltern, die von einem entsprechenden Gendefekt eines Embryos erfahren, sich »frühzeitig darauf einstellen« können. Tatsächlich ist es, wie jeder weiß, natürlich so, dass eine frühzeitige Information – wenn sie denn gewünscht ist – fast regelmäßig zur Abtreibung führt. Das darf man aber nicht sagen, denn an das Aussprechen dieser (durch Erfahrungen in anderen Ländern bestätigten) Wahrheit wird alsbald der Vorwurf geknüpft, auf diese Weise werde Behinderten (etwa Menschen mit Downsyndrom aufgrund Trisomie 21) das Lebensrecht bestritten. Im Fernsehen durften deshalb auch in der vergangenen Woche wieder ein paar fröhliche Menschen mit Downsyndrom in die Kameras sagen: »Wir gehören auch dazu«.

Das ist ganz ohne Zweifel völlig richtig. Es gilt jedoch, jedenfalls nach Meinung der meisten, nur für Geborene. Man kann also nicht umgekehrt daraus ableiten, es sei ein individueller Vorteil oder erstrebenswert, wenn möglichst viele behinderte Kinder geboren werden. Mit guten Gründen kann man die Ansicht vertreten, man solle der Natur, dem Zufall und dem Schicksal nicht ins Handwerk pfuschen und die Dinge (und die Kinder) so annehmen, wie sie kommen. Wenn man diese Grundsatzposition nicht vertritt, hat es allerdings keinen Sinn, eine halbherzig-verdruckste Pseudo-Ethik zu vertreten, die das Thema in einem allgemein stimmungszuträglichen Wohlfühlrahmen hält.

Welchen Sinn etwa soll es haben, NIPT nur für »Risiko«-Schwangere zu bezahlen? Das Risiko, das gemeint ist, ist ja gerade die überproportional hohe Häufigkeit von Trisomien bei bestimmten Gruppen von Schwangeren. Man will also den DNA-Test in solchen Fällen bezahlen, in denen eine erhöhte Wahrscheinlichkeit auf eine Behinderung besteht. Welchen anderen Grund sollte das haben als die Möglichkeit, sich für eine (ggf. späte) Abtreibung zu entscheiden? Wenn der Sinn der Sache wäre, dass 40-jährige Schwangere sich frühzeitig um die Organisation des Lebens mit einem gehandicapten Kind kümmern können, bräuchte man das Ethik-Gemurmel ja nicht. Wenn es aber stimmt, dass es in Wahrheit gar nicht um Lebensvorsorge, sondern um Abtreibung geht: Aus welchem rätselhaften Grund sollte man dann Frauen, die ein nur »normales« Risiko aufweisen, den Test verweigern?

Dahinter stehen natürlich Dilemmata: Kein vernünftiger Mensch kann auf die Idee kommen, geborene Menschen mit Downsyndrom hätten lieber nicht geboren werden sollen. Niemand kann aber auch wollen, dass möglichst viele geboren werden, damit sie »auch dazugehören« und die Gesunden sich an ihnen und sich selbst freuen können. Aus Sicht der einzelnen, konkreten Person ist es immer erstrebenswert, geboren zu werden und zu leben. Hieraus eine abstrakte Aufgabe der Unvermeidbarkeit zu machen, verdreht das in ein verlogenes *Gefühl* von einer kollektiven Verantwortung, die in Wirklichkeit weder erkannt noch gar wahrgenommen wird.

Die Betrachtungen und Abwägungen, die sich in hohen moralischen, aber unterentwickelten sozialen Kategorien mit dem Trisomie-Test befassen, stellen durchweg auf die Einzigartigkeit, Subjektivität und Würde des einzelnen Menschen ab und fassen sie auch schon vorgeburtlich ins Auge. *Zugleich* aber gilt ein Abtreibungsrecht als allein menschenwürdig, das auf eine solche Betrachtung praktisch vollständig verzichtet und schon ihre öffentliche Erwähnung und Diskussion als grausamen Angriff auf

»Gefühl« und Freiheit von Betroffenen ansieht. Und als »betroffen« gelten, anders als im Fall gendefekter Embryonen, nicht die potenziellen Kinder, sondern allein die Schwangeren. Anders gesagt: Bei der Frage nach dem (ggf. abtreibungsvorbereitenden) Trisomie-Test stehen ethisch die Würde und die Person des ungeborenen Kindes im Zentrum der Aufmerksamkeit; bei der »allgemeinen« Frage nach der Abtreibung spielt beides praktisch keine Rolle.

Das ist in hohem Maß unredlich. Es belastet zudem Risikoschwangere und Frauen, bei deren Embryo eine Trisomie festgestellt wurde, mit hohen moralischen Sonderopfern. Für eine *nicht* Trisomie-bedingte Abtreibung muss man weder einen guten Grund angeben noch haben. Das ist die schlichte Wahrheit, auch wenn gebetsmühlenartig behauptet wird, *alle* 110 000 jährlich in Deutschland Abtreibenden hätten *immer* einen guten Grund: Es kommt darauf nicht an. Warum also soll, wenn eine Trisomie festgestellt wurde, die betroffene Frau – die ja nun tatsächlich ohne Zweifel einen Grund hat, den man »gut«, jedenfalls plausibel nennen könnte – unter den extremen Druck gestellt sein, sich nicht wie alle anderen für oder gegen das »Entfernen von Schwangerschaftsgewebe«, sondern ganz speziell für oder gegen das Leben eines liebenswerten Kindes entscheiden zu müssen, das »auch dazugehören« möchte?

Und weiter gefragt: Warum entdecken dieselben Gruppen, Personen, Medien, Gefühls-Agenturen, die es als eine unzumutbare Bedrückung, Belästigung und Bevormundung ansehen, Schwangere, die sich in einer Abwägung für oder gegen eine Abtreibung befinden, mit moralisch aufgeladenen, *Kinder*-bezogenen Argumenten und Bildern zu bedrängen, regelmäßig ihr Herz für liebenswerte, fröhliche, lebenstüchtige Menschen mit Downsyndrom, wenn es um die Frage der Früherkennung möglicher Abtreibungsgründe geht? Denn dann werden, so scheint es, die moralischen Bedenken gegen »Menschenzucht« und Naturferne übermächtig. Wenn es um die Wunderwelt der Therapien gegen den eigenen Krebs oder Demenz geht, ist davon nicht die Rede.

Spielwelt

Sicher werden manche behaupten, die beiden vorgenannten Themen hätten nicht viel miteinander zu tun. Ich bin anderer Ansicht. Gemeinsam ist, dass Begriffe, um die herum Versuche kollektiver Identitätsbestimmung versucht werden, in bemerkenswerter Weise auf inhaltsferne Förmlichkeit reduziert werden und zu Attitüden verkommen: Es geht um die Identifikation von Worten und ihre Zuordnung zu *Gefühls*-Heimaten. Das ist ein ebenso typisch kindliches Verhalten wie die buchstäbliche Auflösung der *ganzen* Welt in Waren. Die Rationalität der sogenannten Globalisierung erscheint ihren Meistern nur mehr in der wirren Idealisierung vorgeblich urwüchsiger Kindlichkeit verständlich und erträglich.

Der Papst entschuldigt sich bei der Welt, weil die Priester seiner Kirche jahrzehntelang Zehntausende von Kindern sexuell missbraucht haben. Der Vorstandsvorsitzende von Tepco entschuldigt sich dafür, dass es in den Blöcken des Kraftwerks Fukushima zu Kernschmelzen kam. Der Premierminister von Kanada entschuldigt sich bei der Menschheit, weil er sich vor 18 Jahren auf einer Kostümparty als »Scheich« verkleidet und schwarz geschminkt hat. Bundesminister Altmaier entschuldigt sich ein bisschen bei den Lesern von *Bild* und *Focus,* dass er zu viele Klöße mit Leberwurstfüllung isst. Das deutsche Klimakabinett, das Rentenkabinett, das Zinskabinett und das Kriegskabinett sagen zu all dem, dass jeder Einzelne viel tun kann.

Das *Gefühl,* das jeweils Richtige zu tun, zu meinen oder zu sagen, hat sich mangels sozialer Bindungen und in der Auflösung strukturierter Milieus zu Spielmaterial verflüchtigt. Dass jetzt 40- bis 70-jährige Politiker und Chefredakteure durchs Land streichen und ganz ernsthaft behaupten, den Weg weisen sollten nun die Kinder, die sie sich von der Gute-Kita-Ministerin gerade aus den Füßen schaffen lassen, damit die Welt noch schöner werden kann – das zeugt von einer grotesken Freude, die schon was hat. *J. F. Sebastian* würde sich vermutlich spontan zu Hause fühlen.

Täterfilme, Opferbilder

(12.10.2019)

Fragestellung

Der Attentäter von Halle hat bekanntlich seine Tat – beziehungsweise den Ablauf seiner mehreren Taten – mittels einer Helmkamera aufgenommen und live gestreamt. Diese Sendung fand jedenfalls zum Teil die Abnehmer, auf welche sie gezielt war, also Bewunderer, potenzielle Nachahmer, Brüder und Schwestern im Geiste. Sie fand aber auch Eingang in die Nachrichten ganz unverdächtiger Medien. In einer Hauptnachrichtensendung am Abend des 9. Oktober wurde eine Sequenz aus dem Innenraum des Täter-Pkw mit einem Überblick über die dort gelagerten Sprengmittel und Waffen gezeigt. Ein Sprecher kündigte das mit den Worten an, man zeige nun »ganz bewusst nur einen kurzen Ausschnitt« aus dem Videofilm.

Nun wird man als Bürger und Gebührenzahler davon ausgehen dürfen, dass eigentlich fast alles, was öffentlich-rechtliche Sender tun, zumindest *auch* »ganz bewusst« erfolgt und nicht nur Erscheinungsformen des Unterbewussten sind.

Das deutet darauf hin, dass mit dem Hinweis etwas anderes gemeint war: eine besondere Demonstration, eine plakative Entscheidung, ein Signal. Die konkludente Botschaft lautete: Wir zeigen Ihnen, liebe Zuschauer, *nur* einen (kleinen) Teil des Videos, *obwohl* wir es auch ganz zeigen könnten und obwohl Sie das vielleicht auch erwarten. Wir tun das aus Gründen, die wir uns »bewusst« gemacht haben und die *gute* Gründe sind. Die guten Gründe kann sich, wer halbwegs bei Trost ist, denn auch denken; für den Rest wurde es gelegentlich und auf anderen Kanälen zur Sicherheit nochmal gesagt: Man wolle dem Täter nicht ein Forum geben, seine unerwünschten Inhalte zu verbreiten.

Zum Glück hatte man wenigstens ein Handy-Video eines Anwohners zur Hand, das uns aus der Perspektive eines Fensters im zweiten Stock zeigte, wie es aussieht, wenn ein Mann hinter einem Auto steht und auf nicht sichtbare Ziele schießt. So konnte man sich das einmal vorstellen. Man kann das so oder so finden, ebenso wie die wirklich immer sehr spannenden Filmaufnahmen davon, wie ein gefesselter, mit Kapuze und/oder Gehörschutz ausgestatteter Gefangener von ungefähr zehn schwerst getarnten und bewaffneten Polizeibeamten 25 Meter weit über den Rasen des Bundesgerichtshofs geführt wird. Um diese sensationellen Bilder herzustellen, stellen sich mehrere Übertragungswagen diverser Fernsehsender, besetzt mit fassungslosen Journalistenteams, stundenlang vor den Zäunen des Geländes auf und filmen alles, was sich innen bewegt. In Tagesschau, heute & Co. sagt dann die Sprecherin, Herr B. sei heute dem Ermittlungsrichter des BGH vorgeführt worden. Hierzu sieht man zwei Sekunden lang die Glatze von Herrn B. und die Kompanie vermummter Menschen, die hoffentlich allfällige Befreiungsversuche zurückschlagen könnten.

Hinter diesen eher ironischen Notizen zum Informationsgehalt und Informationsbedürfnis gibt es natürlich auch ernsthafte Fragen. Sie sind teils strafrechtlicher, teils medienrechtlicher, teils vielleicht staatsrechtlicher Art, zum Teil aber auch nur medienpolitischer Natur. Man muss da ein bisschen unterscheiden.

Unterscheidungen

Eine erste Unterscheidung betrifft die Herkunft des Gegenstands: Tätervideos sind nicht dasselbe wie Zeugenvideos. Videos sind nicht dasselbe wie »Erklärungen«, Rechtfertigungen oder Programm-Schriften, wie sie bei politisch motivierten Straftaten (auch) immer noch üblich sind. In der Regel wird bei Dokumenten, die von Zeugen hergestellt wurden, der Propaganda-Effekt geringer sein als bei solchen, die von Tatbeteiligten herrühren.

Eine zweite Unterscheidung betrifft den unmittelbaren Inhalt: Das Abfilmen oder -Fotografieren von äußeren Abläufen, allgemeinen Auswirkungen, Aktivitäten der Polizei usw. hat eine andere Natur als die Darstellung der Tat selbst, sei es der Täterhandlungen, sei es der Handlungswirkungen.

Beispielhaft: Die Filmsequenz aus dem Tätervideo aus dem Kfz ist anders zu beurteilen als die Szene mit dem schießenden Täter (erste Unterscheidung); unter den Szenen aus dem Tätervideo sind Sequenzen aus dem Kfz, Szenen vom Versuch des Eindringens in die Synagoge und Darstellungen der beiden Tötungsverbrechen verschieden zu beurteilen (zweite Unterscheidung).

Das Verbreiten von bildlichen Tatdokumentationen kann strafbar sein. Es kommen hier in Betracht: § 126 StGB (Störung des öffentlichen Friedens durch Androhen von Straftaten), § 140 StGB (Belohnen und Billigen von Straftaten), § 130 StGB (Volksverhetzung), § 130a StGB

(Anleitung zu Straftaten), § 131 StGB (Gewaltdarstellung). Alle genannten Tatbestände sind Äußerungsdelikte, also auf Kommunikation nach außen ausgerichtet, und können (gerade) auch durch Verbreitung über Funk (Fernsehen) und Internet begangen werden. Dabei ist natürlich im Grundsatz jeweils zu unterscheiden, von wem das Verbreiten vorgenommen wird.

Die Delikte der (Belohnung und) Billigung von Verbrechen, der Volksverhetzung (durch Aufstacheln zu ähnlichen Gewalthandlungen) und der Anleitung zu schweren Straftaten, wenn die Verbreitung die Bereitschaft Dritter zur Begehung fördern soll (§ 130a Abs. 2), betreffen regelmäßig nur Tatbeteiligte, Unterstützer oder Sympathisanten; sie setzen jeweils in der einen oder anderen Form voraus, dass der Täter (des Verbreitens) sich mit der angedrohten, gebilligten oder beabsichtigten Tat identifiziert, sie befürwortet. Das scheidet bei Fernsehsendern, Zeitungen und legalen Internetmedien meistens aus, ist aber auch hier nicht ausgeschlossen. Hierzu muss man sich nur klarmachen, dass der Charakter einer Tat als schwere Straftat (im Sinn von §§ 126, 130, 140 StGB) durchaus streitig sein kann. Man denke etwa daran, wie oft von öffentlich-rechtlichen deutschen Sendern die Videoaufnahmen von der irrtümlichen Tötung von mehr als 140 Zivilisten durch deutsche Soldaten in Kundus gezeigt wurden. Anders als etwa die ebenfalls vielfach gesendeten Filmaufnahmen von der Erschießung von Zivilisten aus einem amerikanischen Kampfhubschrauber in Bagdad am 6. April 2010 wurde hier ja durchaus die Meinung vertreten, es handle sich um einen vollkommen gerechtfertigten Fall massenhafter Tötung. Es ist also nicht immer ganz so einfach wie erwünscht, zwischen der Dokumentation von Heldentaten, Unfällen und Verbrechen zu unterscheiden. Und dasselbe Video kann von einem Sender als Dokument eines Verbrechens gezeigt werden, von einem anderen als Dokument rechtmäßigen Verhaltens.

Motive

Durchaus problematisch kann, auch für Nicht-Sympathisanten, die subjektive Tendenz von Veröffentlichungen sein. § 140 StGB setzt voraus, dass durch das Verbreiten eine schwere Straftat, »in einer Weise, die geeignet ist, den öffentlichen Frieden zu stören, gebilligt wird«. Nun kann man regelmäßig davon ausgehen, dass der Inhalt Täter-generierter »Dokumentationen« offenkundigen Billigungscharakter hat. Wenn ein Sender oder ein anderes Medium solche Inhalte einfach nur »neutral«, unkommentiert und undistanziert verbreitet, liegt es nahe, auch der Verbreitungshandlung eine solche billigende Tendenz zu unterstellen. In den 70er-Jahren gab es des Öfteren Fälle, in denen linksradikale Medien Erklärungen, Verlautbarungen oder Aufrufe von terroristischen Gruppen scheinbar neutral dokumentierten, in denen das aber zu Strafverfahren wegen Unterstützung der inhaltlichen Ziele führte. Mehr als bei bloßen Textnachrichten dürfte das erst recht für Filmdokumente gelten, die Tatdarstellungen und -rechtfertigungen oder Aufrufe zu ähnlichen Taten verbinden.

Andererseits erfüllt eine Dokumentation, die sich vom Inhalt des Gezeigten ausdrücklich distanziert, nicht zum Verdacht der Billigung oder Unterstützung, in welcher Form auch immer. Die Grenzen sind auch hier nicht völlig einfach. Dazu muss man gar nicht erst an »Gladbeck« und das vollständige (damals vorschnell als »einmalig« bezeichnete) verantwortungslose Versagen der Medien erinnern. Man denke etwa an das bekannte Foto des im Jahr 1977 entführten Unternehmers Schleyer (»Gefangener der RAF«) und das vielfach ausgestrahlte Video des Appells Schleyers an die Bundesregierung, sein Leben zu retten. Dass die Entführer diese Veröffentlichungen »gefordert« hatten, ist richtig, muss aber nicht bedeuten, dass die Nichterfüllung der Forderungen nicht möglich gewesen wäre: Im Angesicht der Weltgeschichte ist schon so manchem Spitzenjournalisten die Grenze zwischen Begeisterung, Mitmachen und Abscheu verrutscht. Und der strikt »nicht teilnehmende« Massakerfotograf gilt vielfach als Held der »Profi«-Reportage.

Schwieriger ist es im Hinblick auf § 131 StGB. Absatz 1 der Vorschrift lautet:

Mit Freiheitsstrafe bis zu einem Jahr oder mit Geldstrafe wird bestraft, wer

eine Schrift (oder Darstellung), die grausame oder sonst unmenschliche Gewalttätigkeiten gegen Menschen oder menschenähnliche Wesen in einer Art schildert, die eine Verherrlichung oder Verharmlosung solcher Gewalttätigkeiten ausdrückt oder die das Grausame oder Unmenschliche des Vorgangs in einer die Menschenwürde verletzenden Weise darstellt, (...) verbreitet oder der Öffentlichkeit zugänglich macht, (...) oder einen (solchen) Inhalt mittels Rundfunk oder Telemedien der Öffentlichkeit zugänglich macht. In den Fällen des Satzes 1 (...) ist der Versuch strafbar.

Was »unmenschliche Gewalttätigkeiten« im Sinn des Gesetzes sind, was eine »Verherrlichung oder Verharmlosung und eine die Menschenwürde verletzende Darstellung, kann hier im Einzelnen nicht ausgeführt werden. Und ich kann auch nicht die interessante Frage erörtern, was »menschenähnliche Wesen« sind und wie sich diese Variante des Tatbestands mit der Realität des über die Maßen freien Internet- und »Spiele«-Marktes verträgt: Wer je zwei FSK-18-Splatter- oder Zombie-Filme bei Bio-Gemüsechips und Jasmintee überstanden hat, zweifelt sowieso daran, dass Wissenschaft einen Sinn hat.

Gäbe es nur § 131 Abs. 1, sähe die Rechtslage für die Medien ziemlich düster aus. Ob man das als Schreckensvision oder als Verheißung ansehen will, mag dahinstehen und ist sicher Geschmackssache. Es spielt keine Rolle, weil es den Absatz 2 gibt:

»Absatz 1 gilt nicht, wenn die Handlung der Berichterstattung über Vorgänge des Zeitgeschehens oder der Geschichte dient.«

Bingo! Damit könnte alles ins Gegenteil verkehrt sein und die Devise gelten: Je mehr Grausamkeit, Menschenverachtung und Quälerei, desto besser. Es spricht manches dafür, dass diese Devise nicht bei allen Mitarbeitern aller Medien als falsch angesehen wird, insbesondere da es ja der liebe Zuschauer und Leser einfach »wünscht« und sonst vielleicht die Werbung im Konkurrenzsender anschaut. Und »Wenn wir's nicht machen, macht's jemand anders« war schon immer eine der ganz besonders goldenen Regeln des journalistischen Showgeschäfts.

Aber wir wollen nicht ansatzweise so weit gehen zu behaupten, es gebe in den Kreisen, die es betrifft, eine Mehrheit für die zitierte Devise. Da ist nicht nur der Deutsche Presserat davor, sondern auch die großen Geister der Aufklärung, Information und Verantwortung, in deren Tradition man heute schreibt, sendet und Preise verleiht. Und zum Glück auch eine große Mehrheit anständiger Journalisten.

Erfahrungen

Ich habe im Lauf meines Berufslebens sicher tausend Strafakten wegen Tötungsverbrechen gesehen. Vier Jahre lang habe ich ein sogenanntes Schwurgericht geleitet, das sich in erster Instanz ausschließlich mit (vorsätzlichen) Tötungsdelikten befasst. Ich habe daher, glaube ich, Fotos, Filme, Beschreibungen und Auswirkungen von so ziemlich jeder Art von Qual und Gewalt aufmerksam betrachtet, zu der Menschen fähig sind – und das ist wirklich eine Menge. Aus diesem Grund bräuchten sich Regisseure deshalb wirklich nicht die Mühe zu machen, mir das Herausquellen von Därmen, den Austritt von großkalibrigen Geschossen aus dem Auge oder das Durchtrennen von Speise- und Luftröhre mit einem stumpfen Messer in Großaufnahme zu zeigen: Ich weiß, wie das aussieht, und sogar, wie es riecht.

Die meisten anderen Leser und Zuschauer, die noch nicht gesehen haben, wie ein zerschlagenes Kindergesicht oder eine längs durch einen Körper getriebene Eisenstange aussehen, haben eine etwas ambivalente Einstellung dazu: Einerseits ist es ein großer Reiz, etwas Schreckliches aus sicherer Distanz zu betrachten; andererseits fürchtet man sich ja doch davor, dass es einen einholt und anspringt, wenn man es am wenigsten brauchen kann. Heutzutage, da das Maß der allgegenwärtigen Gewalt-Bilder und -Fantasien unermesslich geworden ist, jammern besonders viele Menschen gern darüber, dass sie schon durch die bloße Vorstellung davon »traumatisiert« seien. Sie schauen dann aber statt der Doku über Schmetterlinge auf Arte oder der Schlagerdemenzparade auf MDR doch lieber einen neuen Wallander über Serienmörder an.

Bei realen Straftaten ist das noch etwas spezieller: Die meisten Menschen erleben ja keine wirklichen (schweren) Straftaten, speziell Gewalttaten in ihrem Leben; sie *hören* oder *lesen* nur davon oder sehen Berichte. Umso faszinierender und reizvoller ist für viele, solche Taten sozusagen in ihr eigenes Leben zu holen, als Grusel-Höhepunkt der *eigenen* Lebenswelt zu erschließen. Regelmäßig rührend, wenn auch abstoßend, ist es zu erleben, wie zufällige Zeugen von Gewaltverbrechen aufgeregt Auskünfte in Kameras darüber geben, welch völlig belanglosen Beobachtungen sie gemacht haben oder wie sich das Verbrechen – auf meist banalste Art – auf sie ausgewirkt hat.

Wenn man noch etwas weiter ins Innere vordringt, stößt man auf durchaus beunruhigende Erkenntnisse: Der Identifikation mit dem (»armen«) Opfer, dem Mitleiden und der Anteilnahme entsprechen nämlich ebenso starke Impulse der Identifikation mit dem Täter, des Einfühlens in das Erlebnis der Gewalt, des Kampfes, des Siegs. Wäre es anders, gäbe es die Tausenden von »Spielen« ja nicht, die das simulieren und jenseits des angeblich »reinen«, zweckfreien »Spaßes« selbstverständlich vor allem den psychischen Umgang mit Gewaltausübung einüben, in welche Richtung auch immer. Zu behaupten, das »Spielen« des massenhaften Erschießens von fremdrassigen »Untermenschen« in möglichst realistischer, dreidimensionaler, multimedialer Virtualität habe nicht den Effekt der Abstumpfung, Entmenschlichung und Gewöhnung, halte ich für komplett irrwitzig. Und wenn man sich ein wenig näher mit dem Design der Ausrüstung realer »Spezialtruppen«, »Elitekämpfer«, Einsatzkommandos usw. befasst, mag man durchaus auf die Idee kommen, dass die Wirklichkeit sich eher dem Vorbild der virtuellen »Spiele«-Welt anpasst als umgekehrt. Das gilt übrigens auch für das Waffen-Design.

Berichterstattung

In Halle hat ein Straftäter zwei Menschen durch Erschießen getötet und erfolglos versucht, weitere 70 Menschen zu töten. Er hat dazu unter anderem versucht, eine Tür zu durchbrechen, hinter der sich die potenziellen Opfer in Sicherheit gebracht hatten. Bei der Tat trug er eine Fantasie-Uniform, um sich den Anschein eines Soldaten in einem »Krieg« zu geben, der sich gegen angeblich Fremde richtet.

Dieser Sachverhalt ist sehr übersichtlich und enthält zunächst keine Geheimnisse. Er beschreibt Szenen, die jeder deutsche Fernsehzuschauer schon Hunderte Male in Spielfilmen gesehen hat. Das Anschauen eines Bildes von dem Kfz des Täters oder seines Helms von hinten vermittelt nicht die geringste zusätzlich nützliche Information. Es gibt daher in der Sache überhaupt keinen Grund, das Verbreiten dieser Bilder als Anliegen der »Berichterstattung« anzusehen.

Das gilt erst recht für den Täterfilm (beziehungsweise für Täterfilme im Allgemeinen). Kein Zuschauer hat ein irgendwie begründbares Anrecht darauf zuzuschauen, wie andere Menschen getötet, verletzt oder gequält werden. Es gibt keinen erkennbaren präventiven oder aufklärenden Grund, den Blickwinkel eines Mörders auf seine Opfer zu

»berichten«, um dann anschließend eine Serie von »Brennpunkten« über die eigene »Fassungslosigkeit« zu veranstalten, als ob man noch nie gesehen habe, wie Herr X Frau Y in den Kopf schießt. Tatsächlich läuft das jeden Tag 15-mal im Free-TV und erzeugt allgemeine Langeweile, falls es nicht mindestens mit einer Panzerfaust geschieht.

Ich bin deshalb für jeden Sender, jedes Medium, jeden Online-Dienst sehr dankbar, der nicht nur »ganz bewusst« auf das Vorführen der schlimmsten Szenen solcher abwegigen Darstellungen verzichtet, sondern es gar nicht erst in Betracht zieht, sich für sein »ganz bewusstes« Teil-Schonen des lieben Zuschauers zu loben. Jeder, der meint, es stehe ihm zu, per Teleobjektiv dem Töten von Menschen zuzusehen, mag sich überlegen, ob er gern den Tod seiner Angehörigen zwecks »Berichterstattung« über die Schlechtigkeit des Täters live im Fernsehen betrachten möchte.

Für die Medien gilt, nach meinem Geschmack, nichts anderes. Eduard Zimmermann blendete bei seinen nachgestellt »realen« Tatfilmchen wenigstens aus, wenn der Mörder zuschlug oder der Vergewaltiger zupackte. Heute bieten uns die Täter selbst das Dabeisein auch in diesen Phasen. Wer da immer noch meint, die »Pflicht« zur Berichterstattung gebiete es, dieses Geschäft der Täter zu betreiben, irrt, auch wenn das Strafrecht und das Presserecht die Grenzen bis über diese Grenze hinausschieben.

Die Welt als Gefühl

(19.12.2019)

Wege der Erkenntnis

Die Wahrheit sucht sich ihren Weg, sagen die Freunde der Wahrheit, meinen damit allerdings in der Regel nur die jeweils eigene. Der Weltgeist hat sich bekanntlich einst zu der Bemerkung hinreißen lassen, was vernünftig sei, sei wirklich, und was wirklich sei, sei vernünftig. Das hat dem Autor dieses Satzes 200 Jahre lang eine Menge Ärger eingebracht,

Apropos Natur: Vom Gesprächspartner Tilo Jungs anlässlich eines Auftritts bei den »Münchner Medientagen« am 25. Oktober 2019 habe ich erfahren, der Unterschied zwischen »rechts« und »links« im Sinne der Politik sei der folgende: Wer »rechts« sei, anerkenne anthropologische Gegebenheiten, zum Beispiel den Unterschied zwischen Arm und Reich sowie zwischen Männern und Frauen. Wer »links« sei, vertrete die Ansicht, alle Probleme der Welt ließen sich durch staatliche Sozialpädagogen lösen. So komme es, dass Frauen politisch eher Grüne wählen. Ob das daran liege, dass sie anthropologisch anders sind, sei »eine schwierige Frage«. Vor allem liege es an Robert Habeck.

Ich habe, das muss ich zugeben, noch nicht wirklich verstanden, was den Gesprächspartner von Herrn Jung, welche Welt-Frage auch immer ihm aufgeworfen wird, meist auf kurzem Weg zum Lob der sexuellen Anziehungskraft des genannten Politikers bringt sowie alsdann zur Erwähnung der eigenen Frau Mutter, über deren Abenteuern in der Hamburger SPD einst der dortige Marxismus-Leninismus gescheitert sein soll. Anthropologisch musste er vermutlich durch ein Kaschmir-Pullöverchen ersetzt werden. Man muss das auch gar nicht verstehen. Die Welt, so lernen wir jedenfalls auch hier wieder, ist in ihrem Kern ein Gefühl. Das gilt vor allem vor Weihnachten.

Im Jahr 1871 zum Beispiel hörte, wenn wir seiner Homepage glauben dürfen, im nachmaligen Karl-Marx-Stadt der Bäcker *Emil Reimann* eine »Stimme des Blutes«, die ihm gefühlsmäßig sagte, er möge einen Original Dresdner Stollen backen. Das veranlasst heutzutage seine Jünger zur Fertigung von täglich 12000 handgerundeten »original« Striezeln aus Dresden, die am Fest der Liebe und Jahrestag der Weihnachtslieder-Exegese alle gleichzeitig gegessen werden, was eine zitrontahaltige anthropologische Konstante begründet. Diese wiederum führt dazu, dass das Dresdner Gefühl sich auf der ganzen Welt verbreitet und von dort wieder zu uns kommt. Eine Stunde lang weinen dann wildfremde Frauen aus Miami und Malibu im deutschen Fernsehen über ihre vor 25 Jahren an einen Prinzen verkaufte Unbeflecktheit.

Da passt es doch, dass die Landesregierung von Baden-Württemberg bekannt gegeben hat, dass Kriminalpolizisten in Zivilkleidung »künftig freiwillig ein Kripo-Zeichen tragen sollen, um die Präsenz der Polizei im öffentlichen Raum zu erhöhen«. So erklärte es uns am 18. Dezember die *FAZ*, erläuterte allerdings nicht näher, durch welches Wunder eine Präsenzerhöhung durch Kripozeichen funktionieren könnte, falls nicht die Beamten ihr Zeichen großzügig verleihen. Gemeint ist vermutlich, dass das

Sehen von Kripo-Zeichen in allen übrigen Menschen mit und ohne Zivilkleidung das *Gefühl* erzeugt, die Präsenz von Kripo-Zeichen sei hier und heute einmal wieder erhöht. Ob das ein schönes Gefühl ist, wissen wir nicht, wohl aber der Innenminister Strobl von Baden-Württemberg: »Ich finde, es ist auch ein Akt der Wertschätzung, dass unsere Polizistinnen und Polizisten einen schönen Ausweis bekommen.« Damit meint er, dass es ein tolles Gefühl für die Polizisten und für die Polizistinnen ist, wenn sie ein schönes »Lederetui mit einem silbernen Polizeistern« haben, das sie, so steuert die Moderedaktion der *FAZ* bei, »um den Hals hängen oder am Gürtel tragen können«. Vielleicht kann man es aber auch an die Pelzmütze oder die Basecap tackern. Es verleiht dem Träger oder der Trägerin jenes »Straßen-von-San-Francisco«-Gefühl, das schon an sich ein Akt der Wertschätzung ist. Alle Innenminister sollten vielleicht einen goldenen Polizeistern bekommen, und einen Gebirgsschützen-Hut.

Beispiellose Schläge

Ein »beispielloser Schlag« ist, so hat uns die Zeitung für Deutschland brandaktuell berichtet, »den nordrhein-westfälischen Behörden gelungen«. Der Schlag traf, wenn auch vor längerer Zeit, in ein Zentrum des Verbrechens: Für »rund 90 Kinder, die überhaupt nicht in der Stadt lebten«, sollen in Krefeld Familien aus Südosteuropa Kindergeld bezogen haben, und zwar »vermutlich jahrelang«. Wir haben das mal durchgerechnet und dabei zugrunde gelegt, dass alle »rund 90« Kinder dritte Kinder seien: 90 x 210 Euro = 18 900 Euro pro Monat, macht im Jahr knapp

230 000 Euro, in sechs Jahren rund eine Million. Dafür müssen eine Kassiererin oder ein Änderungsschneider in Krefeld lange stricken; andererseits sind das gerade mal zwei Jahreseinkommen eines Radiologie-Chefarzts oder das Zusatzeinkommen, das mit nur 25 MRT-Geräten in Radiologie-Praxen durch Verkauf von rabattiertem Kontrastmittel an gesetzliche Krankenkassen pro Jahr »nebenbei« verdient wird. Wobei die Krankenkassen das mit dem Geld bezahlen, das ihnen die Versicherten und die Arbeitgeber für die Versorgung derjenigen geben, die mittels beispielloser Schläge am Betrug zu Lasten der Solidargemeinschaft gehindert werden.

Das ist jetzt natürlich nur ein völlig willkürliches, rein gefühlsmäßiges Beispiel. Man könnte auch sechs Audi A8 »mit bis zu 400 PS« aus öffentlichen Fuhrparks nehmen. Da sind die 426 PS der AWO Wiesbaden noch gar nicht mitgerechnet, die zwecks Hervorbringen des erwünschten *Gefühls* unweigerlich mit dem Porträt eines glücklichen Bürgermeisterpaars aus Frankfurt bebildert werden.

Wir wollen jetzt wirklich nicht eine Fall-, Angst-, Unverschämtheits- und Schadens-Statistik aufmachen oder gar Äpfel (Verkehrsminister) mit Birnen (Bosse südosteuropäischer Familien) »vergleichen«. Denn während der eine 200 Millionen Schaden für uns alle macht, bekommt der andere 210 Euro für Kinder überwiesen, die, wenn überhaupt, womöglich in Südosteuropa herumtollen und nicht in Krefeld oder Radebeul.

Wie auch immer: Der beispiellose Schlag von Krefeld fand vor ungefähr sechs Monaten statt. Gut, dass wir davon erfahren haben. Über den Schlag vom 17. Dezember gegen die Onkologie-Pharma-Mafia war bis zum Abschluss des Kolumnen-Manuskripts noch nicht wirklich viel zu lesen;

vielleicht erfahren wir aber noch vor Neujahr, aus welcher mutmaßlichen Ethnie die beteiligten Onkologen und Apotheker sich ins deutsche Solidarsystem eingeschlichen haben. Bei der Gelegenheit wird dann auch bekannt gegeben, was der letzte Reul-Schlag gegen die Dortmunder Shisha-Höhlen außer 20 Gewerberechts-OWis und Schwarzarbeitsgesetz-Verfahren sowie ein paar schönen Fotos noch gebracht hat.

Weitere schwere Schläge stehen – neben den Clans, den Hohenzollern und Robert Habeck – den Rechtsradikalen bevor, wie uns der Bundesminister des Innern versichert. Es lässt sich, so haben wir gehört, nicht mehr völlig ausschließen, dass es erforderlich sein könnte, einmal »etwas genauer« hinzuschauen, ob es vielleicht am Ende gar irgendwo ein »Netzwerk« des Rechtsradikalismus geben könnte, und zwar bei Bundeswehr, Bundespolizei, Nachrichtendiensten! Eine geradezu ungeheuerlich mutige Gefühlsverletzung! Wir warten auf Empörungsadressen und vor allem darauf, dass einmal jemand sagt, dass er nachdrücklich vor einem Generalverdacht warne.

Vorerst hat am 18. Dezember ein Redakteur auf Seite eins der Zeitung für Deutschland die Sache ein bisschen geradegerückt: Zuerst waren ja die Sicherheitsbehörden der Bundesrepublik sozusagen insgesamt ziemlich umfassende Netzwerke ehemaliger NS-Täter und -Mitläufer. Dann, so der Kommentator, »stand der Linksextremismus im Zentrum der Aufmerksamkeit«. Das ist ein etwas rätselhafter Perspektivenwechsel, will mir scheinen, aber man steckt halt nicht drin. Jetzt jedenfalls hat der Autor das Gefühl, es beginne »eine neue Kultur«. Was immer er mit »Kultur« im Einzelnen meinen mag, würde uns doch vor allem interessieren, was neu ist am Neuen und alt am Alten, und wo die *FAZ* das eine findet und wo das andere. Unruhe ist aber jedenfalls nicht veranlasst: »Die Zahl rechtsextremer Verdachtsfälle ist sehr gering.« Wichtig ist, dass die Kameradschaft nicht abhandenkommt: »Kameradschaft muss sein. (Ihr) abträglich sind eine Verdachtskultur und chronische Schnüffelei.« Ja, das muss gesagt werden, bevor am Ende »die Männer und Frauen, die täglich ihren Dienst tun«, unter dem Generalverdacht ihres eigenen Ministers zusammenbrechen.

Es sind solche Zauberworte, die uns durch die Gefühlszeiten führen: »Männer und Frauen, die täglich ihren Dienst tun« ist die ultimative Weihnachts-Backmischung: ein bisschen tapfere kleine Trümmerfrau, ein bisschen einsamer Soldat auf Wache, an Mutter denkend. In jedem Fall ziemlich weit unten, wohin das Licht eines Leitenden Redakteurs oder echten Abgeordneten nur gedämpft fällt. Denn stets doch ein bisschen mehr als »täglich ihren Dienst« tun Redakteure an den Tastaturen, Investoren im globalen Wandel, der Vorstand des Bundesfeuerwehrverbands sowie die »Unterhändler« aus Bund und Ländern, 16 Stunden um das Klima ringend.

Dreifaches Echo

Genug der Scherze. Es ist natürlich wohlfeil, sich über die Gefühle anderer lustig zu machen. Nicht allerdings, diejenigen lächerlich zu finden, die aus den Gefühlen anderer die Konstanten machen, aus denen sie angebliche Naturgesetze von Armut, Ungerechtigkeit, Benachteiligung und Gewalt ableiten.

Wirklich erstaunlich, oft schockierend ist, in welchem

Maß und mit welch absurden Blüten die Oberfläche der ins 21. Jahrhundert taumelnden Moderne sich in »Gefühlen« verliert und definiert und welch absurde Gefühlsnarrative Millionen Menschen vom jeweils Naheliegenden auf Dauer ablenken können. Auf der kleinen Insel Bundesrepublik sprechen Millionen von Sprechern ununterbrochen darüber, wie es sich anfühlt, man selbst zu sein und den Gefühlen aller anderen ausgesetzt, und wie es wohl gelingen könnte, in den anderen das Gefühl zu erzeugen, dass sie sich nur ins Gefühl des jeweils Sprechenden einschwingen müssten, damit alles gut wird.

Ich rede keineswegs nur von verachteten »Gutmenschen« und aggressiv Aufdringlichen. Ich meine auch die Opfer-Darsteller auf den Sofas der Talkshows, die derangierten Ministerinnen, die CEOs und die clownesken »Volks«-Zwerge, die Start-up-Macher und Verfassungsschützerinnen und so weiter. Irgendwie alle, auf jeweils eigene Weise, scheinen in der Welt fast alles verloren zu haben, für das es sich in ihrer Erinnerung einst lohnte sich zu freuen. Die Moderne, die mit dem Versprechen der bürgerlichen Freiheit zum Glück begann, hat einige unermesslich reich gemacht und alle unermesslich allein. Das Maß an Einsamkeit, das heute die zur Selbstoptimierung Verdammten in den reichen Ländern durchs Leben treibt, war vor 1000, 500 oder 200 Jahren so unvorstellbar wie das Maß des Reichtums von Herrn Bezos.

Was bleibt, wenn alle Bindungen zerstört, alles Feste verflüssigt, alles Gemeinsame vereinzelt, alles Besondere vernichtet ist? Wenn die Gesetze der erlebbaren Welt beherrscht und gestaltet werden von unermesslicher Gewalt, die niemandem mehr Rechenschaft gibt und die niemand ganz versteht: Geld, das sich von jeder Substanz gelöst hat;

Kommunikation, die keine zeitlichen und inhaltlichen Grenzen kennt; eine Welt von Waren, die sich selbst auffrisst? Es bleibt, vorerst, das Gefühl. Eine Sehnsucht, dass das vollständig überforderte Ich nicht allein sein möge. Dass sich Regeln im Gemeinsamen finden lassen, Vertrauen in Zusammenhängen. Man könnte es rührend finden, in welchem Maß und mit welch erbarmungswürdigen Mitteln sich die Menschen in den Sektoren der Gesellschaft jeweils bemühen, ihre Köpfchen über diesem Strudel zu halten. Jeder für sich und alle zusammen extrem vorhersehbar.

Die öffentliche Kommunikation ist in einem seltsamen Zustand. Milliarden von schicksalhaft Unwissenden fordern voneinander ultimatives Wissen, stets, sofort, schnell. Niemand kann auch nur ansatzweise mehr verstehen, was um ihn herum vor sich geht: Niemand versteht die Technik des Alltags, die Strukturen der Gesellschaft, die Ströme der Herrschaft und des Reichtums. Niemand vermag noch zuverlässig vorherzusagen, was die jeweils anderen denken, wohin sie streben, wer ein Feind ist und wer ein armes Schwein. Ein solcher Zustand der Fremdheit ist außergewöhnlich; er ist anthropologisch allenfalls als anomische Ausnahme in Katastrophen vorgesehen. Er erzeugt vielfache Irrationalität. Man kann das, an fast jedem beliebigen Platz auf dem Spielfeld, verächtlich finden. Das hilft aber nicht: Man sitzt am Ende unweigerlich ganz allein auf der Bühne und weiß die Antworten nicht.

Wenn man sich so weit ins Abstrakte verzieht, wird man oft entweder milde oder verwirrt, gelegentlich auch nur müde. Wie jedermann weiß, gibt es konkrete Ausweichstrategien, die auf einer halbwegs intelligenten Ebene allerdings nicht zur Verfügung stehen: Aggression gegen Fremdes ist extrem naheliegend, eingeübt und entlastend. Sie findet ihre Bestätigung in sich selbst und fühlt sich daher gut an. Das darf man bei allem Klagen und Rätseln nicht übersehen: Es fühlt sich nicht nur gut an, klare Feindbilder zu haben, sondern erzeugt auch ein starkes Gefühl des Selbst. Die jubelnden Faschisten und Faschistinnen, von denen die BRD und die DDR einst angeblich befreit wurden, freuten sich nicht über ihre Existenzen als Ameisen, sondern jauchzten über die Kraft, die ihr Ich im großen Ganzen fand. Der »Stolz, Deutscher zu sein«, ist ein Zauberspruch aus jener Sehnsucht.

Es reicht also vermutlich nicht, sich gegenseitig ohne Unterlass zu erklären, dass der jeweils andere das falsche *Gefühl* habe und das richtige nicht habe. Nichts gegen Stilfragen, Symbolfragen, Hass- und Liebe-Fragen, Modefragen und Move-Betrachtungen. Es spricht allerdings viel dafür, dass sie allesamt wertlos sind, wenn nur einmal der kalte Wind weht. Dieser Hinweis wiederum soll kein Aufruf zum »Prepper«-Unwesen sein, sondern eine Erinnerung daran, dass die Gefühle aus der wirklichen Welt kommen und nicht umgekehrt. Das ist eine zugegeben etwas vereinfachte Variation einer älteren Erkenntnis, aber immer noch nützlich.

Dem Autor aus München, mit dem diese Kolumne begann, leuchten Bedenken gegen den wirklichen Unterschied zwischen »Frau Quandt« und südosteuropäischen Familien, die täglich ihren Dienst tun, aus anthropologischer Sicht nicht ein. »Wirtschaft« findet er total uninteressant: Das Thema ist ja so was von durch! So kann man sich irren. Wäre das richtig, so wäre die Welt ganz und gar verloren. Menschen, die schon mit 16 Jahren vieles über das Weltklima in 250 Jahren wissen, können unmöglich ernsthaft annehmen, die Sache mit der Weltwirtschaft werde sich lösen, wenn jeder täglich seinen Dienst und im Übrigen ein bisschen was dazu tut.

Ich wünsche Ihnen vorerst schöne Feiertage. Ein Übermaß an Gefühl sollten Sie zu vermeiden versuchen.

Sex and Crime

Pornografie und Keuschheit

(02.01.2020)

Assoziationen

Am 20. Dezember konnte man in der *FAZ* lesen, die Regierungskoalition wolle »die Ermittlungsbefugnisse im Fall von schwerster sexueller Gewalt gegenüber Kindern erweitern«. Kommentator Daniel Deckers fragte, »warum es so lange dauerte« und »warum die Politiker auf halbem Weg stehen bleiben«. Zunächst aber führte er in den Sachstand ein: »Das Schänden von Kindern ist ein Verbrechen, das nicht vielen an Abscheulichkeit gleichkommt.« Vermutlich meinte er allerdings das Gegenteil: »dem nicht viele an Abscheulichkeit gleichkommen«. Die grob missglückte Formulierung fiel wahrscheinlich kaum einem Leser auf, weil alle sowieso schon wissen, was da zu stehen hat. Der Campingplatz in Lügde zeige, so Deckers weiter, dass es »nicht eine Handvoll Perverser, sondern Väter und Onkel sind, die ihre Macht auf diese fürchterliche Art einsetzen«.

Die Begriffe sind geläufig, beliebt, eingeübt und gewähren daher Orientierung: Schänden, Gewalt, Perversität, Fürchterlichkeit, Abscheulichkeit, Verbrechen. Wenn man weniger worttrunken an die Sache herangeht, fällt allerdings auf, dass es in den Meldungen, auf welche sich der Kommentar bezog, um die Verbreitung von »Kinderpornografie« ging, dieses Wort in dem Kommentar aber überhaupt nicht vorkommt.

Was immer Pornografie ist und wie man sie beurteilt, handelt es sich doch jedenfalls um etwas *anderes* als um »Schänden«, »schwerste Gewalt« und »fürchterliches Verbrechen«. Im schlimmsten Fall kann sie so etwas *darstellen*. Aber auch die abstoßendste Darstellung einer Tötung bleibt eine Darstellung und ist nicht selbst ein Mord. Abbildungen von grausamen Tötungen werden denn auch nicht nach § 211 StGB mit lebenslanger Freiheitsstrafe geahndet, sondern nach § 131 mit Freiheitsstrafe bis zu einem Jahr oder Geldstrafe; der Gesetzgeber sieht sie also als so strafwürdig an wie zum Beispiel eine Beleidigung oder einen Hausfriedensbruch.

Schon dieser Hinweis führt mit ziemlicher Sicherheit dazu, dass man als »Verharmloser« oder »Täterfreund« beschimpft wird. Das ist deshalb erstaunlich, weil nicht nur bei der Darstellung von Grausamkeit (§ 131 StGB), sondern auch bei der Gewaltpornografie (§ 184a) oder der Tierpornografie (§ 184a) kaum jemand meint, Besitzer von Fotos davon müssten ebenso bestraft werden wie Mörder oder grausame Sadisten. Bei Kinder- und Jugendpornografie setzt die allgemeine Bewertung schon den Besitz eines Bildes von Missbrauchstaten mit diesen selbst gleich. Wer einen Film besitzt, der die Zerstückelung eines Menschen in allen Einzelheiten zeigt, ist straflos; wer ihn herstellt oder veröffentlicht, ist mit Strafe bis zu einem Jahr bedroht. Wer das Bild eines schlafenden nackten Kindes vertreibt, kriegt fünf, und der Besitz bringt drei Jahre. Das kann man verhältnismäßig finden, muss es aber nicht.

Die genannte Liste von Wörtern der Abscheulichkeit betrifft die Taten selbst, allerdings in spezieller Weise. »Schänden« bedeutet »jemandem Schande antun« und spiegelt daher unmittelbar jene verdrehte Moralvorstellung, wonach die »Schande« von Sexualdelikten nicht die *Täter*, sondern die *Opfer* trifft. Das ist genau die menschenfeindliche Moral, die den »Ehrenmorden«, den Rachefeldzügen wegen »Schändung« von unverheirateten Töchtern und der frauenerniedrigenden Ideologie zugrunde liegt, über welche unsere Leitkultur sonst so gern ihre Verachtung ausschüttet. Dass im Jahr 2019 in einem deutschen Leitmedium Opfer von Sexualstraftaten als »geschändet« bezeichnet werden, befremdet.

Auffällig ist auch das Maß dramatischer Empörung: Schwerste sexuelle Gewalt und beispiellos abscheuliche Verbrechen kommen selbstverständlich vor, sind aber nicht die Regelerscheinung des sexuellen Missbrauchs von Kindern oder Jugendlichen. Es ist auch unsinnig, den Begriff »Gewalt« unterschiedslos auf alles anzuwenden, was Körper, Geist, Seele, Sicherheit oder Gefühl von Menschen beeinträchtigt. Jeder weiß, dass es ein erheblicher Unterschied ist, ob man schwer verletzt oder ob man beleidigt wird. Und es ist nicht schwierig, sich klarzumachen, dass zwischen einem mit schwerer körperlicher Gewalt erzwungenen Geschlechtsverkehr mit einem zehnjährigen Kind und dem Ausnutzen spielerischer Situationen oder vertrauter Zuneigung zu sexuell motivierten Berührungen Unterschiede bestehen: in der Tätermotivation, in der Hemmschwelle, im Erleben des Tatopfers und in den Auswirkungen. Das ändert nichts daran, dass beides falsch, verwerflich, verboten und strafbar ist. Es hat aber keinen kriminologischen oder opferschützenden Sinn, Unterscheidungen schon in der begrifflichen Beschreibung auszuschließen.

Es tut, was der zitierte Kommentar angeblich zurückweist. Wenn unterschiedslos alle Taten zu grässlichen Schandtaten von Monstern dämonisiert werden, macht dies den »Vätern und Onkeln« leicht anzunehmen, dass jedenfalls nicht sie gemeint sein können. Und den Müttern und Tanten erst recht. Die fantasiebeflügelte Pathologisierung der Täter als gewissenlose, triebhafte Unholde spiegelt sich in der Pathologie des Bedürfnisses, die Grenzenlosigkeit der eigenen Abscheu zu beteuern.

Dramatisierung findet auf mehreren Ebenen statt:

(1) Es gilt heute als opferfreundlich, jegliche Behelligung, in welcher Form auch immer, »Gewalt« zu nennen. Wortkunststücke wie »körperliche, sexuelle, psychische, digitale, sprachliche Gewalt« ändern aber nichts daran, dass die Sachverhalte unterschiedlich sind.

(2) Alle Missbrauchstaten werden oft unterschiedslos als »schwer« (oder gar »schwerst«) eingeordnet. Ein Beispiel für Sprachverlogenheit war es, als im Jahr 2004 im Tatbestand des sexuellen Missbrauchs von Kindern (§ 176 StGB) die Strafzumessungsregel für »minder schwere Fälle« mit der Begründung gestrichen wurde, es sei »den Tatopfern nicht zuzumuten«, wenn ihr Fall als »minder schwer« beurteilt werde. Selbstverständlich verschwinden die »weniger schweren« Fälle nicht, wenn man sie nicht mehr so nennt: Die gesetzlichen Strafrahmen sind gerade dazu da, die leichten von den mittleren und den schweren Fällen zu unterscheiden.

(3) Schließlich werden die *Folgen* von Missbrauchstaten eingeebnet: Ein Bereich unterhalb »schwerer Traumatisierung« wird von Eiferern gar nicht mehr in Erwägung gezogen. Eine solche Sichtweise entwürdigt und entmündigt die Tatopfer und nutzt im Ergebnis dem Opferschutz wenig, dem Bedeutungs- und Machtgefühl der Helfer viel. Es soll mit dieser Feststellung nicht das Leiden von Opfern gering geschätzt oder die Notwendigkeit fachkundiger

Hilfe geleugnet werden. Es mangelt aber manchen Helfern an Selbstreflexion. Wer die Nachricht, dass ein kindliches Tatopfer *keine* schweren Schäden davongetragen hat, gar nicht mehr glauben oder erfreulich finden kann, hat vermutlich erhebliche *eigene* Probleme und sollte von der Kinderpsyche eher ferngehalten werden.

Die Pornografie hat Missbrauchstaten oft – nicht immer – zum Gegenstand, ist aber nicht dasselbe. Das Besitzen einer kinderpornografischen Datei setzt weder voraus, dass der Besitzer ein Kind sexuell missbraucht hat, noch, dass eine solche Tat geschehen ist oder wird. Es kommt, wie so oft, darauf an.

Auch hier gibt es Überzeichnungen. Eine angeblich »weltweite« Organisation (tatsächlich gibt es sie in sechs Ländern) mit dem merkwürdigen Namen Innocence in Danger (mit wahrhaft erstaunlichem Adelsanteil in Präsidium und Vorstand) leitet ihre Spendenaufrufe mit der Schlagzeile ein: »Jede Sekunde sind 750 000 Pädokriminelle online« (Quellenangabe: »FBI«). Das mag man für sinnfreie Aufdringlichkeit im *american style* halten. Aber die Geschäftsführerin des Vereins führte als Sachverständige im Rechtsausschuss des Bundestags aus:

»*Im Moment bewegen sich laut der Hochrechnung der Mikado-Studie ungefähr 728 000 erwachsene Personen online in sexuellen Kontakten mit Kindern in Deutschland. Es gibt eine Dissertation aus Schweden, die über 2000 von Onlinemissbrauch betroffene Mädchen und Jungen befragt hat, die sagt, dass die Traumatisierung dieser Mädchen und Jungen vollkommen gleichzusetzen ist mit der Traumatisierung, die ein analoger Missbrauch mit sich bringt. Also ich glaube, wir müssen aufhören, das Digitale und das Analoge voneinander zu trennen.*«

Wo das Eifertum die Aufhebung von Unterscheidungen als Verteidigung der »Unschuld« propagiert, ist erfahrungsgemäß Vorsicht angebracht. Das gilt allgemein, und bei der sexuellen Unschuld besonders.

Pornografien

Im Januar 2020 soll ein Gesetz beschlossen werden, das den Strafverfolgungsbehörden bei Ermittlungen wegen »Verbreitens kinderpornografischer Schriften« neue Befugnisse einräumt. Nach allgemeiner Ansicht hat das Phänomen einen erheblichen Umfang. Das ist eine Folge der digitalisierten Kommunikation, die unvermeidlich auch allen Dreck in die Welt spült, der in den Gehirnen der Menschen spukt.

Die öffentlichen Bewertungen und Verurteilungen des in § 184b StGB unter Strafe gestellten »Verbreitens kinderpornografischer Schriften« unterscheiden sich meist nur im Maß der »Abscheu«. Das ist nicht selbstverständlich, denn die meisten Bürger, aber auch fast alle Rechtspolitiker weisen weit von sich, kinderpornografische Dateien zu kennen, also jemals angeschaut oder besessen zu haben. Ekel und Abscheu beziehen sich also auf bloße *Vorstellungen* des Verbotenen. Auch die in der Presse verbreiteten Beschreibungen enthalten meist nur abstrakte Verurteilungen (»Unsägliches«, »Unerträgliches«, »Schreckliches« und so weiter). Aus (sozial-)psychologischer Sicht ist das auffällig: Es signalisiert ein hohes Maß an Interesse einerseits, Angst andererseits. In den Tiefen dieser Angst finden sich die Wesen, die als »Monster« und »Schänder« die Schlagzeilen bevölkern.

Könnten Sie spontan die Strafvorschrift wiedergeben, die das Verbreiten von Kinderpornografie mit Strafe bedroht? Im Alltag gilt die Regel: Lies nie ein Gesetz, über das du eine feste Meinung hast oder äußerst! Falls Sie eine Ausnahme machen möchten, ist hier der Wortlaut von § 184b StGB:

»(1) Mit Freiheitsstrafe von drei Monaten bis zu fünf Jahren wird bestraft, wer

1. eine kinderpornographische Schrift verbreitet oder der Öffentlichkeit zugänglich macht; kinderpornographisch ist eine pornographische Schrift (§ 11 Absatz 3), wenn sie zum Gegenstand hat:

a) sexuelle Handlungen von, an oder vor einer Person unter vierzehn Jahren (Kind),

b) die Wiedergabe eines ganz oder teilweise unbekleideten Kindes in unnatürlich geschlechtsbetonter Körperhaltung oder

c) die sexuell aufreizende Wiedergabe der unbekleideten Genitalien oder des unbekleideten Gesäßes eines Kindes,

2. es unternimmt, einer anderen Person den Besitz an einer kinderpornographischen Schrift, die ein tatsächliches oder wirklichkeitsnahes Geschehen wiedergibt, zu verschaffen,

3. eine kinderpornographische Schrift, die ein tatsächliches Geschehen wiedergibt, herstellt oder

4. eine kinderpornographische Schrift herstellt, bezieht, liefert, vorrätig hält, anbietet, bewirbt oder es unternimmt, diese Schrift ein- oder auszuführen, um sie oder aus ihr gewonnene Stücke ... zu verwenden oder einer anderen Person eine solche Verwendung zu ermöglichen, soweit die Tat nicht nach Nummer 3 mit Strafe bedroht ist.

(2) Handelt der Täter in den Fällen des Absatzes 1 ge-

werbsmäßig oder als Mitglied einer Bande, die sich zur fortgesetzten Begehung solcher Taten verbunden hat, und gibt die Schrift in den Fällen des Absatzes 1 Nummer 1, 2 und 4 ein tatsächliches oder wirklichkeitsnahes Geschehen wieder, so ist auf Freiheitsstrafe von sechs Monaten bis zu zehn Jahren zu erkennen.

(3) Wer es unternimmt, sich den Besitz an einer kinderpornographischen Schrift, die ein tatsächliches oder wirklichkeitsnahes Geschehen wiedergibt, zu verschaffen, oder wer eine solche Schrift besitzt, wird mit Freiheitsstrafe bis zu drei Jahren oder mit Geldstrafe bestraft.

(4) Der Versuch ist strafbar; dies gilt nicht für Taten nach Absatz 1 Nummer 2 und 4 sowie Absatz 3.

(5) Absatz 1 Nummer 2 und Absatz 3 gelten nicht für Handlungen, die ausschließlich der rechtmäßigen Erfüllung von Folgendem dienen:

1. staatliche Aufgaben,

2. Aufgaben, die sich aus Vereinbarungen mit einer zuständigen staatlichen Stelle ergeben, oder

3. dienstliche oder berufliche Pflichten.«

§ 184b enthält zwei Begriffsbestimmungen: »Kinder« sind Personen unter 14 Jahren, und »kinderpornografisch« sind »pornografische« Schriften, die einen der in Absatz 1 Nr. 1 Buchstaben a) bis c) beschriebenen Inhalte haben. Entsprechendes gilt für »jugendpornografische« Schriften (§ 184c StGB), die Personen von 14 bis 17 Jahren betreffen. Beide Tatbestände verweisen auf den allgemeinen Begriff der Pornografie, der aus § 184 stammt. Kinderpornografie setzt voraus, dass auch der allgemeine Begriff der Pornografie erfüllt ist.

Was das ist, ist eine Wertungsfrage und nur unter Berücksichtigung des sozialen Umfelds zu bestimmen. Im

Jahr 1900 galt in bürgerlichen Kreisen das Vorzeigen einer Frauenwade als pornografisch, im Jahr 1951 immerhin noch ein flüchtiger Blick auf Hildegard Knefs nackte Brust. Seit dem »Fanny-Hill-Urteil« des BGH aus dem Jahr 1969 plagt sich die Rechtsanwendung mit der Definition, Pornografie sei eine »aufdringlich vergröbernde oder anreißerische« Darstellung sexuell motivierten oder stimulierenden Verhaltens, das »Belange der Gemeinschaft stört oder ernsthaft gefährdet« (BGHSt 23, 40). 1990 hat der BGH geklärt, dass Pornografie und Kunst sich nicht ausschließen, wie man es früher annahm (BGHSt 37, 55). Im Jahr 2020 spielen Pornografieprodukte eine herausragende Rolle im privaten Internetgebrauch. Alles ist eine Frage der sozialen Verständigung und unterliegt ständiger Wandlung.

Bei der sogenannten Kinder- und Jugendpornografie werden die Definitionen durchweg von Erwachsenen vorgenommen: Pornografisch ist der erwachsene Blick auf das Kind, nicht dessen Verhalten. Das ist insoweit bedeutsam, als es nicht nur mit den Begriffen und Grenzen von »Sittlichkeit« und Sexualmoral zu tun hat, sondern unmittelbar auch mit denen von Kindlichkeit, Reife, Definitions- und Zugriffsmacht. Die Dauererregung mittels hypersexualisierter Puppenmädchen in der allgegenwärtigen Bilderwelt steht in schmerzlichem Konflikt mit der Dauerempörung über die fantasierte Pornografie.

»Keuschheitsproben«

Die Rechtspolitiker der Regierungsparteien haben sich darauf geeinigt, einen Vorschlag des Bundesrats umzusetzen, wonach das Verbreiten kinderpornografischer (und jugendpornografischer) Schriften erlaubt sein soll, wenn diese ein fiktives oder wirklichkeitsnahes Geschehen wiedergeben. Polizeibeamte sollen *fiktives* kinderpornografisches Material herstellen und verbreiten dürfen. Denn bei verdeckter Ermittlung in pädophilen Netzwerken im Internet können »Keuschheitsproben« erforderlich sein: (Angeblichen) Interessenten wird Zugang nur gewährt, wenn sie selbst neues Material liefern. Das entspricht Gepflogenheiten in Bereichen der organisierten Kriminalität, wo zum Schutz vor verdeckten Ermittlern von Neulingen verlangt wird, Straftaten zu begehen, die Polizeibeamte nicht begehen dürfen (zum Beispiel schwere Gewalttaten).

Der Bundesrat hat nun ausgeführt, dass »das tatbestandsmäßige Verbreiten von kinderpornographischen Schriften häufig das einzige Mittel ist, um den für Ermittlungen erforderlichen Zugang zu entsprechenden Foren zu erhalten« (Drucksache 365/19). Es sollen »ausschließlich fiktionale, also rein mittels Computertechnologie erstellte, aber täuschend echt aussehende Abbildungen« verwendet werden.

Wie meist, wenn besonders verwerflich erscheinende Handlungen und besonders geheim oder ausgeklügelt erscheinende Polizeimethoden inmitten stehen, ist die öffentliche Meinung begeistert; die Presse ergeht sich in spannenden Beschreibungen der Ermittlungsarbeit. Dass irgendein Journalist schon einmal eine der »täuschend echten Darstellungen« gesehen hat, ist eher unwahrscheinlich. Das gilt auch für die Rechtspolitiker, die das Gesetz beschließen wollen. In der Sachverständigenanhörung vom 6. November hörte man, »in Amerika« gebe es solche Programme. Außerdem entwickle sich die Deepfake-Technik ja weiter.

Man könnte annehmen, dass diejenigen, die man überlisten will, ebenfalls Zeitung lesen. Sie werden sich überlegen, welche »Proben« verlangt werden können, die man *nicht* »rein fiktiv« erbringen kann. Und ob es jemals Programme zur Erzeugung von perfekt »fiktiver Pornografie« geben wird, ohne dass zugleich Programme existieren, die solche Fakes erkennen, ist unter den IT-Fachleuten nicht unstreitig. Aber wenn wir von kriminalistischen Details einmal absehen, über welche uns die Presse eher wolkig berichtet (zum Beispiel Helene Bubrowski in der *FAZ* vom 20.12. gleich zweifach: »Neue Befugnisse im Kampf gegen Kinderpornografie«, Seite eins, und »Die Keuschheitsprobe überlisten«, Seite zwei), stellen sich doch eigentlich ein paar andere Fragen:

Dass im Auftrag des Staats Straftaten begangen und weitere Straftaten gefördert werden, ist nicht selbstverständlich und bedarf der Begründung und Rechtfertigung. Zur Legitimierung des Plans, staatliche Kinderpornografie herzustellen und ins Internet einzuspeisen, »deren Unechtheit nicht erkennbar ist«, hat der Bundesrat ausgeführt: »Bei der Beschränkung auf rein mittels Computertechnologie erstellten Abbildungen ist die Betroffenheit von Rechtsgütern Dritter ausgeschlossen, da es sich um Bildbeziehungsweise Videoaufnahmen handelt, die künstlich erzeugt werden.« Das ist eine bemerkenswert unsinnige, jedenfalls unklare Behauptung. Sie widerspricht eklatant dem üblichen und auch in derselben Drucksache wiederholten Argument für die Strafbarkeit von Kinderpornografie im Allgemeinen: Jede Verbreitung entsprechenden Materials erhöhe den Marktumsatz, schaffe und verstärke eine Suchtentwicklung von Pornografiekonsumenten und wirke so zumindest mittelbar auf eine Erhöhung des Angebots sowie auf die Begehung von realen Missbrauchstaten hin.

Wenn bei fiktivem Material »die Betroffenheit von Rechtsgütern Dritter (gemeint: von Kindern) ausgeschlossen« wäre, so wäre gar nicht erklärbar, warum das Verbreiten überhaupt strafbar sein soll. Es ist nicht nachvollziehbar, dass Material, durch das gar keine Rechtsgüter verletzt oder gefährdet werden, nur Polizisten und Staatsanwälte verbreiten dürfen sollen, während alle anderen für dieselbe ungefährliche Handlung bestraft werden. Und warum soll Bezug und Besitz von Material, das keine Gefahr für fremde Rechtsgüter birgt, nicht Personen erlaubt sein, die zwar pädophil sind, aber keine Missbrauchstaten begehen wollen? Für solche Menschen hält die Rechtsordnung heute allein die Auskunft bereit, dass alles, was sie jemals zur Verwirklichung ihrer sexuellen Fantasien tun könnten, mit Freiheitsstrafe oder lebenslanger Unterbringung bestraft wird, selbst wenn es »rein fiktiv« ist. Der heterosexuelle oder homosexuelle Mensch fände das, wenn man es ihm zum 14. Geburtstag offenbaren würde, ziemlich unmenschlich.

Eins nach dem andern

Man müsste also, bevor man ohne detaillierte Kenntnis das nächste polizeiliche Rezept gesetzlich absegnet, zunächst einige tiefer gehende Fragen diskutieren. Eine Gesellschaft, die sich so exzessiv wie unsere mit den Formen, Folgen und Abgründen des Sexuellen befasst, müsste sich vertieft mit ihren Motiven befassen. Stattdessen wird dem Ozean der Pornografie und der Moral der »Abscheu«

rasch ein weiteres Rezept »aus Amerika« beigefügt, das dann wieder einmal ganz bestimmt die »Innocence« der Kinder und Jugendlichen schützt. Dem Kommentator der *FAZ* fiel, wie von Zauberhand, beiläufig noch ein, es sei doch schrecklich zynisch, den Schutz von Kinderrechten vorzuschlagen und zugleich etwas gegen die »Vorratsdatenspeicherung« zu haben. So ist in der reinen Fiktion schon die nächste Stufe der großen Sicherheit vorausgedacht.

Das Leiden der anderen

(12.06.2020)

Seelenbilder

Der Beruf des Kriminalpolizisten setzt viel voraus und verlangt viel, ist nicht gut bezahlt und oft eingeklemmt zwischen individuellem Stress, nervenaufreibender Bürokratie und Konfrontation mit widersprüchlichen Erwartungen von Menschen in Ausnahmesituationen. Nicht einfach! In der Wirklichkeit ist die Anzahl der Kommissare, die nebenbei Kriminologie oder Psychologie studiert haben, nicht so hoch wie im TV-»Tatort«, allerdings auch nicht die der persönlichkeitsgestörten Partnerschaftswracks mit Autoritätstrauma und Disziplinarverfahren an der Backe. Alles also eher normal, wie es halt so ist im Leben, wo die Quote früherer Waldorfschüler unter Tanztherapeuten vermutlich einfach höher ist als im Unteroffizierscorps der Bundeswehr. Auch deshalb sollte man annehmen, dass der Beruf des Kriminalpolizisten nicht bevorzugt Menschen anzieht, die sich durch emotionale Irritierbarkeit, brüchiges Selbstbild und extreme Fantasieneigung auszeichnen. Betrachtet man die Selbstdarstellung des Berufs, wird diese Erwartung auch meist bestätigt: eher robust und dem Handfest-Praktischen zugetan, vertraut mit Tricks und Abgründen der sogenannten Kundschaft, bei fast jedem fast alles für möglich haltend, mit einer Sicherheit vermittelnden Distanz zum eigenen Ich und zum fremden Leiden.

Daher ist es erstaunlich, bei der Pressekonferenz eines Polizeipräsidenten zu hören, die Ermittlungsarbeit einer Kommission sei »das Schlimmste« gewesen, was den Kollegen je widerfahren sei, eine grauenvolle, emotional nicht zu bewältigende Belastung. Wir hören und schaudern, wenn von Paragraf 184b StGB, der »Verbreitung kinderpornografischer Schriften«, die Rede ist:

»Es geht mir darum, das Entsetzen darüber zum Ausdruck zu bringen, was geschehen ist und was meine Mitarbeiter in nur drei Wochen ermittelt haben. Selbst die erfahrensten Kriminalbeamten sind an die Grenzen des menschlich Erträglichen gestoßen und weit darüber hinaus.«

Das sagte, Presseberichten zufolge, der Polizeipräsident von Münster bei der Pressekonferenz zum Ermittlungsverfahren wegen schweren sexuellen Missbrauchs und Verbreitung kinderpornografischer Schriften in Münster, und dem Leiter der mit der Ermittlung befassten Kommission »versagte«, so lesen wir, »beinahe die Stimme«, als er der Presse davon berichtete, wie schlimm die entdeckten Bild- und Videodateien seien. Das ist menschlich verständlich und in der Sache vermutlich nicht fernliegend. Andererseits entspricht es nicht dem sonst gewohnten Selbstbild von Polizei und Staatsanwaltschaften bei der Verkündung von Fahndungserfolgen. Das gilt entsprechend auch für die Medienöffentlichkeit. Hier rücken zwar immer einmal wieder Betrachtungen über die imaginierte Innenwelt von Ermittlern ins Blickfeld; aber eine allgemeine Klage über die schreckliche Belastung, sich beruflich tagein, tagaus mit Terrordrohungen, Holocaustleugnungen, um ihre Ersparnisse geprellten Rentnern oder Mordmotiven befassen zu müssen, findet sich selten. Anders bei der Kinderpornografie. Da fragt etwa *Bild* am 6. Juni:

»Wie kommen die Ermittlungsbeamten und -beamtinnen, die selbst Väter und Mütter sind, mit diesen Eindrücken zurecht? ... Wer macht sich Gedanken über die Männer und die Frauen bei der Polizei, die Hunderte von Terabytes auswerten müssen von diesem abscheulichen Dreck?«

Die Antwort gibt die Zeitung gleich selbst: Wir tun es. Dass die Beamten auch »Väter und Mütter« sind, ist richtig. Sie sind allerdings auch alles andere, was Menschen in der Gesellschaft außerhalb ihrer Berufsrolle sind. Trotzdem verzweifeln sie nicht schon deshalb am Einbruch, weil sie selbst in Wohnungen leben, und nicht am Totschlag, weil sie selbst Freunde und Verwandte haben. Der Topos vom Ermittler, der an den Beweisstücken des Kindesmissbrauchs leidet, ist aber weit verbreitet und dient auch im professionellen Umfeld von Polizeiführungen und Interessenvertretungen als moralisch unangreifbares Argument für ganz unterschiedliche Anliegen.

»Der Chef des Bundes Deutscher Kriminalbeamter (BDK), Sebastian Fiedler, erklärte ..., die Polizei stoße personell oft an die Grenzen. ... Fiedler spricht von einem großen Dunkelfeld und geht davon aus, dass mindestens 100 Kinder täglich Opfer von sexuellem Missbrauch werden.« (ARD-»Morgenmagazin«, 9. Juni 2020)

Das ist auch insoweit etwas irritierend, als man es im Zusammenhang mit anderen Straftaten nicht so und jedenfalls nicht in diesem Maß gewohnt ist. Man liest selten darüber, wie schrecklich es ist, Zeugenvernehmungen von misshandelten oder vergewaltigten Menschen durchzuführen, und die Fernsehkrimis signalisieren dem Zuschauer nicht, dass es grauenvoll sei, im Morddezernat zu arbeiten, sondern zeigen im Gegenteil, dass dies eine erfüllende und oft lustige Tätigkeit sei, wo zwischen Sektionstisch und »SpuSi« so manche Currywurst gegessen und so manches Bierchen gezischt wird. Das bedeutet natürlich nicht, dass es nicht auch dort schrecklich sein kann. Aber es ist einfach viel seltener, obgleich doch hinter den mit Paragrafen bezeichneten Tatbeständen des Strafrechts oftmals ein berührendes, grausames, erschreckendes Geschehen steckt, Abgründe von bösem Willen und Niedertracht sich auftun und menschliches Leid in die Form gebracht werden muss, die eine Verarbeitung in den formellen Verfahren erlaubt, die das Gesetz mit guten Gründen vorschreibt. Hier stellen sich vielleicht, neben allen anderen, auch Fragen nach dem spezifischen Inhalt, der öffentlichen Wahrnehmung und der sozialen Verarbeitung.

Vertretungen

Focus Online vom 8. Juni 2020 hat folgende Erwägung angestellt:

»*Ob Lügde, Münster oder der Fall Maddie – angesichts der unvorstellbar grausamen Verbrechen an Kindern stellt sich die Frage: Welche Rechtsanwälte verteidigen Angeklagte, die in den Augen nicht weniger Menschen geradezu monströse Verbrechen begangenen und damit sämtliche Rechte verwirkt haben?*«

Bemerkenswert ist, mit welch triumphaler Gewissheit Ermittlungsbehörden und Medien den Eltern des im Jahr 2007 verschwundenen Kindes »Maddie« seit einer Woche sagen, dass ihre Tochter erstens tot und zweitens Opfer eines »monströsen« Sexualmords geworden sei.

Abgesehen davon interessiert am Zitat zweierlei: zum einen die Mitteilung, Täter von Verbrechen an Kindern hätten »sämtliche Rechte verwirkt«, jedenfalls »in den Augen« der »nicht wenigen Menschen«, deren »Fragen« das genannte Medium freundlicherweise an alle anderen weitergibt. Zum anderen die Beschreibung dessen, um was es in der Sache eigentlich geht. »Unvorstellbar grausam« und »geradezu monströs«: Wer so einsteigt, hat keinen Raum mehr für Steigerungen. Die Erregung kann hier nur immer weiter beteuert werden; die Klimax ist schon mit der Überschrift erreicht. Was soll hinter »unvorstellbar« noch kommen? Was unterscheidet aktuelle Monstrosität von der letzten und vorletzten, und von der nächsten und übernächsten? Man kann einmal schreiben, beim Anblick abgerissener Gliedmaßen oder verfaulter Leichen sei den Mitarbeitern der Mordkommission furchtbar übel geworden. Es bei der nächsten Leiche wieder zu schreiben, wäre aber eher kindisch.

Interessant die Bilder der Bilder. Das Publikum, auch die Presse, kennt die Dateien ja nicht, um die es geht. Es ist verboten, sie anzuschauen, und mit gutem Grund werden sie von den Ermittlungsbehörden nicht vorgezeigt. Wenn also ihr Inhalt als grauenvoll, schrecklich, furchtbar, »das Schlimmste« und so weiter beschrieben wird, sind das nur sprachliche Attribute, durch welche die Wirklichkeit beschrieben wird. Erstaunlich ist, dass die Öffentlichkeit sich damit zufriedengibt. Denn eigentlich möchte man doch fragen: Was ist denn zu sehen, was so grauenvoll ist, dass dem Polizeisprecher die Stimme bricht? Auch die Antwort hierauf wären nur Worte, nicht wirkliche Bilder, und in einer Welt, in der immerzu alle einfach alles fragen, wissen, erfahren, beurteilen möchten, erstaunt der Gleichmut sehr, mit dem praktisch 100 Prozent der Menschen, die sich über die Monstrosität von Bildern erregen, auf jede

Kenntnisnahme dieser Objekte verzichten. Das gilt auch für Journalisten und Redaktionen. Sie würden sich zu Recht weigern, den Inhalt von Dokumenten, die sie gar nicht kennen, als »unvorstellbar schlimm« zu beschreiben, nur weil ihnen ein Beamter gesagt hat, so sei das.

Direkt gefragt: Was meinen Sie denn, verehrte Leser, was auf den sichergestellten Videoaufnahmen zu sehen ist? Welche »unvorstellbaren« Verbrechen stellen Sie sich konkret vor? Und zu fragen ist auch: Wie kommen Sie eigentlich darauf? Irgendwoher müssen die Bilder ja in die Köpfe kommen, bevor sie sich in Ekel und Gewaltfantasie nach außen und gegen die mutmaßlichen Täter kehren.

Warum hört man eigentlich so selten über das Schreckliche und Menschenverachtende der »normalen« Pornografie, die bekanntlich auch hierzulande in außerordentlichem Umfang konsumiert wird? Warum lesen wir nichts über die Traumata von Mitarbeitern der Bundesprüfstelle für jugendgefährdende Schriften? Wieso ekelt sich die Presse nicht in riesigen Buchstaben über Splatterfilme, Gewalt- und Tierpornografie, Vernichtungsorgien mit Maschinenwaffen im »Blockbuster«-Kino?

»Elf Festnahmen und sieben Haftbefehle wegen schweren sexuellen Missbrauchs von Kindern. Das gibt völlig unzureichend die Dimension dessen wieder, was wirklich geschehen ist – mitten unter uns, in unserer Gesellschaft. ... Zu wissen, dass wir oft die Spitze des Eisbergs sehen, macht die ganze Arbeit zu einer Herkules-Aufgabe.«

So wird der Polizeipräsident von Münster zitiert. Das steht stellvertretend auch für viele Kommentierungen: Das Grauen ist »mitten unter uns«. Noch schlimmer: Es tarnt sich perfekt; es sieht aus wie wir. Es heißt: Nachbarschaft, Kita, Onkel und Tante, Spielplatz, Gartenlaube, Sportverein. Das ist eine beängstigende Botschaft: Die Monster, die tun, was jede Vorstellungskraft und die Fantasie der »erfahrensten Kriminalbeamten« übersteigt, sind beides: Das extreme Gegenteil von uns und zugleich perfekt als wir selbst getarnt. Aliens im Innern unserer Gartenlauben, Körper und Seelen.

Entkommen

Was kann man tun? Innenminister Reul weiß schon wieder Bescheid: »Für mich ist sexueller Missbrauch wie Mord«, gab er zu Protokoll und fügte an, die Bundesministerin der Justiz solle »aus dem Quark kommen« und tun, was die Innenminister von ihr verlangen: sexuellen Missbrauch von Kindern schon im Grunddelikt rechtstechnisch als »Verbrechen« einstufen. Der Minister weiß vermutlich, dass das schon deshalb schräg ist, weil es mit dem Fall von Münster, soweit erkennbar, nichts zu tun hat: Dort geht es gar nicht um »einfachen« Missbrauch, und die Strafdrohung von 15 Jahren ist von der Einstufung des Grunddelikts gar nicht tangiert. Und das Haben und Anschauen von Bildern verbotener Handlungen ist nun mal nicht dasselbe wie die Handlung selbst. Sonst wären ja alle wegen Mordes einzusperren, die sich zum Beispiel Videos vom Abknallen von Zivilisten aus einem US-Hubschrauber in Bagdad oder einer »Hinrichtung« durch IS-Mörder angesehen haben.

Wer jedes Mal nach einem Verbrechen schreit, Unvorstellbares sei geschehen und werde von jetzt an mit allen Mitteln verhindert, hat beim nächsten Mal ein Problem. Das Versprechen aller Polizeiminister dieser Welt, dass schon bald niemand mehr getötet, missbraucht, beraubt oder betrogen werde, hat sich in den letzten zweitausend Jahren als überaus unzuverlässig erwiesen. Das ändert leider nichts daran, dass jedes Mal aufs Neue immer dieselben nutzlosen Sofortmaßnahmen gefordert werden von Menschen, die sich mit der kriminologischen Wirklichkeit gar nicht befassen wollen und zufrieden damit sind, das Optimale zu *wollen* – als ob irgendjemand es nicht wollte.

Wenn man verhindern will, dass irgendeine Gartenlaube in Deutschland zum Ort eines Verbrechens oder zum Lagerplatz für Pornografie wird, muss man alle Gartenlauben jeden Tag durchsuchen. Dazu jedes Haus, jeden Keller, jedes Kinderzimmer, jeden Campingbus, jeden Computer und jedes Handy. Man darf niemandem mehr irgendetwas glauben; man muss alle potenziell gefährdeten Menschen, Rechtsgüter und Lagen permanent überwachen, filmen, befragen, analysieren, beobachten. Und man muss alle Personen, die damit befasst sind, selbst auch überwachen, denn selbstverständlich konsumieren auch Polizisten Kinderpornografie und missbrauchen Kinder, ebenso wie Ärzte, Richter, Psychologen, Betreuerinnen, Lehrer. Und selbst wenn wir alle diese Maßnahmen ergriffen, hätten wir nur *einen* Bereich der Sicherheit unter Kontrolle. Es gibt aber auch viele andere.

Das zu sagen, soll nicht das Schutzbedürfnis ad absurdum führen oder infrage stellen, sondern nur die überzogenen Forderungen beispielhaft zu Ende denken. Das zeigt, dass es so nicht geht. Niemand würde so leben wollen, dass nichts passieren kann. Wir können einander nicht permanent in die Köpfe und Gehirne schauen und das Böse schon im Voraus erkennen.

Die extremen Reaktionen emotionaler Art, die Taten

des sexuellen Missbrauchs und der Kinderpornografie (inzwischen) hervorrufen, sind nicht einfach »normal« und selbstverständlich, sondern spiegeln Verhältnisse in den Einzelnen und der Gesellschaft. Dazu gehört auch das Phänomen, dass diese extreme Ablehnung, der geradezu vernichtende Ekel, der bekundet wird, mit der Behauptung einhergeht, nicht genau zu wissen und sich auch »gar nicht vorstellen« zu *wollen,* welches »grauenvolle« Geschehen überhaupt gemeint ist. Stellvertretend für das Publikum ekeln sich dann die Ermittler und werden ihrerseits zu Opfern der eigenen Beweismittel erklärt. Das Publikum wird aufgefordert, Mitgefühl mit Polizisten und Staatsanwälten zu haben, die Straftaten aufklären. Die Bilder der sekundären Opfer verdrängen fast die der realen. Da ist es nicht weit bis zur Aussage, eigentlich sei *jeder* ein Opfer, der sich die fremden Taten nur schlimm genug vorstelle. Damit wäre man dann auf einem psychisch sehr schmalen Grat angelangt.

Die statistische Anzahl von Taten des Verbreitens von Kinderpornografie ist gestiegen. Das ist banal und selbstverständlich, denn die technischen Möglichkeiten haben sich in 25 Jahren vertausendfacht. Die Anzahl realer Missbrauchstaten ist schwerer zu beurteilen. Woher der BDK die Zahl »hundert pro Tag« nimmt, weiß ich nicht. Vieles spricht dafür, dass sich die Zahl kontinuierlich verringert hat: Das Anzeigeverhalten hat sich stark verändert; viele Taten kommen nur durch Auffinden von Bildspuren in die Statistik; die Sensibilität für die Taten selbst ist gegenüber früheren Zeiten stark erhöht. Trotz einer geradezu panisch wirkenden Aufmerksamkeit für dieses Kriminalitätsfeld gibt es aber auch weiße Flecken: »Missbrauch« ist stark auf explizit genitales sexuelles Geschehen fokussiert; missbrauchendes Verhalten durch Frauen wird nur thematisiert, wenn es hiermit – und mit Taten von Männern – in Zusammenhang steht. Mit diesem Hinweis soll nicht erneut eine Ausweitung angeregt werden. Er zeigt aber, dass es Anlass gibt, sich mit Fragen auch hinter formelhaften Reflexen zu befassen.

Trockensumpf

(18.12.2020)

Pornografie, Sie erinnern sich, liebe Leser: Das ist dieses eklige Zeug, das Sie eigentlich nicht angucken, und wenn überhaupt, dann nur manchmal oder praktisch aus Versehen.

Irgendwann gegen Ende der ersten Pubertätsphase hören die Menschen, jedenfalls hierzulande, auf, sich gegenseitig stolz zu erzählen, welche unvorstellbar scharfen Sachen sie schon wieder angeschaut haben oder demnächst anzuschauen beabsichtigen. Das ist ungefähr der Lebensabschnitt, in dem Jungen (sagt man das heute noch?) aufhören, sich gegenseitig über die Penislänge zu informieren. Was Mädchen da machen, weiß ich nicht.

Gestern

Das ist bei mir auch schon furchtbar lange her. Es spielt zu einer Zeit, als man von »Pornhub« oder »xHamster« noch nicht einmal bei Philipp K. Dick oder Perry Rhodan lesen konnte und für die dringenden Informationsbedürfnisse mit dem Unterwäscheteil von Versandhauskatalogen vorliebnehmen musste. Von damals bis zum Kenntnisstand eines 12-jährigen Siebt- oder Achtklässlers des 21. Jahrhunderts war es, pornotechnisch gesehen, ein Erkenntnissprung wie vom *homo erectus heidelbergensis* zum *homo neandertalensis*. Mehr allerdings nicht. Selbstverständlich opferten die Eltern des Jahres 1965 auch schon eine Menge Lebenszeit, um mit pädagogischer Fachkenntnis, Liebe und regelmäßigen Gewalttätigkeiten ihre von Akne vulgaris geplagten Söhne und nach erstem »Intimspray« stinkenden Töchter vom Allerschlimmsten fernzuhalten. Sie hatten dann aber gegen die Texte von *Jagger/Richards* oder den *Troggs* keine Chance mehr.

Damals gab es noch keine wirklich ausgefeilte Kriminalstatistik. Ich glaube allerdings, dass der Eindruck nicht täuscht, dass die Anzahl der Sexualstraftaten in den Sechzigerjahren des 20. Jahrhunderts keinesfalls niedriger war als heute, obgleich der Zugang zur sogenannten harten Pornografie sich überwiegend nur in Bahnhofsnähe, im nordeuropäischen Versandhandel sowie für Personen mit hochgeschlagenem Mantelkragen bewerkstelligen ließ. Man diskutierte ausgesprochen länglich darüber, ob die Pornografie einen kathartischen, einen abstumpfenden, einen kriminogenen oder einen allgemein sittenzerstörenden Charakter habe. Über der Erforschung dieser Frage ist so mancher Bischof ergraut und so mancher Sexualforscher emeritiert worden.

Heute

Heute ist alles anders. Außer der Pornografie. Es ist dies, so sprach der Bundesgerichtshof im Jahr 1969, eine »aufdringlich vergröbernde, verzerrende Darstellung, die ohne Sinnzusammenhang mit anderen Lebensäußerungen bleibt oder gedanklichen Inhalt zum bloßen Vorwand für die Darstellung sexuellen Verhaltens nimmt« (BGHSt 23, 40; »Fanny Hill«-Urteil). Das war schon eine Weiterentwicklung zur Entscheidung von 1952 (BGHSt 3, 295), wonach es darauf ankam, dass »die Scham und das Sittlichkeitsgefühl des normalen Menschen verletzt« werde.

1990 erkannte der BGH dann, dass Pornografie und Kunst sich nicht ausschließen und es für die Grenze des strafrechtlichen Jugendschutzes auf eine Abwägung im Einzelfall ankomme (BGHSt 37, 55, »Opus Pistorum«-Urteil). Diese letztere Botschaft ist auch nach 30 Jahren noch nicht beim normalen Menschen angekommen, der weiterhin in der Regel meist danach unterscheidet, ob etwas entweder Kunst oder Porno ist.

Das ist ein rührender Versuch, die Flüchtigkeit eines Sprungs über den Abgrund mit den Maßstäben der Ewigkeit zu messen, also die konkreteste Form der Emotion mit der abstraktesten Form der Kommunikation unter einen inhaltlich-qualitativen Hut zu bringen. Er scheitert seit etwa 30000 Jahren.

Wenn wir uns noch einmal kurz die Heftchenpornografie des 20. Jahrhunderts anschauen und die Internetpornografie der Jetztzeit danebenlegen, fallen uns zahlreiche Unterschiede, aber auch zahlreiche Gemeinsamkeiten auf. Ganz offensichtlich hat sich die Grenze zwischen dem verschoben, was damals ohne Scham »normal« genannt werden durfte. Erinnert sich noch jemand an den Auftritt von Hildegard Knefs bleicher Brust für zwei Sekunden? Im Untergrund wütete Russ Meyer, eine Art Fritz Teufel aus Disneyland. Heute muss man nicht ins Industriegebiet schleichen, um »Eve and the handyman« zu sehen und die kurzen Zwischenspiele simulierten *Sinnzusammenhangs* zu überstehen. Es reicht, wenn man ein bisschen in der »Bimbo«- oder »Barbie«-Welt googelt.

Der bemerkenswerte Unterschied besteht, verehrte Leser, nicht in der Größe der als Brüste bezeichneten Silikonballons, und auch das sonstige Equipment der Erquickung reißt einen geübten Bastler und Heimwerker nicht vom Hocker. Unterschiede kommen eher auf leisen Sohlen daher und schleichen sich von hinten ins Gefühlsleben. Es sind die Gegenstände, die in den pornografischen Zusammenhängen als Menschen auftreten, und ihre Verbindung zur Welt dessen, was die Normalen »normal« nennen.

In der sexuellen Fetischisierung der »Barbie«-Welten herrscht die Obsession, Personen (bzw. sich selbst) möglichst vollständig zu entpersonalisieren und zu benutzbaren Sachen zu formen. Dazu kann man sich sechs Rippen entfernen und Brüste wie Fifa-Fußbälle vor den Körper nähen lassen, gewaltige Vulva-Imitationen vor den Mund und starre Masken vor das Gesicht. Menschen, die das tun, werden mit merkwürdiger Faszination bedauert oder verachtet, zugleich aber in die Alltagskultur integriert. Sogenannte Ikonen der populären Kultur imitieren die Fetischisierungen und tragen sie in die Herzen der kleinen Mädchen und Knaben: *Tattoos, tits & asses* wie von Frau Minaj gelten nicht als eklig, sondern als mutige Authentizität. Das gilt für die Männer gleichermaßen: Vergleichen Sie einfach Michael Jackson (den Unnennbaren) mit Fred Astaire, Kanye West mit Muhammad Ali.

Apropos Sport: Der Sport hat sich schon lange im Bodybuilding von sich selbst emanzipiert. Gemeinhin wird ihm ja noch in sentimentaler Erinnerung ein *Sinnzusammenhang* mit Leistung, Gesundheit, Durchsetzungskraft usw. zugeschrieben. Das Körperbauen als Sport hat die Sache aber auf den Punkt gebracht: Eine mittels technischer Apparaturen zu betreibende Auslagerung von biologischen Körperfunktionen ohne den geringsten Zusammenhang mit irgendwelchen »anderen Lebensäußerungen« (siehe BGHSt 23, 40): Der Sport ist das Haben von Muskeln ohne Funktion, und Wettkämpfe finden statt, indem die Sportler sich und anderen ihre Körper vorzeigen. Schöner kann man Pornografie für Doofe fast nicht mehr demonstrieren.

Der Rest ist mehr oder weniger erträglich. Man muss das nicht beschreiben. Es ist ja auch egal, denn jenseits sämtlicher Körperöffnungen, Körperprodukte und Ejakulationsrekorde ist ja nichts mehr erreichbar, was sich nicht in einem Schweinemastbetrieb oder in einem psychiatrischen Krankenhaus gleichermaßen erleben ließe. Der Mensch ist halt begrenzt. Und wenn man eine Weltmeisterschaft im Schnellfressen von Bauchspeck durchgeführt hat, lässt sich das Vergnügen durch eine Meisterschaft im Saufen von Sonnenblumenöl nicht mehr wirklich steigern.

Morgen

Nun haben wir also, nach einem Jahrhundert der Pornografisierung, in der Lust und der Leidenschaft und der Intimität nicht wirklich Entscheidendes erreicht, will mir scheinen. Mit der Internetwelt hat uns die ganze Wucht des Drecks eingeholt, dem man auf mehr oder weniger alberne oder bemühte Weise mit den Mitteln der Sittlichkeits-Postulate beizukommen versuchte. Natürlich klappt das nicht, und am Rande der Träume und des Chaos treiben sich ja über all die Zeit die vorgeblich ganz anderen, die »Monster« herum: die Haarmanns und Meiwes, die Kannibalen und Bluttrinker, die Draculas, Kopfabschläger,

Jungfrauenzerreißer. Sie sind aus den Schlachtfeldern zu uns gestiegen. Sie haben Kinder verbrannt und die Frauen der Besiegten zu Millionen vergewaltigt, Leiber zerstört und Körper zerstückelt und sich den Saft der Erregung vom Kinn laufen lassen.

Das ist ja alles da, in den Köpfen. Das Erschrecken natürlich auch, aber mit allem Komfort, der möglich ist. Sittlichkeit und Menschenwürde! Kinderschutz und Selbstbestimmung! Identität und Authentizität! Das ist so eine Sache, wenn der Seuchentod durchs Land zieht und die Körper der Vergessenen an die Strände gespült werden! Was sagt uns der Arsch einer Pornoqueen über die Frauen aus Aleppo? Die pietistische Sexmoral, die seit 30 Jahren aus den USA zu uns schwappt, kleistert die Pornografie zu mit einer klebrigen Pampe aus Lüge und Silikon, Riesentitten und unschuldigen kleinen Prinzessinnen, Bigotterie und Crack, Gangbang und kleinen Jungs in Haute Couture. American Psycho.

Jetzt hat man also, man sollte es kaum glauben, herausgekriegt, dass auf Pornoplattformen Inhalte verfügbar sind, die am Ende gar vielleicht zweifelhaft oder verboten sein könnten! Unfreiwilliger Sex! Geschlechtsverkehr mit Minderjährigen! Frauen-, Männer-, Menschenverachtung! Was für eine Überraschung, welch ein Schock! Nun aber schnell einen Riegel vorgeschoben! Es distanziert der Bezahldienst Klarna von der Pornoplattform xHamster, und was der zärtlichkeitsbewussten Zahlungsdienste mit *Sinnzusammenhang* mehr sind. Schade, dass Wirecard diesen Moment verpasst hat!

Nun gut, man soll's nicht übertreiben. Aber mal ehrlich, liebe Leser: Hatten Sie jemals einen Zweifel daran, dass jedes beliebige, nicht vollkommen doofe Kind binnen kürzester Zeit jeden beliebigen pornografischen Dreck finden kann und dies auch wirklich tut? Haben Sie wirklich ernsthaft bis letzte Woche gedacht, dass sich im Netz nicht Vergewaltigung, Missbrauch, Ekliges und Abstoßendes finden lässt? Wenn ja: Wie kommen Sie darauf? Das sind doch Sie selbst, die da ihr Innerstes nach außen kehren, oder das, was Sie dafür halten! Wie kann man eine Welt aus Fetischen bauen und sich über den Fetischismus der anderen aufregen?

Vor ein paar Jahren hat der Kolumnist einmal geschrieben, eine Frau, die als Produkt der Pornografisierung vermarktet wurde, habe »den Beruf, ihre Silikonbrüste vorzuzeigen«.

Dafür wurde er von sogenannten Feministinnen jahrelang beschimpft, weil er angeblich Frauen erniedrigt habe, und besonders Authentische belehrten ihn, Frauen könnten doch »mit ihren Brüsten machen, was sie wollen«. Heilige Einfalt! Aber es stimmt natürlich: Da hier im Paradies alles um uns her in Einzelteile zerfällt und die nächste »Spaltung der Gesellschaft« die Toperregungsnachricht jedes Tags ist und man sich auf gar nichts mehr verlassen kann, ist der eigene Körper zum letzten Zufluchtsort der Gestaltung und Selbstermächtigung geworden. Ich bin, was ich spüre!

Nebenbei bestrafen wir die Kinderpornografie und die Gewaltpornografie und die Tierpornografie und das unzüchtige Anstarren und die sexualisierte Sprache und das Betrachten von nackten Gesäßen Minderjähriger und das Haben von Sexpuppen. Und sind wirklich total mit uns und unseren Sexmaschinen im Reinen und können gar nicht verstehen, worüber diese Moslems sich eigentlich aufregen.

Also jedenfalls wird ab sofort bei Pornhub nicht mehr mit Mastercard bezahlt. Das ist doch eine schöne Nachricht zum vierten Advent.

Anmerkung der Redaktion: In einer früheren Version dieses Textes hieß es, man könne bei Pornhub jetzt nicht mehr mit Paypal bezahlen. Der Bezahldienst hat allerdings bereits 2019 endgültig die Zusammenarbeit eingestellt.

Das Recht in Zeiten
der Pandemie

Endlich frei!

(30. 03. 2020)

Kraft des Willens

Es gibt Menschen, die den Winden gebieten, den Fluten des Roten Meers und den Viren. Falls man nicht gerade Charlton Heston ist oder ein stabiles Genie mit gelben Haaren, sind das aber eher ungewöhnliche Fähigkeiten. Daher scheint es mir wunderlich, wie viele Menschen, auch hierzulande, seit einer Woche die Nachricht verbreiten, nun sei es aber mal genug mit dieser Epidemie und dem Homeoffice. Überhaupt sei der Deutsche wie der Amerikaner nicht gemacht für solch einen Virus; und es müsse daher jetzt einfach Schluss sein.

Auf dieser Grundstimmung schwimmen täglich ein paar Dutzend Experten für Getränkefachhandel, Atemfiltermasken, Existenzphilosophie und Alltagsheldentum auf und teilen uns mit, man müsse bedenken, dass alles auf der Welt im richtigen – um nicht zu sagen: gesunden – Verhältnis stehen müsse und daher nun die Zeit gekommen sei, über das Verhältnis zwischen toten Rentnern und lebendigen Einzelhändlern nachzudenken. Dieses »Nachdenken« ist eine euphemistische Umschreibung der ultimativen Forderung, entweder dieses Virus erkläre sofort die bedingungslose Kapitulation oder »die Wirtschaft« werde ihm zeigen, was eine Harke und ein Wunder ist.

Interessant ist es, welch ambivalente Rolle eine Population von sogenannten Experten in diesem Stück spielt, deren Existenz noch vor wenigen Monaten wahrscheinlich von einer Mehrheit der Bevölkerung mit Nichtwissen bestritten worden wäre: Virologen. Sie werden auch – auf Einzelheiten kommt es da nicht an – unter der Firma »Epidemiologe«, »Seuchenforscher«, »Infektionsexperte« und so weiter vorgestellt. Meistens laufen sie als »Mediziner«, vereinen also die Kenntnis der Virenkunde mit der Kunst des Heilens. Das lässt sie aus der Schar der »Experten« herausragen, welcher sich das Publikum gemeinhin ergibt: Der Terror wird vom Terrorismusexperten, die Rente vom Rentenexperten und das Tomahawk-Steak vom Grillexperten erklärt.

Das Verhältnis des Bürgers zum Experten ist »ambivalent«: mal so, mal so, mal weiß man es nicht. Zugleich sind die freien Bürger selbst Experten für alles, schon allein weil sie alle Dokus über die Wanderung der Pinguine in der Polarnacht und über die Kochkunst der Uiguren kennen und Freunde auf der ganzen Welt haben. Der »Experte«, dessen Bezeichnung nur in der Dritt-Kommunikation Bedeutung hat, befindet sich in einer prekären Lage: Widerspricht sein Rat dem intuitiv Plausiblen, wird er als »selbst ernannt« verhöhnt oder als »Lobbyvertreter« denunziert. Derzeit breitet sich zudem eine erstaunlich demokratie- und diskursfreudige Stimmung unter denen aus, die noch vor einem Monat die führenden Politiker als Schwätzer ansahen und nach einer Herrschaft des Sachverstands verlangten. Nun können wir täglich lesen, man solle sich hüten vor einer Diktatur der Wissenschaft und der Macht der Experten.

Wille zur Kraft

Ich finde es beeindruckend zu sehen, wer sich hierzulande alles für »die Wirtschaft« und für »Wir« hält. Die Zahl der »Wir«-Menschen ist jedenfalls unendlich viel größer als die Zahl der Ichs, sodass namentlich im dienstleistenden Mittelstand, in der Welt der Freiberufler sowie im produzierenden Gewerbe Regungen wie Egoismus, Konkurrenzneid, Habenwollen und Rücksichtslosigkeit praktisch zum Erliegen gekommen sind angesichts der allgemeinen Not des Wir. Synchron dazu steigt das Mitgefühl von »Wir« mit den Abermillionen von ausgehungerten Kunden, Einsamen, Patienten, Schlechtgelaunten, denen derzeit nicht geholfen werden kann.

Es gibt nun oft schöne Abhandlungen und Interviews zu lesen über das Verhältnis von Tod und Wirtschaft, Krankheit und Reichtum, Mensch und Einzelhandel. Ausgangspunkt ist meist der Glaubenssatz: »Wir können nicht so lange die Wirtschaft lahmlegen, bis ein Impfstoff gefunden ist.« Das ist schön gesagt, aber kurz gesprungen. Wir »können« selbstverständlich. In zahlreichen Ländern der Welt ist »die Wirtschaft« schon sehr lange und nachhaltig »lahmgelegt«, weil irgendetwas nicht eintritt. Nicht, dass das ein schöner Zustand wäre – aber von »Nichtkönnen« kann nicht die Rede sein.

Es geht nicht ums Können, sondern ums Wollen; das muss klar sein. In der Frage danach, was »wir« uns angeblich »nicht erlauben können«, ist die Antwort schon unter der Hand enthalten: dass der Sprecher es halt nicht will. Das mag legitim sein, und gewiss hat es auch Gründe. Es wäre der öffentlichen Verständigung dienlich, diese auch klar zu nennen. Um ein sprichwörtliches Bild zu bemühen: Wenn der Präsident der Frösche verkündet: »Wir können diesen Sumpf nicht länger als eine Woche entwässern«, hat das für Frösche eine hohe Plausibilität, aber wirklich nichts mit Können zu tun. Eidechsen zum Beispiel sehen das ganz anders.

Sodann folgen die Fragen: »Darf man Gesundheit und Leben von Menschen mit wirtschaftlicher Prosperität ins Verhältnis setzen? Darf man Opfer an Leben und Opfer an Reichtum gegeneinander abwägen?« Diese Fragen stellen heißt zurzeit, sie zu bejahen. Avancierte Denker formulieren, dass man beides müsse, denn die Menschheit im Allgemeinen, die Gesellschaften im Kleinen und die Individuen haben schon immer Abwägungen zwischen Risiken und Chancen getroffen, Opfer und Gewinne ins Verhältnis gesetzt und Nachteile mit Vorteilen abgewogen. Das liegt nicht nur jedem Krieg zugrunde, sondern auch zahllosen Entscheidungen der Ökonomie, der Umweltbeherrschung und der sozialen Strukturierung. Man kann an den Bau von Atomkraftwerken samt den ihm zugrunde liegenden Prognosen über die mögliche Zahl der Todesopfer im Verhältnis zur Häufigkeit der Kernschmelze und zur Anzahl der Gewinnmilliarden erinnern; es reicht aber auch ein Blick auf den individuellen Autoverkehr.

Darüber hinaus liegt dem, was sich zwischen »Wir« und »unsere Wirtschaft« als Bedeutung aufspannt, ein großes »Abwägen« zugrunde, das freilich meist hinter einer Wand aus eisernem Nebel verborgen liegt: Der Reichtum, dessen Abhandenkommen nun angeblich bald Zehntausende in Depression und Suizid treiben könnte, ist die Kehrseite einer unermesslichen Armut für den weitaus größeren Teil der Menschheit. Die Lebenserwartung, die dazu führt, dass hierzulande die 70-Jährigen die Behauptung zurückweisen, sie gehörten zur Risikogruppe der »Betagten«, ist ohne die Tatsache, dass die Lebenserwartung in zahlreichen Gegenden der Welt gerade halb so hoch ist, nicht erklärbar. Menschen etwa gegen Malaria zu impfen, würde weder zwei Billionen Dollar noch 156 Milliarden Euro kosten, sondern einen kleinen Bruchteil davon. Das ist aber denen zu teuer, die darüber zu entscheiden haben, was verhältnismäßig ist. Daher erkranken pro Jahr über 200 Millionen Menschen an Malaria, 90 Prozent davon in Afrika, und 500 000 sterben.

Es handelt sich, jenseits moralischen und ethischen Kopfwiegens, um schlichte Abwägungsprozesse, in welche Parameter und Kriterien unterschiedlicher Qualität eingehen. Natürlich möchte kaum jemand in Deutschland, dass die kleinen schwarzen Kinder jetzt gleich sterben, während er zuschaut und einen Euro für die Malariahilfe spendet. Aber aufs Ganze gesehen werden 200 Millionen Afrikaner dann doch eher zu 20 Milliarden Liter Super-Plus-Benzin oder zu 200 Millionen iPhones.

Das Angenehme an dieser Abwägungslage zwischen Opfern und Profiteuren ist, dass die in den reichen Ländern Lebenden erstens keinesfalls selbst zu den Opfern zählen, dass sie zweitens den Maßstab für die globale »Triage« bestimmen und dass sie drittens diejenigen sind, die die Auswahl treffen. Viel komfortabler kann eine Lage der Entscheidung zwischen Leben und Tod nicht mehr sein.

Insoweit ist die Corona-Epidemie eine große Enttäuschung: Sie verändert die Lage gleich in mehrfacher Hinsicht radikal: Erstens ist die Gefahr ganz nah. Zweitens gibt es, solange nicht wirksame Medikamente und ein Impfstoff gefunden sind, kein zuverlässiges Mittel, die Gefahr abzuwenden. Drittens können diejenigen, die die Auswahl der Opfer treffen, zu keinem Zeitpunkt sicher sein, auf welcher Seite sie selbst stehen. Das ist, als ob die derzeit diskutierte medizinethische Frage der »Triage« – der Auswahl eines von zwei gleichermaßen hilfebedürftigen Patienten mit der Konsequenz, dass der andere sterben muss – um die Komplikation erweitert würde, dass das Schicksal des Arztes selbst an das Leben eines der beiden Patienten geknüpft wäre, ohne dass er wüsste, welcher das ist: Dann wäre seine Auswahlentscheidung stets auch eine Entscheidung über das eigene Schicksal. Das ist nur ein Bild für eine ganz reale Variation: Niemand, der heute fordert, die Schutzmaßnahmen gegen die Verbreitung von Covid-19 müssten zum Nutzen »unserer Wirtschaft« beendet, eingeschränkt oder gelockert werden, kann sicher sein, dass nicht gerade er selbst, seine Angehörigen oder Liebsten als direkte Folge davon sterben oder lebensgefährlich erkranken werden.

Macht der Zahlen

»Lange werden sich das die Leute nicht mehr gefallen lassen ... Bald könnte Revolution in der Luft liegen, wenn das so weitergeht. Stellt die deutsche Mittelschicht irgendwann fest, dass ihr Betrieb pleite, ihr Arbeitsplatz verloren oder ihr Aktiensparplan wertlos ist ...«

Das sprach am 29. März der Erste Parlamentarische Geschäftsführer der FDP im Deutschen Bundestag an dieser Stelle. Man darf ja davon ausgehen, dass zwischen die FDP, die deutsche Mittelschicht und die Leute kein Blatt Papier passt und daher Herr Dr. Buschmann von einer Revolution berichtet, die in ihm selbst gärt. Die Sache mit dem Aktiensparplan hat allerdings kleine Haken – einige heißen Lehman Brothers, HSH Nordbank oder Commerzbank. Da sind eine Menge Aktiensparpläne den Bach hinuntergegangen, ohne dass der Mittelstand unter Führung der FDP zur Revolution geschritten wäre. Dort hieß es damals vielmehr: »Brüderle warnt davor, die Finanzkrise zur Systemkrise werden zu lassen, und fordert ein ›klares Bekenntnis zur sozialen Marktwirtschaft‹ ein« (*Tagesspiegel*, 2.11.2008).

Das ist bei Covid-19 so eine Sache, wie früher mit den schwarzen Pocken. Das »Ende der Beschränkungen«, demnächst (ab 20 April!) in diesem Theater, soll »die Risikogruppen nach Möglichkeit schützen«, den anderen aber großherzig erlauben, »unsere Wirtschaft« zu beleben und die Revolution der Elektrofachhändler und Schraubenhersteller abzuwenden. Nun gut: Bei 25 Millionen Personen im Rentenalter, 8 Prozent Diabetikern, ein paar Hunderttausend Krebserkrankungen pro Jahr und mehreren Millionen Menschen mit Herz-Kreislauf-Erkrankungen werden das spannende Auswahlrunden werden! Man darf sich schon auf die Prozesse freuen, die 55-jährige Lehrerinnen, 48-jährige Vertriebsingenieure, Installateure kurz vor dem Vorruhestand oder Marcumar-Konsumenten führen werden, denen befohlen wird, sich wieder an ihre Arbeitsplätze zu begeben. Sie werden auch weder die Spargel- noch die Apfelernte des Jahres 2020 einbringen.

Die Macht ist hier zwischen Opfer und Täter, Verlierern und Profiteuren nicht so klar verteilt wie zwischen Nord und Süd, Europa und Afrika. Es sterben nicht nur ganz Alte, sondern das Sterben wird mit dem Alter graduell häufiger. Das ist einem vielleicht egal, wenn man doof und

25 ist, aber nicht mit 45 oder 55. Diejenigen, die das entscheidende Risiko jeder Veränderung der Verhältnismäßigkeits-Beurteilung zu tragen haben, haben das Geld, die Macht und die Entscheidungsbefugnis. Und die »Säulen der Wirtschaft«, die durch die Mühen der Kinderbetreuung und die Leere des Zu-zweit-Spazierengehens schon nach drei Wochen alle Kräfte verbraucht haben, müssen halt im Zweifel nicht nur den Laden am Laufen halten, sondern dafür auch noch Mama und Papa opfern. Und das dann die nächsten 50 Jahre extrem vernünftig finden. Das ist kein Vergnügen.

Corona, Staat und Winterzeit

(16. 10. 2020)

Hoch im Norden

Am 12. Oktober erschien auf *Welt*-Online ein Kommentar mit dem Titel »Wenn die Kreuzberger Infektionszahlen wichtiger sind als Hunger und Krieg«, Autorin ist Susanne Gaschke, zeitweise Oberbürgermeisterin von Kiel. Die Schlagzeile ist nützlich, weil sie beispielhaft zeigt, wie man in der wahllosen Kombination neutraler Fakten mittels unscheinbar wirkender Wörtlein (hier: »wenn« und »wichtiger«) kompletten Nonsens, harte Lüge, haltlose Spekulation oder einfach nur tendenziöse Verwirrung erschaffen kann. Das Gift findet seinen Weg dann aus der Headline in die Sinnstrukturen des Darunterliegenden von ganz allein. Wir kennen das aus dem Markt der Sachbücher mit W-Titel: Warum alles immer schlimmer wird; Wie die Regierung uns betrügt; Wozu könnten Männer gut sein; Wieso ich nicht reich und berühmt wurde usw. Mit dem Finden eines solchen Titels ist die intellektuelle Leistung im Wesentlichen erbracht, sie ereignet sich im Verlag. Der von Autor oder Autorin zu erbringende Rest besteht in der in angebliche Kapitel geteilten Wiederholung irgendeiner Behauptung aus dem Klappentext, gestützt auf bewährte Quellen (»Immer mehr Steuerzahler haben den Eindruck, dass…«) oder auf Beweise im Pingpong-Modus (»Die *NYT* schrieb schon 2011, es werde böse enden …«).

Im vorliegenden Fall kündigte die Autorin eingangs an,

uns zu sagen, was los sei, wenn Kreuzberg-Corona wichtiger ist als »Hunger und Krieg«. Na ja: wenn! Also gleich wieder neue Fragen: Was heißt »wichtiger«? Für wen? Wer misst das und mit welchem Wichtometer? Und vor allem: Was heißt »wenn«? Ist es so oder nicht? Wenn nein: Warum dann fragen? Wenn ja: Worauf ist die Behauptung gestützt? Es ist ein Kreuz mit den W-Titeln: Sie kommen seifenblasenleicht daher und enthalten dann nichts als Schwefelwasserstoff. Schauen wir kurz auf die Beweisführung:

Es ist nicht mehr vernünftig, wie einseitig sich Politik und große Teile der Medien gerade auf eine einzige Krankheit fokussieren. Hunger, Not, Elend und Krieg in anderen Teilen der Welt? Unschön, aber nicht so wichtig wie die Infektionszahlen aus Berlin-Kreuzberg ... Die Ungerechtigkeit, wenn eine 17-Jährige von einem Amokläufer erschossen wird oder ein 25-Jähriger an Leukämie zugrunde geht? Schlimm, aber Schicksal ... Einzig bei Corona darf es nicht einmal den Rest eines Schicksalsanteils geben. Corona muss zu 100 Prozent besiegt werden, koste es, was es wolle an Grundrechtseingriffen ...

Eines ist also sicher: Die Autorin ist überzeugt, dass Covid-19 faktisch, aber unrichtigerweise »wichtiger« sei als Hunger & Krieg, jedenfalls für »Politik und große Teile der Medien«, was zwei etwas vage, aber doch vertraute Bösewichter sind. Um ihr Wirken (Infektion) und Nichtwirken (Hunger & Krieg) anzuprangern, schrieb die Autorin in einem Pressemedium einen Kommentar – nicht über Hunger & Krieg, sondern über Corona und die Infektionszahlen. So ist das, sagt Niklas Luhmann: Recht kann nur aus Recht kommen, und Journalismus entsteht aus Journalismus.

Der Leitsatz des Kommentars lautet:
Da gegenwärtig kaum noch jemand an Corona stirbt ..., fixieren sich Exekutive und Bürokratie nun auf die Infektionszahlen.

Eine analoge Anwendung dieser bizarren Nachricht lässt Zweifel aufkommen: Weil kaum noch jemand an ampelgeregelten Fußgängerüberwegen stirbt, fixiert sich die Verkehrspolizei auf Rotlichtverstöße. Weil nur wenige Menschen an Typhus sterben, fixieren sich die Stadtwerke auf Ausbau und Sanierung der Kanalisation. Höhepunkte der Kausalitätstheorie! Das Problem steckt in der Sinnlosigkeit der Verknüpfung und in der Fehlbewertung der Korrelation, diesmal mit umgekehrten Vorzeichen. Vielleicht stirbt ja *deshalb* kaum noch jemand, weil Exekutive und (?) Bürokratie (!) sich auf Minimierung von Infektionszahlen »fixieren«. Und vielleicht müssten wir ja nur ein bisschen länger warten und müssten die Infektionszahlen weiter steigern, und schon würde wieder jemand sterben! Und überhaupt: Auf was sonst sollte sich die Exekutive »fixieren« und die Bürokratie gleich dazu? O.k., die letzte Frage ist unfair, denn Frau Gaschke hat die Antwort gegeben: Hunger & Krieg. Das stimmt einfach immer, kann also gar nicht falsch sein.

Alles hängt am Komparativ »wichtiger«. Wer hat das eigentlich festgestellt? Stimmt es überhaupt? Nehmen zum Beispiel Kieler als solche die Kreuzberger Infektionszahlen wichtiger als die Geisteslage des POTUS oder die phänomenale Spannkraft seines jugendlichen Challengers? Ist für den Flensburger die Pandemielage in Friedrichshain wichtiger als das Heringsaufkommen in der Ostsee? Ich glaube es nicht wirklich, aber wer weiß! Wahrscheinlich meint die Autorin es auch gar nicht wörtlich, sondern irgendwie im übertragenen Sinn, also stimmungsmäßig. Es stinkt ihr, dass in Deutschland nicht über Hunger & Krieg geredet und nicht wie üblich mit ganzer Kraft und maximaler Fixierung gegen Hunger, Krieg und Seuchen auf der Welt angekämpft wird, als da sind Malaria, Masern, Denguefieber, Tuberkulose, Aids und andere. Das ist ja ein ehrenwerter Ansatz.

Weite Welt

Es könne von niemandem verstanden werde, sagte Herr MP Laschet am 14. Oktober im Frühstücksfernsehen, dass zwar hunderttausend Pendler jeden Tag zwischen Brandenburg und Berlin, Hauptstadt der Pandemie, verkehren, man aber nicht im Wald übernachten dürfe.

Das stimmt! Ob dieses Beispiel das Herz des Hotel- und Gaststättenverbands (Dehoga) getroffen hat, ist natürlich eine andere Frage, denn ein massenhaftes Übernachten im Wald könnte zwar für Wald-Catering-Start-ups einen Cashflow generieren, ließe aber die für 9 Euro die Stunde gewienerten Junior-Suiten leer. Es muss jetzt einfach eine Hilfe her, weil ja die Tatsachen sich nicht an die Pläne halten, die wir im Frühjahr gemacht hatten: Überraschenderweise gibt es in diesem Jahr Herbstferien und in ungefähr zwei Monaten Weihnachtsferien. Das ist ein Schock! All die schönen Buchungen schmelzen dahin, und mit ihnen der Dispo! Wann wurden die Reisen eigentlich gebucht? Am Ende gar ab März? Könnte man dann nicht vielleicht sagen: Pech gehabt? Der Staat muss ja nicht einspringen, wenn man nicht im Lotto gewinnt. Und ist die heilige Marktwirtschaft nicht das System, das dem Menschengeschlecht einst versprochen wurde: Am Anfang war der Vertrag?

Gibt es eigentlich ein Grundrecht, dreimal im Jahr aus dem Einzugsgebiet eines risikofreien Erlebnisparks in den eines anderen zu verreisen? Gibt es ein Grundrecht darauf, dass kein einziges der zahllosen Risiken, über welche die Verbraucher unermüdlich aufgeklärt werden von Aberhunderten Warn-, Test-, Beratungs-, Interessen-, Aufklärungs- und Leicht-gemacht-für-Anfänger-Verbänden, sich einmal verwirklicht? Hatte man nicht hundertmal gehört, man solle sich nicht so hoch verschulden, dass man unerwartete Katastrophen (Krankheit, Tod, Arbeitslosigkeit, Scheidung) nicht überstehen könne? Ist es ein Menschenrecht, alle Hebel der Lebensplanung stets auf »Volle Kraft voraus« stellen zu dürfen, solange man die Prämien für die Hausrat-, Reiserücktritts- und Haftpflichtversicherung aufbringt?

Nun steht, wie vorhergesagt, dem Virus und uns zunächst der Herbst und sodann der Winter ins Haus. Danach folgt ein Frühjahr. In diesen Jahreszeiten kommt es oft zur Senkung der Durchschnittstemperatur sowie zu feuchtkalten Niederschlägen. Möglicherweise war dies vorübergehend aus dem Blickfeld geraten, weil die wirklich wichtigen Themen die Organisation der Sommerferien, die Fixkosten der Tourismusindustrie im Hochsommer sowie die Frage waren, welche Vorhersagen der Virologen, Epidemiologen, Pandemiologen und Respiratoren sich als unpräzise erwiesen haben und beim nächsten Mal unbedingt verbessert werden müssen. Im Moment herrscht Betroffenheit angesichts der Prognose, beim häufigen Lüften in Klassenträumen (Frischluft und Aerosol-Abfuhr) komme es im Winter zu Abkühlungen des Innenraums und in der Folge zu Verkühlungen des Schülermaterials. Elternverbände haben sogleich gefordert, sämtliche Schulen mit warmen Decken auszustatten. Nicht auszudenken, wenn Tausende von unschuldigen Kindern durch die Unvorsichtigkeit der Schulverwaltungen und mangels bundeseinheitlicher Lüftungsvorschriften sich einen grippalen Infekt (von Influenza wollen wir gar nicht reden!) einfingen und hierdurch ihre gerade eben in die Freiheit des Office-Office entlassenen Väter und insbesondere Mütter wieder ins heimische Burn-out zwängen! Am Rande bemerkt: Hinsichtlich der Platzierung der Kindlein nah oder fern der zu öffnenden Fenster lassen sich interessante Themen für virtuelle Elternabende und Video-Schulversammlungen ahnen.

Die Politik

Damit sind wir bei einem ernsten Thema: der Föderalismus in Deutschland an und für sich sowie seine Auswirkungen auf weltweite Seuchen. Es ist, wie man hörte, unerträglich für den Deutschen, dass eine Ordnungswidrigkeit des Verstoßes gegen eine ordnungsrechtliche Maskenpflicht in einem Bundesland keine Geldbuße, in einem anderen eine solche von 80 Euro und in einem dritten eine von 250 Euro zur Folge hat. Wo doch der durchschnittliche Bundesbürger täglich in vier verschiedenen Bundesländern die Maske nicht aufsetzen möchte. Und nun kann er sich nicht merken, wie viel es kostet. Er weiß natürlich, in welchen deutschen Kurstädten ein dauerhaftes und in welchen ein nur zeitlich befristetes Innenstadt-Parkverbot gilt, aber das ist was anderes. Diese Kleinstaaterei! Und die schrecklichen Beherbergungsverbote! Ein Kölner darf in Mainz nicht übernachten, aber nicht umgekehrt. Oder war es umgekehrt? Ministerpräsidenten sind erschüttert. Das ist, als dürften Deutsche frei nach Syrien reisen, aber nicht umgekehrt.

Was passiert eigentlich gerade mit dem Staat? Bekanntlich ist eine erstaunliche Zahl von Menschen davon überzeugt, die Covid-19-Seuche werde unweigerlich oder jedenfalls wenn nicht sofort etwas unternommen werde, in eine Präventionsdiktatur der üblen Sorte führen oder habe dies bereits getan. Wobei sich alsbald die Frage stellt, was denn unternommen werden soll nach Ansicht der Kämpferinnen und Kämpfer für die freie Hasenheide und das freie »Feiern«, das allein uns die Lebensqual ertragen lässt. Soweit ich sehe, gibt es nur zwei Arten von Plänen. Erstens: alle Alten, Kranken, Dicken, Kurzatmigen und Hypochonder einsperren und es im Rest krachen lassen. Das ist aus der Sicht eines 20-jährigen Klubbesuchers mit Waschmaschine bei Mutti eine coole Lösung, hat allerdings Schwächen: Es müsste dann nämlich ungefähr die eine Hälfte der Leute eingesperrt und von der anderen Hälfte versorgt werden, die aber nicht rein dürften, weil sie draußen sind. Außerdem müsste man ein hartes Regime von Musterungsuntersuchungen aufbauen, um die zahllosen Trittbrettfahrer herauszufiltern, die sich plötzlich zu schwach für die Arbeit und für Corona fühlen würden.

Zweitens: alles laufen lassen bis zum Endsieg Herdenimmunität. Das ist, flankiert von der Sagrotan-Injektion und der exklusiven Versorgung aller Einkommensmillionäre mit handgemixten Antikörper-Cocktails, die Methode Donald: Wer stirbt, ist ein Loser. Auch hier, liebe Jugend, lauern außer der Geldknappheit ein paar Gefahren:

Die Sache mit der Herdenimmunität ist ein statistisches und ziemlich naturwüchsiges Phänomen, sprich: ziemlich nah dran an der Evolution. Es ist also nicht unwahrscheinlich, dass ihr für die Gesundheit einer Herde von sagen wir 20 Millionen durchschnittlichen Genies und Vollidioten einen individuellen Preis mit dem Leben eurer Eltern, eurer Lehrer und eures Lieblingsrappers bezahlen müsstet oder gar mit dem eigenen. Wem das egal ist, dem kann noch gesagt werden, dass die schöne Durchseuchung in Schweden es auf maximal 8 Prozent gebracht hat, bei zehnmal so viel Toten wie hierzulande. Und dass die Herdenimmunität nicht immer so will wie wir, was man daran sehen kann, dass erstaunlicherweise immer noch 20 000 Menschen in Deutschland an Influenza sterben oder an Masern oder Gürtelrose erkranken und weltweit viele Dutzend Millionen Menschen von Infektionskrankheiten getötet werden, die seit Jahrhunderten an der Immunität der Herden arbeiten dürfen.

Als Letztes noch: Wie es scheint, bleiben bei einer nicht ganz unwesentlichen Zahl von unspektakulär Covid-19-Infizierten langfristige Schäden zurück, die auf die Dauer eines derzeit noch jungen Lebens wirklich nicht erstrebenswert sind. Vielleicht stellt man sich mal zur Probe vor, es gäbe keinerlei Schutz vor Aids mehr, weil die Kondome nerven und ja auch kaum mehr einer daran stirbt, hierzulande. Nehmen wir an, die HIV-Infektionsrate läge bei zwei Prozent: Würden Sie dann auf jeden Schutz verzichten?

Prävention

Klar: Beispiele hinken. Und alles wäre anders, wenn es anders wäre. Und es ist superunverständlich, dass man auf dem einsamen Weg zum Restauranttisch eine Maske aufsetzen soll und im Kreis der frohen Esser nicht. Aber so ist es nun mal mit der Steuerung von Massenverhalten und großen Zahlen. Sie dürfen auch dann nicht über rote Ampeln fahren, wenn weit und breit kein Querverkehr zu sehen ist. Und man muss auf der rechten Straßenseite fahren, obwohl mancher vielleicht links besser führe. Wenn eine Brücke wegen Einsturzgefahr gesperrt ist, sollten auch kleine leichte Kinder nicht hinübergeschickt werden. Nehmen wir einmal an, draußen im Wald lebten schreckliche Ungeheuer, die Menschen mit roten Mützen anfallen und auffressen. Nehmen wir weiter an, von 100000 Rotkappenträgern würden durchschnittlich 40000 von den Ungeheuern verfolgt, 4000 erwischt und 1000 aufgefressen. Pro Monat. Was, meinen Sie, wäre dann wohl bei »Politik und großen Teilen der Medien«, bei »Exekutive und Bürokratie« los?

Das ist nicht schwer, sich vorzustellen. Es reicht doch schon, wenn fünf Kinder von persönlichkeitsgestörten Kriminellen entführt und vergewaltigt und 5000 kinderpornografische Bilder pro Tag über das Land verteilt werden. Da ist von Herdenimmunität beziehungsweise der statistisch geringen Wahrscheinlichkeit keine Rede und vom Kampf um die Freiheit der Guten auch nicht, für die man halt ein paar vulnerable Opfer in Kauf nehmen müsse. Stattdessen: Vollüberwachung! Kameras überall! Vorratsdatenspeicherung! Datenvernetzung! Zugriff der Polizei auf private Computer, Handys, Kameras, Mikrofone! Fake-Pornografen und Fake-Kinder als Agents Provocateurs! Verdeckte Ermittler! Schluss mit der Verjährung, dem Datenschutz, der Unschuldsvermutung!

Wieder ein hinkendes Beispiel? Es geht um Gefahr und um Prävention. Und das Beispiel soll sagen: Es kommt immer darauf an. Manche finden die Wahrscheinlichkeit von drei sexuell motivierten Kindermorden pro Jahr unerträglich hoch, manche – oft dieselben – die von 20 000 vermeidbaren Infektionstoten völlig in Ordnung: Irgendwann stirbt man ja doch! Für das einzelne Infektionsopfer ist das Virus aber genauso schicksalhaft wie für das Schulkind am Zebrastreifen der angetrunkene Autofahrer.

Das heißt: Wir leben schon längst in einer vom Präventionsgedanken geradezu besessenen Gesellschaft, mit einem Sicherheits- und Vorsorgebedürfnis ohnegleichen, einem Versorgungsstatus wie nie zuvor in der Geschichte und einem bis über die Zähne aufgerüsteten Staat, der mit hoher Präzision Bedrohungen etwa durch Terrorismus erkennen und ausschalten kann. Wenn mal einer durch die Maschen rutscht und tödlichen »Erfolg« hat, gilt das als skandalöses Versagen der Sicherheitsbehörden. Bei zahllosen öffentlichen Einschränkungen von Freiheit, Geschwindigkeit oder Verdienstmöglichkeiten aus Gründen der Vorsorge und Gefahrenabwehr fragt kaum jemand ernsthaft, ob es nicht vielleicht auch preisgünstiger ginge oder ob DIN-Normen denn sein müssen: Ob es nicht ein akzeptables Lebensrisiko sei, vom Blitz oder von ungesicherten Elektrogeräten getötet, von herabfallenden Dachziegeln erschlagen oder von geisteskranken Gewalttätern erstochen zu werden – Schicksal halt. Könnte man mit dem Geld, das in Deutschland für Brandschutz ausgegeben wird, nicht auch prima Hunger, Krieg & Armut bekämpfen? Wenn's brennt, brennt's, könnten die versicherten Bewohner der Erdgeschosswohnungen sagen, und die gehbehinderten Alten sollen halt nicht in den vierten Stock ziehen.

Es geht also mit Covid-19 wie mit vielem anderen: Alles ändert sich, und die Maßstäbe müssen neu bestimmt, also zunächst einmal besprochen werden. Da hilft es wirklich nichts, nach irgendwelchen »Machtworten« oder dem Ende von albernen Scheinproblemen zu rufen. Dass das *Leben* insgesamt weitergeht, ist schon klar, hilft aber wenig, wenn man Angst hat. Es wird keine Erlösung geben, und die mutierenden, vom Tier auf den Menschen überspringenden Viren werden zukünftig häufiger auftauchen und sich viel schneller verbreiten als früher. Es ist alles eine Frage der Zeit, und in einer »globalisierten« Gesellschaft, in der alles gleichzeitig passieren muss, damit sie so funktioniert, wie sie ist, vergeht die Zeit sehr schnell. Das nächste Virus kommt vielleicht vom niedersächsischen Schwein und tötet Menschen zu 60 Prozent, oder ein Container mit Ebola-Infizierten landet am Nordrand des Mittelmeers, mitten in Saint-Tropez, Rimini oder Rostock.

Man muss über Prävention als Konzept insgesamt und nicht nur je nach Tagesinteresse nachdenken. Die Fragen, wie man Weihnachten im Altenheim veranstalten und den schrecklichen Zumutungen von Arbeit, Familie und unbespaßter Freizeit standhalten soll, sind ein Teil davon. Hunger & Krieg, also das, was die Kommentatorin der *Welt* angeblich umtreibt, gehören natürlich auch dazu; erst recht die »Ungerechtigkeit«, dass eine 17-Jährige von einem Amokläufer erschossen wird. Nicht dazu gehört der Subtext »Was interessiert mich Corona, wenn im Jemen Bürgerkrieg herrscht und ein 20-Jähriger an Leukämie sterben muss?«. Das ist entweder zynischer Unsinn oder bloße Verbrämung der eigenen Null-Bock-Mentalität.

Anders gesagt: Da müsste man dazusagen, was man im Kampf gegen Leukämie und im Bemühen um Frieden im Jemen zu unternehmen gedenkt oder von der Regierung erwartet. Wenn einem da nichts Dringendes einfällt, kann man, so meine ich, vorerst mal daheimbleiben, Sozialkontakte auf ein Minimum reduzieren, Ratschläge und Anordnungen befolgen und abwarten, ob demnächst mal jemand etwas Wichtigeres zu sagen hat, als dass es unerhört sei von diesem Virus, einfach dazubleiben und einem die Laune zu verderben.

Veröffentlichungsnachweis

Die in diesem Buch enthaltenen Texte erschienen in anderer Reihenfolge bereits im Rahmen der Kolumne »Recht haben« auf www.spiegel.de.

Recht und Meinung

Verstümmelte Körper, verstümmelte Wahrheit (31.08.2018)
Vollrausch, Tötung, Geldstrafe (28.10.2019)
Wie viel Strafe muss sein? (23.10.2020)

Die Mühlen der Justiz

Gestehen Sie! (03.07.2020)
Krähen sind unter uns (04.12.2020)
Welterklärer, Problemerfinder, Bedenkenträger (22.01.2020)

Wahrheit im Prozess

Genau gegen Willkür (24.05.2019)
Nicht jeder wird gefragt. Aus Gründen (29.01.2021)

Heimat und Fremde

Alberne Panikattacken (08.12.2018)
Politische und andere »Ehrenmorde« (07.06.2019)
Halb stark (13.11.2020)

Verbrechen und Strafe

Sterben und sterben lassen (09.11.2018)
Die Gefahr geht von den Menschen aus (29.03.2019)
Kinder als Opfer, Kinder als Täter (18.07.2019)

Gesetz und Gesellschaft

Entscheidend ist aufm Podium (01.08.2019)
Die Macht der Kinder (26.09.2019)
Täterfilme, Opferbilder (12.10.2019)
Die Welt als Gefühl (19.12.2019)

Sex and Crime

Pornografie und Keuschheit (02.01.2020)
Das Leiden der anderen (12.06.2020)
Trockensumpf (18.12.2020)

Das Recht in Zeiten der Pandemie

Endlich frei! (30.03.2020)
Corona, Staat und Winterzeit (16.10.2020)

THOMAS FISCHER
SEX AND CRIME
Über Intimität, Moral und Strafe

Das Sexualstrafrecht bestimmt, welche Handlungen erlaubt und verboten sind. Da wohl kein Bereich des Lebens emotional so aufgeladen ist wie die Sexualität, sind diese Regeln immer auch ein Spiegel gesellschaftlicher Moralvorstellungen. Was ist Verlangen und was ist Verbrechen? Wo ist die Grenze zwischen Intimsphäre und Öffentlichkeit? Wie unterscheiden sich Missbrauch, Zwang und Täuschung? Pointiert und anhand zahlreicher Beispiele erklärt der ehemalige Bundesrichter Thomas Fischer, wie das Sexualstrafrecht funktioniert. Seine Forderung: Auch und gerade hier muss der Rechtsstaat Ambivalenzen aushalten.

»Das Buch ist überaus lehrreich
und gut zu lesen.«
SWR2